꿈은 이루어진다

이 책은 지난번에 펴낸 「정치가 왜 이래」에 이어서
2023년 1월부터 2025년 2월까지
페이스북에 썼던 글을 묶은 것이다.
독자들이 이 글들을 읽고
최근에 대한민국에서 일어나고 있는
정치 상황을 바르게 이해하는 데
조금이나마 도움이 되었으면 한다.

2025년 2월 28일

꿈은 이루어진다

초판 1쇄 인쇄 2025년 04월 07일
초판 1쇄 발행 2025년 04월 07일

지은이 홍준표
발행인 황정필
발행처 실크로드

출판등록 제406-251002010000035호

주 소 경기도 파주시 문발로 214-12
전 화 031-955-6333~4 | 팩스 031-955-6335
이메일 silkroad6333@hanmail.net

ISBN 978-89-94893-51-8(03340)

책값은 책표지 뒤에 있습니다.
이 책은 실크로드가 저작권자와의 계약에 따라 발행한 것이므로 저작권법에 따라 무단 전재와 복제를 금합니다.

꿈은 이루어진다

홍준표 저

실크로드
silkroad

머리말

정치를 시작한 이래
지난 30여 년간 내 꿈은
이 나라의 대통령이 되어 모든 국민이 함께 잘사는
부강한 대한민국을 만들어 보는 것이었다.
41살에 정치에 입문하여 그동안 국회의원 다섯 번을 비롯하여
환경노동 위원장, 원내대표, 국회 운영위원장, 당 대표 두 번, 경남지사 재선,
대구시장 등 선출직 8선을 하면서 늘 대한민국의 경영을 준비해 왔다.
어느덧 나이 70세에 이르러, 나는 마지막 내 꿈을 향해 오늘도 달린다.
Great Korea!
제7공화국!
선진 대국 시대를 향해!

차례

꿈은 이루어진다

1. 국민을 진심으로 대하는 정치가 필요합니다   11

2. 정치는 의리와 신념이 필요합니다   47

3. 항상 그 자리에 있었습니다   105

4. 내 것을 내주지 않고 싸움에 이길 수는 없습니다   169

5. 꿈꾸는 사람만이 꿈을 이룰 수 있습니다   251

1

국민을
진심으로
대하는 정치가
필요합니다

내용 없이 이미지만으로 정치하는 시대는 끝났습니다.
얕은 지식과 생각으로 이미지만 내세워서는 안 됩니다.
국민을 진심으로 대하는 정치가 필요합니다.

2023. 01. 01.

▷ **250만** 시민이 힘차게 일어서는 대구 굴기(崛起)의 원년

존경하는 대구 시민 여러분!

대망의 2023년, 계묘년(癸卯年)을 맞아 더욱 건강하시고 소망하시는 일들 모두 이루시기를 기원합니다. 새해에도 저와 1만 2천여 대구시 공직자들은 자유와 활력이 넘치는 파워풀 대구 건설에 전심전력을 다해 매진하겠습니다.

지난 임인년(壬寅年)은 시민 여러분과 함께 대구시정을 대한민국의 모범으로 이끈 혁신의 원년이었습니다. 대구 혁신은 'G7 선진국 시대'를 주창했던 제 약속의 출발이었습니다. 취임 직후부터 선제적으로 착수한 공공 혁신, 시정 혁신, 재정혁신은 전국으로 거침없이 확산하였습니다. 공공 혁신의 신호탄으로 추진된 市 산하기관 통폐합은 정부가 추진 중인 '지방 공공기관 구조개혁'의 모

체(母體)가 되었고 전국 최초로 제정된 이른바 '알박기 인사 근절 조례'도 서울시와 경기도 등 4개 광역단체로 빠르게 전파되었습니다.

또한, 법령상 폐지할 수 있는 위원회의 55%를 통폐합한 시정 혁신에 정부를 비롯한 6개 시·도가 참여하기도 하였습니다. 특히, 고강도 재정혁신은 고물가, 고금리, 고달러의 3 高 시대를 맞아 대한민국 재정정책의 지침이 되었습니다. 미래 50년을 향한 핵심 정책도 거침없는 획을 그었습니다.

대구 재건(再建)의 기폭제가 될 대구·경북 신공항 건설은 기본계획을 확정하였고 군위군 편입 법률까지 통과되어 든든한 추진동력을 확보하였습니다. 맑은 물 고속도로 사업도 안동시와 원수사용에 전격 합의함으로써 안전한 식수 공급의 물꼬를 텄습니다. 금호강 르네상스 시대를 여는 마스터플랜도 완성되었으며 발상의 전환을 통해 군부대 통합 이전의 불씨마저 새롭게 지폈습니다. 이 자리를 빌려 숨 가빴던 2022년 한 해에 시민 여러분께서 보내주신 뜨거운 성원에 진심으로 감사의 말씀을 드립니다.

존경하는 대구 시민 여러분!

2023년 계묘년은 대구가 다시 힘차게 일어서는 굴기(崛起)의 한 해가 될 것입니다. 지난 연말까지 집대성한 미래 50년의 목표를 향해 물러섬이 없이 앞으로만 나아가는 유진무퇴(有進無退)의 노력을 다하겠습니다.

첫째, 대구 대혁신의 용광로가 될 대구·경북 신공항 건설을 일사천리로 추진하겠습니다. 오는 7월이 되면 대구가 특·광역시 중 가장 넓은 면적을 확보하고 대한민국 3대 도시를 향해 새롭게 출발합니다. 이제 특별법만 통과되면 신공항 건설사업이 급물살을 타게 됩니다. 2030년까지 첨단 산단과 에어시티, 연결교통망까지 갖춘 첨단물류 여객 공항을 완공하겠습니다.

올해부터 예비 타당성 조사 등 신공항 경제권을 구체화하는 설계에 착수해 세계로 도약할 미래 50년의 초석(礎石)을 굳건하게 다지겠습니다.

둘째, 5대 신산업을 전국 최고의 미래 자산으로 키워가겠습니다. 먼저 UAM 산업은 수도권 이남에서 최대 규모인 모빌리티 부품 생태계를 활용해 실증 인프라 구축에 집중하고 비메모리 반도체 분야는 센서 산업을 집적화하는 D-센서 클러스터 구축에 매진하겠습니다. 첨단 로봇산업 육성과 관련하여 서비스 로봇산업 융복합단지 조성에 역량을 모으고 의료 산업의 디지털화를 촉진하는 의료데이터 중계 플랫폼도 신속하게 구축하겠습니다. 아울러 ABB 산업은 2조 2천억 원 규모의 8대 초대형 사업을 올해 내에 확정·추진하는 등 후손들에게 물려줄 미래산업의 역량을 극대화해 나가겠습니다.

셋째, 도시 그랜드 디자인으로 50년 미래공간을 설계하겠습니다. 市 전역에 분포한 핵심 공간들이 특정 지역만의 개발이익이 아닌 '하나의 도시, 대구'라는 대원칙 아래 미래형 도시로 다시 태어납니다. 향후 20여 년에 걸쳐 대구의 지도를 군부대, 법원·검찰청 등 공공시설의 후적지를 중심으로 새롭게 그리겠습니다. 대상지 400만 평, 사업비 100조 원에 달하는 도시 그랜드 디자인은 단언컨대 대구시 사상 최대의 건설공사가 될 것입니다. 대구 현대사의 획기적 전기를 마련할 도시 재건(再建)을 한 치의 빈틈도 없이 준비해 나가겠습니다.

넷째, 맑은 물 하이웨이를 국가 주도로 추진하겠습니다. 영남의 젖줄인 낙동강은 1,300만 시·도민 안전을 위해서라도 반드시 국가적 차원의 살리기 노력이 필요합니다. 다행히 정부에서 적극적인 지원을 약속한 만큼 250만 대구 시민의 안전을 위해 국무조정실, 환경부와 최적의 활용방안을 도출해 나가겠습니다. 또한, 지난 연말 안동시와 체결한 MOU와 함께 맑은 물 하이웨이 추진방안 검토용역을 상반기 내로 마치고 30년 넘게 끌어온 시민의 생명수 문제를 근본적으로 해결해 나가겠습니다.

다섯째, 고강도 채무감축을 통해 재정 건전화를 강력히 추진하겠습니다. 전국 제2위의 채무 도시라는 불명예는 파워풀 대구, 행복 대구와 걸맞지 않습니다. 지난해 이미 총 2천억 원의 빚을 갚았고 올해도 공공부문의 자발적 예산 절감을 통해 1,400억 원을 조기 상환할 계획입니다. 또한 매년 2천억 원이 넘던 신규 지방채도 올해에는 발행하지 않습니다. 하지만 서민과 사회적 약자를 위한 든든한 지원은 계속될 것입니다. 대구의 미래를 위한 투자도 아끼지 않겠습니다. 시민을 보듬는 필수 예산은 반드시 투입하되 선심성 예산은 철저히 배제하여 임기 내에 1조 5천억 원의 채무를 상환하는 고강도 재정혁신을 쉼 없이 추진하겠습니다.

여섯째, 전무후무한 투자유치의 새역사를 쓰겠습니다. 민선 8기 출범과 함께 원스톱 기업투자센터를 신설하고 유치 활동에 박차를 가해 세계적 기업인 발레오와 이케아, 코스닥 3위 기업인 엘앤에프에 이어 지난달에는 한화그룹과도 3조 원 규모의 MOU를 체결하였습니다. 이처럼 과거 10년간의 성과에 버금가는 4조 원대의 투자유치를 단 6개월 만에 달성하는 쾌거를 올리기도 했습니다. 새해에도 막힘없는 투자환경을 조성해 5대 미래 신산업과 첨단 지식서비스 기업 등 신성장 전략 산업을 유치하겠습니다. 그래서 대구의 미래를 바꿀 게임 체인저들과 함께 글로벌 대구로의 순항을 더욱 가속하겠습니다.

일곱째, 시민 행복을 위한 체감행정을 뿌리내리겠습니다. 지난 연말에 대형 할인점 의무휴업일을 평일로 전환하였고 대구형 택시 앱도 서비스를 개시해 시민과 업계가 함께 서로 도움이 되는 민생안정(民生安定) 시스템을 구축하였습니다. 자체 온실가스를 2030년까지 45%로 감축하고 중수도 시스템을 市 전역에 확산하는 탄소중립 도시로의 대전환을 시작하겠습니다. 금호강 르네상스 사업의 설계를 마치고 신천에는 물놀이장도 개장하여 내륙수변도시에 걸맞은 청정환경(淸淨環境)을 조성하겠습니다. 또한 대중교통 수송 분담률을 획기적으로 높여나가고 더 큰 대구 순환선과 수성 남부선도 용역에 착수해 교통혈류(交通血流)를 대폭 개선해 나가겠습니다. 특히 대구의 대표 축제를 통합해 봄, 가을에 성대하게 개최하는 등 문화만족(文化滿足) 수준을 높이겠습니다. 올 한해에 높아진 삶의 질을 시민들이 직접 느끼고 전국으로 확산할 수 있도록 체감 행정 서비스를 더욱 강화해 나가겠습니다.

사랑하는 대구 시민 여러분!

지난해는 대구가 대한민국의 모범이 된 한 해였다면 <u>새해는 번영과 영광으로 우뚝 솟아오르는 한 해가 될 것입니다.</u> 이를 위해서는 무엇보다 시민 여러분의 뜨거운 성원과 아낌없는 동참이 필요합니다. 계묘년 한 해도 여러분과 두 손을 맞잡고 시정 혁신의 고삐를 절대 늦추지 않겠습니다. 기득권 카르텔을 철저하게 타파해 정의와 원칙을 바르게 세우겠습니다. 후대에 물려줄 주요 핵심 사업들을 제대로 추진하여 대도약의 기반을 닦겠습니다.

특히, 대구·경북 신공항 건설은 군위의 광활한 대지를 품고 하루에 구만리를 나는 대붕(大鵬)처럼 거침없이 비상할 것입니다. 그리하여 올 한해를 250만 시민이 힘차게 다시 일어서는 대구 굴기(大邱崛起)의 원년으로 만들겠습니다. 대구 미래 50년을 향한 역사적 도전에 시민 여러분께서도 변함없이 함께해 주시기 바랍니다.

끝으로 계묘년 새해에 여러분 모두의 가정과 직장에 건강과 행복이 가득하시기를 기원합니다. 감사합니다. 새해 복 많이 받으십시오.

2023. 1. 1. 대구광역시장 홍 준 표

2023. 01. 03.

▽ 굳이 지금 와서 박근혜 탄핵의 옳고 그름을 논하지는 않겠지만 친박이라는 두꺼운 산성에 쌓였던 박근혜도 맥없이 무너졌는데 한 줌 윤핵관 이외에는 아무런 친위세력이 없는 윤석열 정권이야 더 말해서 무엇하겠나요? 당 대표를 하겠다고 너도나도 맹구처럼 저요, 저요, 저요! 하고 외치고 있지만 정작 듬직한 당 대표감은 한 명도 보이지 않습니다. 그래서 윤 정권과 옥쇄할 각오가 되어 있는 당 대표를 뽑아야 한다는 겁니다.

이 사람들이 박근혜 탄핵 때 어떤 처신을 했는지 되돌아보면 윤 정권이 어려움에 부닥칠 때 어떻게 또 처신할 것인지 답이 나옵니다. 한국 정치사상 적과 내통하여 자기편 등 뒤에 칼을 꽂는 기막힌 배신은 박근혜 탄핵 때가 처음이었습니다. 반대편에 있었던 사람은 탓하지 않겠지만 같은 당에 있으면서 탄핵을 주도하고 넘어가서 분탕질치다가 지난 총선 때 돌아온 사람, 탄핵 앞장서고 넘어가려다가 원내대표 안 준다고 남아서 기회를 엿보다가 잔박과 야합하여 당 지도부에게 입성했던 수양버들 같은 사람, 친박 행세로 득세하다가 오지도 가지도 못하고 어정쩡하게 남아 정치 생명을 이어가는 사람, 사욕으로 배신자들과 야합하여 막천으로 총선을 망쳤던 사람, 제발 이런 사람들은 자중하십시오.

부끄럽지도 않나요! 우리 당 책임당원들은 배알도 없는 줄 아나요? 더 이상 당을 어지럽히고 위선의 탈을 쓴 사람들은 분탕질치지 말고 그만 물러가세요! 새해에는 제대로 된 사람들이 나서서 정치 좀 잘합시다. 하방해서 중앙을 보니 올해도 걱정스럽습니다. CES 참관 차 라스베이거스 출장을 가지만 다음 주 귀국하면 정리가 좀 됐으면 합니다.

2023. 01. 06.

▷ <u>아무런</u> 일도 하지 않고 옥상옥 기관에 앉아 세월만 보내며 국민 세금만 낭비하는 <u>공수처는 이제 폐지되어야 함이 마땅하지 아니한가요?</u> 좌파 정권의 상징적 기관이었지만 <u>전혀 수사 기능도 없고 수사 능력도 없는 검경의 옥상옥 기관을 계속 내버려 두어야 할 이유가 무엇인가요?</u> 더구나 최근 공수처장의 어처구니없는 행태를 보면 더더욱 그렇지 아니한가요?
문재인 정권의 상징, 옥상옥의 불필요한 사정기관 공수처는 이제 폐지할 때가 되었지요.

▷ <u>구글</u>, 우버, 스카이프 등과 자산 규모 288억 달러(2015년 기준)인 세계적인 IT 기업 <u>페이팔을 키운 미국 최대 신생기업 창업기업 투자 회사인 플러그 앤드 플레이와 MOU를 체결했습니다.</u> 플러그 앤드 플레이 대구지사를 설립하여 대구 지역에서도 세계적인 거대 신생기업을 키워나가기로 했습니다. 세계 스타트업계 대부라고 합니다. 서울지사에 이어 두 번째로 대구지사를 설립합니다.

2023. 01. 07.

▷ <u>복지 천국</u>이라는 북유럽은 국민 담세율이 소득의 거의 절반에 가깝게 부과되기 때문에 그 자금으로 국가가 복지 정책을 펼칩니다. 그러기 때문에 국민에게 골고루 균등하게 모든 복지를 제공할 수가 있었기에 이를 사회주의

식 복지국가라고 불리고 있습니다. 북유럽이 이런 복지 정책을 펼치는 것은 바이킹의 공유재산 전통에도 유례가 있지만 소련이 동유럽 공산화를 급격히 확장하고 있을 때 자국의 공산화를 막기 위해서 이러한 사회주의식 복지 정책을 대폭 확장한 것으로 알려졌습니다.

그런데 국민 담세율이 북유럽의 절반에도 미치지 못하는 나라들이 북유럽 복지를 흉내 내어 따라가다가 나라가 파탄이 나는 경우가 종종 있었습니다. 그것은 좌파 포퓰리즘 정책으로 대책 없는 퍼주기 복지를 강행했기 때문에 그랬습니다. 그리스와 남미 제국이 그랬습니다. 국가재정을 파탄 낸 것입니다. 우리나라도 대표적인 경우가 문재인 정권의 좌파 포퓰리즘 정책으로 국가채무를 무려 1,000조 원으로 만든 국가부채 급증이 있었습니다.

최근 윤 정권 저출산 대책 부위원장이 대통령실과 조율 없이 좌파 포퓰리즘적 출산 장려 정책을 발표했다가 대통령실이 이를 즉각 아니라고 부인했습니다. 이것은 윤 정권이 좌파 대중영합주의 정책은 배격한다고 선언한 것을 모르고 그런 정책을 발표했거나 한번 튀어 보려 혼자 생각하고 발표한 것으로 보입니다.

그러나 그런 정책 발표는 집행 책임 없는 국회의원 때나 가능한 것이지 정부 관료로서는 지극히 부적당한 것입니다. 정부의 신뢰를 추락시키기 때문입니다. 대통령실의 경고를 새겨들어야 합니다.

그렇지 않고 두 자리를 놓고 또 과거처럼 기회를 엿보면서 설치면 대통령실도 손절 절차에 들어갈 수도 있을 것입니다. 어느 자리든 한자리에만 충실할 것을 권합니다.

▽ **삼성**, SK, LG, 롯데 부스를 돌아봤는데 한국기업들 참 대단했습니다. 세계의 중심인 이곳에서 세계 최고의 차세대 전자 쇼를 선도하고 있으니 우리가 그동안 그토록 선망해 왔던 소니, 파나소닉이 왜소해 보이는 하루였습니다. 내일은 대구 기업 전시관을 돌아볼 예정입니다. 세계 속의 한국기업들의 위상을 온몸으로 실감한 하루였습니다.

2023. 01. 09.

▽ **내용 없이** 이미지만으로 정치하는 시대는 끝났습니다. 얕은 지식으로 얕은 생각으로 이미지만 내세워 그만큼 누렸으면 이제 그만해도 됩니다. 친이에 붙었다가 잔박에 붙었다가 이제는 또 친윤에 붙으려고 하는 거를 보니 참 딱합니다.

자기 역량으로 자기 노력으로 자기 지식으로 국민에 대해 진심(眞心)을 갖고 정치해야 그 정치 생명이 오래 간다는 걸 깨달아야 하는데 여기저기 시류에 따라 흔들리는 수양버들로 국민을 더 현혹할 수 있겠나요?

그냥 조용히 침잠(沈潛)의 시간을 가지는 게 좋지 않겠나요? 연탄 만지는 손으로 아무리 자기 얼굴을 닦아도 검정은 더 묻게 됩니다. 보수의 품격 운운하며 터무니없는 비난을 늘어놓을 때 참 어이가 없었는데 요즘 하는 거 보니 품격이라는 건 찾아볼 수가 없습니다.

2023. 01. 10.

▷ <u>제삼자 뇌물수수죄</u>는 박근혜 전 대통령의 K스포츠, 미르재단 사건에서도 적용된 범죄인데 이미 대법원에서도 판례로 확정된 범죄유형입니다. <u>성남시장 때 있었던 이재명 대표의 이번 사건도 집행기관인 시장의 업무에 속하는 인·허가권을 미끼로 성남 FC 지원금을 모금했느냐가 쟁점</u>인데 의외로 까다로운 사건이 아니고 인허가 서류만 수사하면 간단합니다.

다만 이재명 대표 개인의 사욕이 아닌 자신이 구단주로 있던 성남 FC의 선전을 위해 모금했다는 정상이 있긴 하나 모금 방법이 부적절한 행위임은 분명합니다.

경남지사 시절부터 나는 그 법리를 알고 있었고 또 지사는 시장과는 달리 집행기관이 아니고 지원기관이기 때문에 대가성 있는 보답을 해 줄 수 있는 행정적 수단이 없어서 사법적 제재를 피해 갈 수 있었습니다. 지금은 대구 FC를 운영하는 구단주로서 집행기관이기 때문에 나는 이런 유형의 오해를 피하려고 대구 FC 지원금 모금에는 일절 관여하지 않습니다.

전국의 지자체 단체장들, 특히 집행기관들은 이 점을 유의해야 합니다. 과거에는 별문제가 안 되던 사건 유형이 박근혜 전 대통령 사건을 계기로 주목받으면서 집행기관들의 행정 재량 폭을 훨씬 축소해 지금은 범죄가 된 것입니다. 법치주의의 엄격한 적용이라는 긍정적인 면도 있으나 지금 이재명 대표는 문재인 정권의 이른바 적폐 청산의 부메랑을 맞고 있는 겁니다. 원망은 문재인 전 대통령에게 해야 할 겁니다.

2023. 01. 13.

▽ 이미 불가능해진 30여 년 전 버전인 한반도 비핵화 타령을 아직도 금과 옥조처럼 읊고 있는 미국이 참 한심하네요. 외교로는 안 된다는 것을 이미 역대 정부를 거치면서 확인했으면서도 고장이 난 레코드처럼 똑같은 말을 반복하고 있네요. 지난 트럼프 정권이 당한 위장평화 회담을 또다시 하려는 건가요? 평화를 획득하려면 전쟁을 준비하라고 했습니다. 무장평화, 핵 균형만이 동북아 평화 정착의 길이고 중국을 견제하는 유일한 길이라는 것을 미국이 빨리 알아야 할 텐데.

▽ 2018. 6. 지방선거를 앞두고 전 국민을 속인 문재인 정권의 위장 평화 회담 때 나는 그걸 바로 간파하고 문 정권을 위장 평화 회담으로 국민을 속이지 말라고 직공(直攻) 했었습니다. 그런데 나경원 의원 등 잔박들과 유승민 의원 등 바른 정당은 문 정권은 겁이 나 공격하지 않고 당시 자유한국당 대표였던 나만 집중 비방하면서 막말, 보수의 품격 운운했고 급기야 지방선거 유세조차 못 나오게 비난했습니다.

당시 전 국민이 현혹된 위장 평화 쇼에 우리가 지방선거를 이기는 것은 희망이 없을 때였지만 나는 명분 있는 패배라도 해야 다시 일어설 기회가 있다고 판단했고 정공법으로 위장 평화회담을 공격하고 지방선거 패배 후 그 책임을 지고 바로 당 대표를 사퇴했습니다. 만약 그때 나도 그 사람들처럼 잘못된 시류에 편승해서 아부했다면 지방선거도 지고 명분도 잃어버렸을 것이 아니었던가요? 1년이 채 지나지 않아 위장 평화 회담이라는 주장이 옳았기 때문에 내가 국민적 명분을 얻어 그 후 정계 복귀가 다시 가능했던 게 아닌가요?

한순간 곤란한 입장을 모면하려고 공작새처럼, 카멜레온처럼 변신을 거듭하는 그런 정치는 더 이상 하지 마십시오. 명분 없는 무한 변신은 국민만 더 힘들게 할 뿐입니다.

2023. 01. 17.

▽ 뻔뻔함이 천지를 뒤덮는 세상이 되었습니다. 얼굴색 하나 변하지 않고 뻔뻔하게 거짓말하는 시대가 되었습니다. 여야를 불문하고 일단 거짓말로 순간을 모면하고자 하는 사람들을 바라볼 때마다 국민은 얼마나 기가 찰까요? 그래도 진영 논리로 버티는 여야 정치인들을 보노라면 참 대단한 정신력이라는 감탄밖에 나오지 않습니다. 뻔한 거짓말로 버티는 사람이나 자리가 보이면 동지도 의리도 팽개치는 사람이나 그게 그거 아닌가요? 염치도 부끄러움도 모르는 막가는 세상입니다.

▽ 자기가 한 것도 아닌데 거짓 공적을 써서 현수막 내 걸거나 의례적인 설날 인사로 전국이 현수막 몸살입니다. 이번에도 대구시는 현수막을 내걸지 않습니다. 아직은 내세울 만한 치적도 없거니와 선전할 만한 뚜렷한 업적도 없기 때문입니다. 그러나 그보다 시민 세금을 허투루 낭비해선 안 된다는 것이 가장 큰 이유입니다. 설 지나면 이런 거짓, 과시성 현수막은 도시미관만 해칠 뿐이니 바로 철거하겠습니다.

▷ **나는 금수저** 출신들이 온갖 비리는 다 저지르면서 혼자 품격이 있는 척하는 위선이 참 싫습니다. 못 가진 자가 부자가 되려고 노력은 하지 않고 증오만으로 세상을 바라보는 것도 싫지만 가진 자들이 홀로 고고한 척하면서 위선으로 세상을 농단하는 게 더 싫습니다.

2023. 01. 19.

▷ **불필요**하게 적을 만들 필요가 있느냐는 주변의 권고도 많습니다만 박근혜 탄핵 이후 붕괴한 당을 재건하는 과정에서 받았던 온갖 개인적인 수모를 그동안은 내색하지 않고 참아왔습니다. 2017. 5. 탄핵 대선에서 총알받이로 나갔다가 받았던 온갖 수모와 조롱, 2018. 6. 지방선거를 앞두고 당내 구태들로부터 받았던 온갖 수모와 조롱, 그 모든 것을 보수 정권 창출과 새 정권의 안정을 위해 그동안은 내색하지 않았습니다. 그러나 최근 일부 금수저 출신들이 또다시 위선과 내부 흔들기로 자기 입지를 구축하려고 시도하는 것을 보고 더 이상 이들의 탐욕과 위선을 참고 볼 수가 없어서 이들과는 더 이상 같이 정치를 논하기가 어렵다고 보고 최근 내 생각을 가감 없이 내비친 겁니다. 모든 것을 가진 자들이 더 탐욕을 부리고 금수저로 태어난 사람들이 거짓 품격, 위선으로 세상을 농단하는 것은 더 이상 참고 볼 수도 없습니다. 나는 그들이 지극히 싫습니다. 그들에 기생하는 정치 낭인들은 더더욱 싫습니다. 싫은 걸 좋은 척할 수는 없지 않습니까? 그렇게 살지 못해서 힘든 정치를 하곤 있지만 그래도 나는 내 길이 맞다고 생각합니다.

2023. 01. 23.

▷ 가진 자를 증오하지 않고 못 가진 자를 홀대하지 않는 그런 세상이 되었으면 좋겠습니다.

진영으로 쫙 갈려져 옳고 그름이 진영 논리에 의해 지배되는 비정상적인 세상은 이제 마침표를 찍었으면 합니다. 수양버들 통솔력보다는 목표를 세우면 좌고우면하지 않는 굳건한 지도력으로 나라를 이끄는 정치인들이 많아졌으면 좋겠습니다. 벌써 새해도 한 달이 다 지나갑니다.

설 연휴 잘 보내시고 다시 힘찬 한해를 잘 준비하시기 바랍니다.

2023. 01. 25.

▷ TK 지역은 총선 때마다 언제나 절반의 교체율을 기록해 왔습니다. TK 지역 국회의원 25명 중 12~13명은 선수에 상관없이 언제나 탈락했다는 거지요. 그건 총선 때마다 전국 교체율 35% 내외를 맞추려고 하다 보니 지지세가 강한 TK 지역이 언제나 희생양이 되는 관계로 그렇습니다.

그러다 보니 TK 지역에서는 최근 인재를 키우지 못하고 눈치만 늘어가는 정치인들만 양산하고 국회의원다운 국회의원을 찾아보기 힘들어졌습니다. 최근 당내 최고위원 선거에서도 또다시 서로 눈치만 보고 출마예정자도 찾아보기 힘들다 보니 이미 한물간 정치 낭인들만 설치는 형국이 되었습니다. 만약 이번에도 또 출마자를 조정하지 못하고 서로 눈치나 보면서 그런 현상이 계속된다면 재선 이상 TK 의원들은 이참에 다음 총선에서 모두 물갈이를 해야 할 겁니다.

중앙 정치에서는 힘도 못 쓰고 동네 국회의원이나 하려면 시의원, 구의원을 할 것이지 뭐하려고 국회의원합니까? TK 국회의원들의 분발을 촉구합니다.

2023. 01. 27.

▷ 잊힌 재판이 있습니다. 패스트트랙 재판입니다. 벌써 3년이 지나갔지만 2019. 11.에 있었던 선거법·공수처법을 둘러싼 여야 대립에서 야당이었던 우리 당이 그 두 법 국회 통과를 물리적으로 막으려다가 당 대표·원내대표를 비롯한 전현직 의원들이 무더기로 국회선진화법 위반으로 기소된 사건입니다. 그때 나는 단식 중이던 황교안 대표를 찾아가 공수처법은 우리가 집권할 때 폐기하면 되니 넘겨주고 괴이한 연동형 비례대표제는 막는 협상을 하라고 했습니다. 실제로 민주당도 그걸 바라고 있었습니다.

둘 다 강제로 막으려고 하면 우리 당 의원들이 많이 희생된다고도 했습니다. 그런데 당시 당 대표·원내대표는 다음 해 공천이 걸린 의원들을 압박해 최전선에 내세웠고 책임지겠다고 호언장담한 그 지도부는 그 후 그 누구도 책임지지 않았습니다. 지도부가 나서서 검찰수사 단계에서 우리가 책임질 테니 우리 지시를 따른 의원들은 기소하지 말라고 협상이라도 했다면 전현직 의원 수십 명이 정계 퇴출의 족쇄를 아직도 차고 있을까요?

그 사건은 유죄가 되면 무조건 정계 퇴출이 되는 엄중한 법 위반 사건입니다. 국회 CCTV에 다 찍혀 있는데 무죄가 될 수 있을까요? 지도부 무책임의 극치로 올해 안에 1심이 끝날 그 재판에 연루된 전현직 의원들의 심정은 지금 어떨까요? 그래서 무책임하고 무능한 지도부를 만나면 의원들과 당원들만 피눈물 나는 겁니다.

▽ <u>정치는</u> 행위 책임이 아니라 결과 책임입니다. 말로만 책임진다고 떠들면 뭐 해요? 실제로 패스트트랙 사건 때 지도부의 호언장담을 믿다가 억울하게 걸린 전현직 의원들에 대해 구체적인 해결책을 내놓은 일이 있나요? 수십 명의 정치 생명을 걸어 놓고 도박판이나 벌이는 지도부가 세상에 어디 있나요? 그 사람들이 1심에서 유죄판결 나면 내년에 공천 줄 수 있겠나요? 민주당이 그걸 고발취소해 주겠나요? 그리된다면 주동자 아닌 사람은 선고유예라도 받을 수 있겠지만 그걸 기대할 수 있겠나요?

그래서 지도부의 무지와 무책임은 의원들과 당원들에게는 재앙이라는 겁니다. 그건 지난 일이 아니고 현재 진행 중인 사건입니다. 지금도 법원에 우르르 불려가면 종일 재판받습니다. 지도부를 믿고 따르던 의원들과 당원들은 내팽개치고 그래도 아직도 나만 잘되면 그만인가요? 말로만 하지 말고 지금부터라도 해결책을 찾으세요. 그게 최우선으로 할 일입니다. 여당이 되었으니 한동훈 장관에게 매달려 공소 취소라도 부탁해야 하지 않겠나요?

2023. 01. 29.

▽ 2007. 7. 치열한 경선 끝에 MB가 대통령 후보가 되었고 박근혜는 낙선했습니다. MB는 반 노무현 분위기 덕에 쉽게 대통령이 되었고 당에 남아 있던 박근혜는 그 후 사실상 당을 장악하고 미래권력이 되었습니다. MB는 대

통령 재임 중 단 한 번도 박근혜를 의식하지 않은 날이 없었고 친이 세력을 내세워 당을 장악하고자 여러 번 시도하였으나 대중적인 인물 부재로 여의치 못했습니다.

가장 결정적인 타격이 행정수도 이전 대신 서울대학교 이전과 대기업 이전을 세종시에 하겠다고 내걸었으나 박근혜는 한마디로 이를 거부했고 그때를 고비로 MB는 사실상 허수아비 대통령이 되었습니다. 경선 뒤끝이 작렬했던 그 사건이 끝나고 난 뒤 우여곡절 끝에 박근혜 정권이 태어나자 박근혜 정권이 제일 먼저 한 것은 이명박 정권을 노리고 포항제철 털기를 한 것이었습니다. 포항제철 털기에서 박근혜 정권은 MB 잡기는 실패하고 포항 국회의원이었던 이상득, 이병석만 잡았습니다. 정치판에서 본선보다 뒤끝이 더 심한 것은 당내 경선이라는 것을 보여준 실증적인 사건이었습니다.

현직 대통령이 당을 장악하지 못하면 정책 대부분은 수포가 됩니다. 당이 미래권력에 넘어가는 순간 당내 분열과 혼란은 시작되고 그 정권은 사실상 힘을 잃습니다. MB와 박근혜 관계 사건에서 보듯이 그 사건은 이번 전당대회에서도 우리 당원들이 크게 염두에 두어야 할 것입니다. 이번 전당대회는 아직도 뿌리를 내리지 못한 윤 정권을 우리가 어떻게 안착시킬 것인가를 먼저 생각해야 합니다. 감정이 많더라도, 생각이 다르더라도 어떻게 세운 정권인데 또다시 혼란에 빠지게 할 수는 없지 않은가요?

2023. 01. 30.

▽ 5년 전부터 나는 북핵 대응 문제에서 공포의 핵 균형 정책을 취해야 한

다고 일관되게 주장해 왔고 소위 한반도 비핵화론은 이미 북의 핵실험이 시작되면서 탁상공론에 불과하다고 지적해 왔습니다. 2017. 10. 미국 외교협회 연설에서도 그랬고 아베 총리와 회담에서도 그랬습니다. 2018. 4. 남북정상회담도 위장 평화회담이라고 설파했고 DJ, 노무현, 문재인 정권의 돈으로 산 평화는 오래 가지 못한다고 역설해 왔습니다.

그럴 때마다 당내 수양버들들은 나를 막말, 강성, 극우라고 비난했고 좌파들도 똑같은 말로 나를 비난해 왔습니다. 북이 ICBM까지 개발한 지금, 워싱턴 불바다를 각오하고 미국이 한국을 지킬 수 있을까요? 그건 드골이 핵 개발할 때 똑같은 논리로 나토를 탈퇴하고 핵 개발한 후 다시 나토 재가입을 한 논리와 똑같습니다.

우리는 핵물질도 많이 보유하고 있고 핵 개발 기술, 돈도 있습니다. 결심만 하면 단기간 내 북핵을 능가하는 탄두를 보유할 수 있고 미국으로서도 동북아시아에서 중국을 견제해 줄 수 있는 새로운 힘을 가질 수 있습니다.

또한 주한 미군이 철수해도 자주국방이 가능해집니다. 나아가 핵을 보유한 국가끼리 전쟁은 불가능해지고 우리는 북핵의 노예에서 벗어나게 됩니다. 인도·파키스탄이 그 좋은 예입니다.

오늘 갤럽 여론 조사를 보니 우리 국민의 76.6%가 핵 균형 정책을 지지하고 있습니다. 이제 본격적으로 우방을 설득할 때가 왔습니다.

2023. 02. 01.

▽ **2017. 5.** 탄핵 대선 때 문재인·안철수 양강구도에 금이 가기 시작한 사건

이 있었는데 그건 안철수 후보가 대선 후보 토론 때 발언한 '내가 MB 아바타입니까?' 바로 그 말이었습니다. 대선 후보감으로서는 유치했고 부적절한 말이었지요. 그때를 기화로 지지율 4%에 불과했던 망한 정당 출신인 제가 치고 올라가 2위를 했고 안철수 후보는 3위로 내려갔습니다.

최근 당 대표 선거에는 전혀 도움도 되지 않는 부적절한 사진 한 장을 올린 사람이나, 그 사진을 비난하면서 총선 때라면 폭삭 망했을 거라는 유치한 비난을 하는 사람을 보면서 과연 이 두 사람이 여당을 끌고 가는 수장 자격이 되는지 회의가 들지 않을 수 없습니다. 당 대표 선거라면 앞으로 나라와 당을 위해서 어떻게 하겠다는 거대 구상을 발표할 생각은 하지 않고 일회성 촌극 사건을 두고 갑론을박하는 유치함은 참 봐주기 어렵네요.

정신들 차리세요. 그런 유치함으로는 둘 다 당 대표감으로 당원들이 보지 않습니다. 이번 선거는 여론이 아닌 프로 당원들이 뽑는 선거입니다. 지난 대선 후보 경선 때도 제가 일반 여론에서는 10% 이상 앞섰으나 당원 투표에서는 20% 이상 참패한 일이 있었지요. 그때 두 사람이 받은 당원 표는 93%였습니다. 당원들의 정서는 그때보다 더 절실할 겁니다.

2023. 02. 02.

▷ **대구 신공항**을 저지하겠다고 나 홀로 선언한 부산 민주당 최 모 의원이 나보고 대구 신공항법의 이해관계인이라고 비난했습니다. 그렇습니다. 나는 대구 신공항법의 가장 밀접한 이해관계인이 맞습니다. 그런데 나는 국회법상 제재받는 국회의원이 아닙니다. 국회법상 제재받는 그대가 이해관계인으로

TK 신공항법 논의에 참여해서는 안 된다는 것이 제 주장입니다.

영남권 신공항을 두고 지난 20여 년간 PK, TK가 반목하다가 그 해법으로 나온 것이 각자 독자 공항 건설이었습니다. 부산은 전액 국비로 가덕도 신공항을 건설하고 대구는 군 공항 이전과 동시에 민간공항을 부수적으로 건설하는 통합 신공항 건설이 바로 그겁니다. 부산은 가덕도 신공항 건설에 현재로서 추산 14조가 들지만, 공법(工法)에 따라서 앞으로 20조가 들지 30조가 들지 모릅니다.

그건 인천 공항 건설의 예를 보면 명확합니다. 그런데 대구통합 신공항의 경우는 군 공항 이전비 11조 4천억 원의 대부분을 대구시가 후적지 210만 평 개발 대금으로 충당하고, 군 공항 활주로를 1km 더 연장하는 민간공항은 현재로서는 1조 4천억 원밖에 들지 않습니다.

가덕도 신공항의 1/10도 안 되는 국비입니다. 그 국비도 주지 않고 가덕도 신공항이 독점하려고 과욕을 부리면서 다음 총선만을 위해서 최 모 의원이 홀로 허욕을 부린다면 또다시 PK, TK 갈등만 폭발하고 두 공항 모두 어려워집니다. 이참에 부산 일부 언론도 팩트나 정확히 알고 썼으면 합니다. 대한민국이 가덕도 신공항만을 위해서 존재하는 것은 아니지요.

참고로 나는 가덕도 신공항에 대해서 본회장에는 다른 사정으로 참석하지 못했지만, 공개적으로 가덕도 신공항을 찬성했던 TK의 유일한 국회의원이었습니다. 그 가덕도 신공항법도 2020. 9.에 제가 국회의원일 때 발의한 TK 신공항법을 참고로 해서 단시일에 만든 법입니다. 그때 이낙연 대표가 가덕도, 대구통합 신공항 두 법을 동시 통과하자고 제의도 했었는데 그때 같이 통과시켰으면 지금 이런 어려움을 겪을까요?

2023. 02. 03.

▷ **만약** 특혜가 있다면 **똑같이 가덕도 신공항법을 개정하면 되는데 근거 없이 다른 지역 법을 깎아내려 하향평준화하겠다는 것은 놀부 심보가 아닌가요?** 수도권에 대항하는 영남 신공항을 쌍두마차로 만들자는데 부산만 김해, 가덕도 국제공항을 두 개나 갖겠다는 게 말이 됩니까?

그만 억지 부리십시오. 그만해도 부산시민들이 충분히 역할을 했다고 느낄 겁니다. 영남권 광역단체장들은 이견(異見)이 없습니다. 부산시장님도 중추 공항이라는 문구만 빼주면 반대하지 않는다고 했습니다. 영남은 하나입니다. 지금 가덕도 신공항도 첩첩산중입니다. 특별법 만들었다고 다 된 줄 아십니까? 앞으로 서로 협력할 일이 얼마나 많겠습니까? 부산 힘만으로 돌파할 수 있다고 보십니까? 또다시 과거 전철을 밟아 두 공항이 다 같이 어려움에 부닥치는 일이 없도록 적극적인 협조를 부탁드립니다.

▷ **지하철 무상 이용 나이**를 65세로 정한 것은 40여 년 전의 일이고 그동안 생물학적 나이가 적어도 20여 년 이상 젊어진 지금 노인 기준연령도 적어도 10년 이상 높여 잡아야 할 겁니다. 그러나 너무 급격한 노인 나이 인상은 부작용이 크다고 보고 대구시에서는 **전국 최초로 작년 연말 조례로 시내버스 무상 이용 어르신 나이를 5년 높여 70세 이상으로 정했고 70세 이상되는 어르신은 올해 6월 28일부터 시내버스 무상 이용을 할 수 있게 했습니다.** 그 조례 시행을 앞두고 그에 맞추어 지하철, 지상철 무상 이용도 똑같이 70세 이상으로 하기로 하고 이를 버스, 지하철, 지상철 등 모든 대중교통에 적용하도록 통합조례로 개정을 추진하기로 했습니다.

다음 주 시의회에 보고하고 시의회 논의를 거쳐 올해 6월 이후로 버스·지하철·지상철 등 모든 대중교통에 이를 적용하기로 추진할 겁니다. 그렇게 하면 노인 무상 이동권 보장에 대구시는 2백억 원을 더 투자해야 합니다. 이게 시대에 맞는 노인복지 정책이 아닐까요? 연금 개혁도 이런 방향이 맞는 게 아닐까요? 그에 부수해서 각종 정년도 상향 조정하는 게 초고령 사회로 가는 노동력 확보 대책이 아닌가요?

2023. 02. 04.

▷ **이참에** 주택담보 노후 연금제도도 고쳤으면 합니다. 자산 대부분이 집 한 채인 한국 현실에서 집을 담보로 노후 자금을 대출받는 제도는 자녀들에게 부담을 지우지 않고 편안한 노후 생활을 영위하는데 더없이 좋은 제도입니다. 그러나 현 제도는 주택 가격이 9억 원 이하에 한정되고 노후 자금 대출도 한정되고 있어 지극히 비현실적입니다.
주택 가격 제한을 없애고 주택 가격의 80%까지 노후 자금 대출을 가능케 하고 월 300만 원까지 대출 보장이 되어야 안락한 노후를 보장하고 전적으로 국민연금에 의존하지 않아도 됩니다. 그렇게 하면 국민연금 개혁에도 도움이 되고 자녀들의 부담도 크게 덜게 됩니다.

2023. 02. 05.

▽ **얼마 전** 주말에 운동 나갔다가 요즘 대세 배우가 된 대구 출신 탤런트 한 분과 같이 온 그의 친구가 같이 사진을 찍자는 요청이 있었습니다. 그때 나는 그 친구에게 그 요청을 정중히 거절하면서 부적절하다고 한 적이 있었습니다.

그 탤런트에 피해가 갈 우려가 있다고 보았기 때문입니다. 그 탤런트는 국민이 모두 좋아하지만, 우리 같은 정치인들은 호불호가 갈라져 그 사진이 SNS에 올라가면 나를 반대하는 사람들이 그 탤런트에도 비난 댓글을 남길 우려가 있다고 보았기 때문이었습니다.

나도 가수, 탤런트, 배우, 운동선수 등 좋아하는 사람들이 있긴 하지만 섣불리 말을 꺼내거나 공개할 수 없는 것은 그분들에게 피해가 갈 수도 있다는 우려 때문입니다.

2023. 02. 06.

▽ **노인 무임승차** 문제는 노인복지 차원에서 접근해야 합니다. 100세 시대 노인 나이도 상향 조정을 해야 함은 물론이고 국민연금, 정년 연장, 주택역모기지론 제도도 새롭게 정비해야 합니다. 지방정부도 무상급식에는 표를 의식해서 모두 안달하고 매달리지만, 국비 지원은 해달라고 하지 않는데 노인복지 문제는 왜 손익을 따지면서 국비 지원에 매달립니까? 복지는 손익 차원에서 따질 문제가 아니지요. 그건 지방 사정마다 다르니 지방정부의 재량

에 맡기는 게 옳지 않습니까?
젊은 세대를 위한 무상복지에만 매달리지 말고 100세 시대 노인복지를 위한 새로운 복지 프로그램을 만들어야 할 때입니다.

2023. 02. 11.

▽ 어제 전주에서 대통령 주재 중앙·지방 협력회에 참석했습니다. 그 자리에서 저는 자치조직권 보장을 요구하면서 지금 자치조직권이 보장된 지역은 서울시뿐이라고 했습니다. 다른 16개 지역도 서울시와 동등하게 자치조직권이 보장되어야 하는데 서울시와는 달리 다른 16개 지역은 행안부 1급 지방분권 실장의 통제하에 운영되고 있으니 이건 시급히 해소되어야 할 문제라고 지적했습니다.
그런데 그 문제를 해결하는데, 행안부가 전문가들을 모아 대책을 마련하겠다고 하는 것은 난센스 중 난센스입니다. 행안부의 지방통제 횡포 때문에 그런 지적이 나왔는데 그렇다면 그 문제는 총리실에서 주관하여 자치조직권 보장 문제를 해결해야지 분란의 당사자인 행안부가 또 나서겠다는 것은 분란만 더 키울 뿐이고 그 누구도 동의하지 않습니다. 총리실에서 국정 조정의 중심이 되어 지방화 시대 자치조직권 보장 문제를 신속히 결론내어 주시기 바랍니다. 총리님의 역할을 기대합니다.

▽ 창녕군수가 부정선거로 재판받다가 자진(自盡)했습니다. 젊고 괜찮은 사람이었는데 공천과 선거 과정에서 브로커들에게 많이 시달렸지요. 제가 태어

난 곳인 창녕은 선거 풍토가 좋지 않아 역대 민선 창녕군수 중 온전하게 임기를 마친 군수들이 많지 않습니다. 걸핏하면 보궐선거를 하는 상태에서 이번에 또 보궐선거를 하게 되었는데 선거에 나선 각 후보가 우리 당 공천 운운하는 것을 보고 참 뻔뻔스럽다는 생각이 들었습니다.

이렇게 된 것은 지역 국회의원들이 공천관리를 잘못한 탓인데 앞으로 이런 지역구 국회의원들에게는 지방선거 공천권을 박탈하고 본인 국회의원 공천심사 때에도 페널티를 주는 것을 당 차원에서 검토해야 할 것입니다. 과거에는 이런 경우 국회의원의 책임을 물어 공천 배제를 해 온 적이 있었는데 이번에는 어떻게 할지 지켜보겠습니다.

각 정당에서 그 정당 출신 지자체장이나 국회의원이 부정, 비리로 그 직을 박탈당하면 무공천할 때도 있었는데 이번에는 우리 당이 양심을 가지고 무공천을 하는지 우리 한번 지켜봅시다. 제가 태어난 곳이다 보니 밑바닥 사정을 속속들이 다 알고 있지만 더 이상 공천 시비 없이 이번에는 무공천 선거를 해서 정정당당하게 후보들끼리 실력대결을 하기 바랍니다.

2023. 02. 12.

▽ **단상 1 곽상도 전 의원 사건**

50억을 30대 초반 아들이 5년인가 일하고 퇴직금으로 받았다는데 그 아들 보고 그 엄청난 돈을 주었을까요? 이때는 박근혜 때 적용했던 경제공동체 이론은 적용할 수 없었나요? 그런 초보적인 상식도 해소 못하는 수사·재판을 국민이 이해할 수 있을까요?

▽ 단상 2 **윤미향 의원 사건**

 정신대 할머니를 등친 후안무치한 사건이라고 그렇게 언론에서 떠들더니 언론의 오보였나요? 검사의 무능인가요? 하기야 요즘 판·검사는 정의의 수호자라기보다 샐러리맨이 되어 버려서 보기 참 딱합니다.

2023. 02. 13.

▽ 통상 뇌물 사건은 주고받은 돈이 있느냐 없느냐에 따라서 유·무죄가 갈려지고 곽상도 전 의원 사건처럼 돈은 받았는데 직무 관련성을 내세워 무죄가 되는 경우는 지극히 드물었습니다. 그래서 그사이 법조계에서는 직무 관련성 입증을 완화하기 위해서 노태우 대통령 사건에서는 당시 내가 주장했던 포괄적 수뢰론을 받아들여 기소하여 대법원 판례로 정립하였습니다. 박근혜 대통령 사건에서는 맞는지 모르지만, 경제 공동체론을 내세워 무죄를 방지해 왔습니다.

이번 사건을 보니 검사의 봐주기 수사인지, 무능에서 비롯된 건지, 판사의 봐주기 판결인지 도대체 뭐가 뭔지 모르겠습니다.

백 보 양보해서 그래도 뇌물 입증에 자신이 없었으면 정치자금법 위반은 검토나 해 보고 수사하고 기소했는지 공소장 변경은 검토나 해 봤는지 어이없는 수사이고 판결입니다. 그 검사 사법시험은 어떻게 합격했나요? 검사가 이러니 검수완박이라는 말도 나오지요.

2023. 02. 15.

▽ **무슨 이유로** 전직 대법관, 전직 검찰총장들, 검찰 고위직, 박영수 특검 등이 연루되었다는 소위 50억 클럽은 여태 수사 방치하다가 어이없는 곽상도 전 의원 무죄 사태를 가져왔는가요? 이러고도 정의로운 검찰이라고 내세울 수 있는가요?

김만배의 혀끝에 놀아나는 무능 수사로 지난 2년 동안 국민적 상실감만 키워온 대장동 수사는 언제 끝나나요? 과거 검찰은 아무리 복잡하고 큰 사건도 석 달을 넘기지 않았습니다.

무능하고 무기력한 검사들이 옹기종기 모여 무슨 수사를 한다고 거들먹거리나요? 최근 사사건건 시비나 거는 어느 소수 야당이 50억 클럽 특검 주장을 하는 거 보고 처음으로 그 야당이 예뻐 보이는 건 나만의 생각일까요? 세상을 바로잡는 게 검찰인데 요즘은 눈치 검찰 때문에 세상만 더 어지러워졌습니다.

▽ **20여 년이 지난** 대구 지하철 참사가 이제 와서 정쟁의 도구로 이용되는 것은 옳지 않습니다.

이번 주 토요일 열리는 대구 지하철 참사 추모식에 세월호 참사, 이태원 참사, 민노총, 시민단체 등이 모여서 매년 해오던 대구 지하철 참사 추모식을 이상한 방향으로 끌고 가려고 하는 것은 온당치 않습니다.

대구 지하철 참사 사건은 그동안 국민의 성금과 대구 시민들의 진심 어린 노력으로 그 상처가 대부분 아물었고 그 참사를 잊지 않기 위해 우리는 시민 안전 테마파크도 만들어 대구 지하철 참사를 교훈으로 삼고 다시는 그런 사회적 참사가 대구에서 일어나지 않도록 노력하고 있습니다.

보상과 배상도 충분히 이루어졌고 관계자들 처벌도 이미 이루어졌습니다. 국민 성금으로 기념재단도 만들어 114억 원을 재원으로 매년 참사를 추모하는 행사도 하고 있습니다.

올해는 부상자분들이 요구하는 부상자 치료 연장도 추진하고 시장이 참사 현장에 가서 헌화도 할 겁니다. 앞으로 참사 희생자 유가족들만 참여할 수 있는 유가족위원회도 유가족 자격이 안 되는 분이 있다면 배제 절차를 밟아 나가도록 추진하겠습니다. 대구 지하철 참사 사건은 대구의 아픈 기억이지만 우리는 그 기억을 잊지 않고 다시는 그런 참사가 일어나지 않도록 노력할 것입니다.

2023. 02. 17.

▽ 단상 1

신공항특별법이 2월에 통과되지 않아 유감
3월 임시국회에서는 반드시 통과될 수 있도록 TK 지역 국회의원들이 한마음으로 합심해 노력해 주었으면.

▽ 단상 2

단임제 대통령에게는 정적이 없습니다. 정적 제거 논리는 옳지 않고 불체포 특권 논리는 과거 권위주의 시대의 부당한 야당 탄압을 방지하기 위해 출발했는데 지금은 민주화가 완성되었고 야당이 더 강력한 국회 권력이 되었는데 야당 탄압 논리도 성립되기 어려운 거 아닌가요? 면책특권은 이해가 되는데 아직도 불체포 특권이 남아 있는 건 퇴출되어야 할 과거 권위주의 정권 시절 잔재가 아닌지요.

2023. 02. 20.

▽ 이재명 대표에 대한 구속영장 청구를 두고 갖가지 설이 난무합니다. 정적 제거설이 있지만 단임제 대통령에게는 정적이 있을 수 없다는 점에서 설득력이 없고, 유시민 전 장관은 온갖 논리를 동원하고 있지만 그건 유시민 특유의 상상력에 불과합니다. 감히 추측건대 그건 법치주의에 따른 윤 대통령 특유의 기질에서 비롯된 것으로 볼 수밖에 없습니다.
윤 대통령은 검사 시절부터 국정원 댓글 사건에서 보았듯이 정치주의를 적극적으로 배격하고 법치주의를 천명해 왔고 이른바 국정농단 사건 수사에서도 지위고하를 막론하고 무리할 정도로 철저히 법치주의를 지켜 왔습니다. 그래서 이재명 대표 사건도 정치주의가 아닌 법치주의로 처리하다 보니 작금의 여야 충돌이 깊어진 겁니다.
이재명 대표는 정치로 풀어 보려고 여야 영수 회담을 줄기차게 주장하나 윤 대통령에게는 통하지 않을 겁니다. 통상 대통령이 되면 정치주의자가 되지만 윤 대통령은 여전히 법치주의를 강조합니다. 법치주의와 정치주의가 맞붙은 형국입니다만 시대의 흐름이 법치주의가 우선이 아닌가요?

2023. 02. 21.

▽ 무상급식 논쟁이 한창일 때 소득따라 차등 급식을 하자는 내 주장에는 별다른 호응이 없었고 좌파들로부터는 애들 밥그릇 가지고 장난치지 말라는 모욕적인 비난도 받았습니다. 미국도 그렇게 하고 일본도 대부분 급식비를 받는데도 말입니다. 그런데 이번에는 노인 무상 이동권을 보장하겠다는 대구시 정책을 두고는 일본의 노인 할인정책을 내세워 이를 비판하는 견해들이 다수 있습니다.

참 형평에 어긋나는 주장들이 아닐 수 없습니다. 애들한테는 무상을 적용하고 노인한테는 부분 무상을 적용하자는 게 형평에 맞는 정책인가요? 애들 무상급식 정책이 정착된 만큼 노인 무상 이동권 보장정책도 사회적 복지 정책의 하나로 이제 정착이 되어야 할 때가 아닌가요?

2023. 02. 23.

▽ 국회의장께서 국회의원 비례대표를 50석 확대하자고 제안했다고 합니다. 참 어처구니없는 제안입니다. 결론적으로 말씀드리면 국회의원 수는 지금의 절반인 150인으로 줄이고 미국처럼 전원 소선거구제 지역구 의원으로 해야 합니다. 미국 하원의 수에 비교해 보면 우리나라 국회의원은 80여 명만 해도 충분합니다. 국회의원 수가 많다고 해서 정쟁이 줄어들겠습니까?

국회의원 수가 적어서 나라가 이 모양입니까? 자기들 문제를 자기들만 모여서 기득권을 확대하기 위한 정개 특위는 즉각 해체하고 중립적인 인사들로 정개 특위를 새로 구성해서 제대로 된 정책을 내놓기를 기대합니다. 요즘 하시는 모습들 보노라면 세금이 아깝습니다.

▷ 이재명 대표께서 성남 FC 제삼자 뇌물 사건을 변명하면서 홍 시장은 후원하는 기업과 사진도 찍었다고 했습니다. 그렇습니다. 나는 후원하는 금액 팻말을 들고 후원 기업 대표와 당당하게 사진을 찍었지요. 사회 복지 공동 모금회 모금 행사 때도 똑같이 그렇게 팻말 들고 같이 사진을 찍어 선행을 널리 세상에 알립니다.

그런데 이재명 성남시장은 기소된 그 거액 후원금을 받을 때 팻말 들고 사진을 찍은 일이 있었습니까? 그건 아마 없었을 겁니다. 범죄적 수법으로 받은 돈이라서 쉬쉬하며 뒷돈으로 받았을 겁니다. 일부 문제가 될 것이 없는 순수 후원금을 받을 때는 팻말들고 찍은 사진은 오른쪽과 같이 있다고 들었습니다. 다시 말하지만, 모금이 문제가 아니고 범죄적 수법을 동원했는지가 문젭니다. 더 혹 붙이지 마시고 더 이상 나를 끌고 들어가지 마시고 순수 사법적 대응을 하십시오.

2023. 02. 27.

▷ 우크라이나는 구소련 해체 후, 미·러에 이은 세계 3대 핵 강국이었는데 미·영·러의 안보 보증과 넌-루가 법안으로 핵무기를 모두 해체하고 비핵 국가로 전환했습니다. 그 결과 안보 보증의 당사자였던 러시아의 침공으로 지금은 전쟁의 폐허 속에서 허덕이고 있습니다. 우크라이나가 막강한 핵무기를

보유했다면 러시아가 과연 침공을 할 수 있었을까요?

리비아의 카다피는 미국의 정권 유지 보증으로 핵 개발을 포기했으나 그 정권은 내부 폭발로 무너졌습니다. 프랑스는 드골이 핵 개발을 반대하는 미국을 향해 뉴욕이 핵 불바다가 될 것을 각오하고 파리를 보호해 줄 수 있느냐고 질타하고 나토를 탈퇴한 후 바로 핵 개발을 했습니다. 인도와 파키스탄도 미국이 반대했지만 자주국방을 위해 핵 개발을 했습니다. 이스라엘은 미국의 묵인 아래 지금 200기가량 수폭·원폭을 보유하고 있다고 추산되고 있습니다. 이렇듯이 자국 안보를 위해 최상의 선택을 해야 하는 국가적인 위기 앞에서 이미 의미를 상실한 외교 압박으로 북이 핵 포기를 할 수 있을까요? 핵을 포기하는 순간 김정은 체제는 리비아처럼 바로 무너질 건데요? 악령(惡靈)은 소리 없이 다가와 우리를 북핵의 노예로 만들고 있습니다.

나는 2017. 5. 대선 전부터 적극적으로 남북 핵 균형 정책을 주장했습니다. 우리의 살길은 불확실한 확장억제 전략이나 불가능한 한반도 비핵화가 아니라 남북 핵 균형 정책입니다. 그게 지금 미국의 동북아 대 중국 방어 정책에 미국의 부담도 덜고 미국의 이익에 더 부합할 겁니다.

▽ **이재명** 대표의 체포동의안이 과반수에 미치지 않아 부결은 되었지만, 민주당에서만 이탈 표가 31표나 나와 찬성표가 1표가 더 많은 놀라운 결과가 나왔네요. 그런데 아직도 수사 중인 사건이 많은데 이번 사건을 검찰이 일단 불구속기소를 하면 민주당 당헌에 따라 당 대표 사퇴 논쟁은 격화될 거고 검찰이 2차 구속영장을 청구하면 민주당의 부담은 두 배로 더 커지게 될 겁니다. 그때 또 표결하면 과연 민주당의 선택은 어디로 갈지 참 어렵네요.

그나저나 이재명 대표의 정신력은 참 대단합니다. 잡초의 생명력으로 살아온 인생이라서 그런지 참으로 대단한 정신력입니다. 곧 선거법 위반 재판이 시작되고 대장동 사건, 성남FC 사건 재판도 시작되면 국회 출석보다 재판받으러 가는 날이 더 많아질 겁니다. 총선을 앞두고 이재명 늪에 빠진 민주당의 돌파구는 어디인지 비아냥이 아니고 같은 시대를 걸어가는 정치인으로서 참 보기 딱합니다. 잘 헤쳐 나가시기 바랍니다.

 **홍준표**도 알고 보면 **" 따뜻한 사람 "**
꿈의 실현은 '따뜻함'에서 시작됩니다.

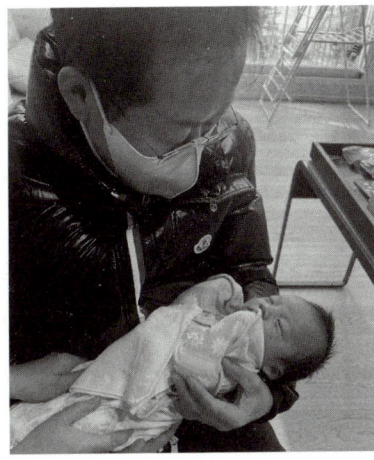

♡ 손자의 탄생, 손녀 1명에 손자 1명을 두다

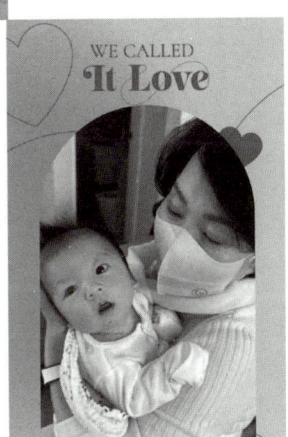

♡ 한 달 된 손자의 모습

2

정치는
의리와 신념이
필요합니다

자신의 이익만 좇아 권력의 꽁무니만
따라다니는 패거리 정치가 아닌
의리와 신념으로 뭉친 계보 정치가 필요합니다.

2023. 03. 01.

▽ 조어(造語) 정치의 끝장이 요즘 유행하는 '개딸'이라는 말입니다. 나는 처음에 그 말을 듣고 요즘 반려견 열풍을 타고 유행하는 강아지를 지칭하는 것인 줄 알았습니다. 그런데 모 정치인 측에서 그게 개혁의 딸들이라는 말을 줄여 사용한다는 말을 듣고 그 좋은 말을 왜 그렇게 오해하기 좋게 사용하는지 의아심이 들었습니다. 개딸이 아니라 개혁의 여전사라는 말로 바꾸어 사용하는데 국민 정서 순화에도 도움이 되지 않을까요? 개딸은 오히려 개혁의 여전사를 욕보이는 말이 아닌가요? 참 이해하기 어려운 정치판입니다.

▽ 이준석은 당 대표가 될 때 청년 정치, 당의 미래 비전을 말하고 정권교체의 열망을 부르짖으면서 국민과 당원들의 사이에 선풍적인 바람을 일으켰습

니다. 요즘 당 대표 선거를 보니 비전은 아예 없고 자해, 음해, 비아냥만 난무하고 어쩌다 이준석 바람으로 뜬 무명의 정치인은 일시적인 흥분과 자아도취에 취해 책임지지도 못할 망언들을 쏟아내고 있습니다.

광주방송과 인터뷰에서 박정희는 존경의 가치가 없고 김대중을 큰 정치인으로 존경한다면 박정희 존영이 걸려 있는 우리 당을 그만 나가는 게 옳지 않겠나요? 종북사상을 가진 사람을 비난하는 것을 색깔 논쟁으로 몰아가는 반대당 논리를 추종한다면 굳이 우리 당에 남아 있을 필요가 있을까요? 어차피 다음에도 국회 입성하지도 못할 지역에서 그 지역 정서에 아부해 본들 본인에게 무슨 정치적 미래가 있을까요?

트로이 목마 같은 행동을 하면서 개혁인사를 자처해 본들 요즘 우리 당 당원들은 속지 않습니다. 당에 어른이 없는 시대가 되다 보니 온갖 일이 다 일어납니다. 그만 자중들 하고 국민과 당원들에게 꿈과 희망을 주는 전당대회를 했으면 합니다.

▽ **정치인의 특권 중** 가장 중증이 착각의 자유입니다. 순천에서 이정현 의원이 두 번이나 당선된 것은 그는 우리 당이 낳은 호남의 거물 정치인이었기 때문입니다. 누구처럼 한번 튀어 보려고 그곳으로 간 그런 정치인이 아닙니다. 종북좌파를 겁내서 눈치나 보면서 종북좌파라고 못하는 사람이 제대로 된 정치인이라고 할 수 있겠나요?

내가 중앙 정치에 관여하는 것은 당 고문으로 위촉되었기 때문이고 나는 이미 젊은 시절에 우리 당 최고 험지인 서울 동북부 지역에서 유일하게 3연속 당선도 해 본 사람인데 이젠 나이가 들어 고향으로 하방한 겁니다. 그렇게 정치하면 평생 국회 문턱에도 못 갈 수도 있습니다. 최근 버릇없는 철부지들을 질타해 달라는 요청이 쇄도하고 있어서 어렵게 한마디 하는 겁니다.
누울 자리 보고 발 뻗는 게 좋을 겁니다. 천방지축 날뛰면 낭패 보는 수가 있습니다. 이준석 흉내를 내려면 그 정도의 내공부터 길러야지.

2023. 03. 03.

▷ 꼰대라는 말은 엄한 선생님, 또는 엄한 아버지를 속어로 부르는 말에서 유래합니다. 이 말이 최근에 와서는 자신의 구태의연한 사고를 부하들이나 아랫사람에게 강요하는 꼰대 갑질이라는 말로도 사용되기도 합니다. 전자의 의미로 보면 나는 확실히 꼰대 기질이 다분한 상남자입니다. 그건 청년 시절부터 그랬습니다. 그러나 후자의 의미로 사용하는 꼰대 갑질과는 거리가 있다고 생각합니다.

전자의 의미로 사용되는 꼰대가 사라진 지금의 한국 사회에는 후배들 눈치나 보는 비겁한 선배들이 대부분인 관계로 한국 정치판에는 예의도 없고 질서도 없는 철부지 청년 꼰대들만 설치는 난장판이 되어 가고 있습니다. 유감스럽습니다. 앞으로도 나는 생각이 바르고 소신이 뚜렷한 청년 정신을 지닌 꼰대로 살아갈 겁니다. 그런 꼰대로 불리는 것은 영광입니다.

2023. 03. 04.

▷ 한국 보수 진영의 암흑기를 19대 탄핵 대선과 연이은 지방선거라고

들 합니다. 그래서인지 지금 어느 당권 주자들은 도로 한국당은 안 된다고 하면서 자신을 뽑아 달라고 합니다. 도로 새누리나 도로 미래통합당이면 이해가 되는데 도로 한국당은 안 된다니 기막히고 뻔뻔한 말입니다. 그 암흑기를 누가 만들었는가요? 암흑기를 만들어 놓고 당을 뛰쳐나갔다가 스멀스멀 명분 없이 돌아온 사람들이 그 암흑기에 당과 그 모진 고통을 견디며 자칫 없어질 뻔했던 당을 지켜 내고 오늘의 정권교체 밑거름을 만든 사람들을 어찌 기회주의적인 배신자들이 비난할 수 있는가요?

<u>적반하장(賊反荷杖)이란 말은 이때 하는 것입니다. 좀 최소한의 양심이라도 갖고 정치하세요.</u> 오늘부터 당원 투표하는 날인데 양심 있는 책임당원이라면 그런 사람을 누가 찍어 주겠나요? 방금 투표했습니다. 당을 지킨 사람들 중심으로 투표했습니다.

2023. 03. 07.

▷ **경선 끝나고 나면** 곤란한 처지에 있을 사람들이 많겠네요. 안철수 의원은 지금 세 들어 사는 집주인이 집을 나가라면 내놓고 본래 집으로 돌아가야 하는데, 이준석 전 대표와 부딪치니 경선하든지 어찌 되었든 간에 둘 중 하나는 내년에 우리 당 이름으로 출마하기는 어려울 거로 보입니다. 황교안 전 대표는 지역구가 없어서 출마할 곳을 찾는 게 급선무인데 이번 대표선거에서 보여준 어른답지 않은 모습으로는 차기 어느 곳도 출마하기가 쉽지 않을 듯하네요.

최고위원 나와서 분탕질을 치던 사람들은 이번에 되면 또 한 번 기회가 생기니 다행인데 떨어지면 낙동강 오리알 신세를 면치 못할 거로 보입니다. 내가 그 꼴들 보기 싫어 내 정치 일정에 맞추어 일찍 하방했지요. 정치를 하려면 최소한의 insight(통찰력)와 foresight(예지력)부터 갖추고 해야 하는데 막무가내로 정치하다 보면 다 그렇게 되는 겁니다. 그런데 끝까지 비열하게 행위하는 모습들은 보기가 참 민망하네요.

2023. 03. 08.

▽ 윤 대통령의 한일 관계 해법은 북핵과 안보가 엄중한 상황에서 한·미·일 자유주의 동맹을 공고히 하려는 고육지계(苦肉之計)로 보입니다. 한미 FTA 체결 당시에도 민주당은 나를 이완용에 비유했고 제2의 을사늑약이라고 공격했지요. 민주당은 이번에도 똑같은 논리로 공격하지만, 미래 지향적 한일 관계를 위해서 우리가 어른스럽게 한발 물러서는 것도 차선의 방책이 될 수가 있다고 봅니다.

로스앤젤레스 법원은 2차 대전 종전 후 미군 포로가 학대를 이유로 일본을 제소했을 때 우리와는 달리 그 아픔은 이해하지만, 종전 협상으로 청구권이 소멸하였다고 판시한 바도 있었지요. 법 감정의 차이일 수도 있으나 독일과 달리 일본의 미온적인 전후 관계 처리는 그들의 옹졸함에서 비롯된 것일 수도 있습니다.

우크라이나 전쟁, 중국과 대만 간의 양안 문제로 세계정세가 어지러운 판에 이번 한일 관계 해법은 만족스럽지는 않지만 윤 대통령의 고육지계(苦肉之計)로 이해합니다. 참고로 저의 선친도 일제 강점기 징용 피해자입니다.

▽ **온갖 헛소문**과 쟁점 속에서 전당대회는 끝났습니다. 이젠 지도부가 하나가 되어 윤석열 정부를 뒷받침해 주시기를 기대합니다. 경쟁 과정에서의 앙금도 이젠 말끔히 씻어내고 대승적인 결단으로 하나가 되기를 바랍니다. 당선되신 분들에게는 축하의 말씀을 드리고 낙선하신 분들에게는 심심한 위로를 전합니다. 다시 새로 출발합시다.

2023. 03. 11.

▽ **마치** 영화 '아수라'의 황정민 안남 시장을 보는 느낌입니다. 그 영화의 황정민은 악령(惡靈) 같은 생명력을 가지고 있었습니다.

▽ **요즘 검찰**이 그렇게 자살에 이르게 할 정도로 강압수사할 수 있을까요? 비밀이 없는 대명천지에 수사실에는 CCTV가 설치되어 있고 비밀 녹음기능도 발달해 있고 함부로 욕도 할 수 없는 수사 환경인데 어떻게 한 사람 관련된 사건에 다섯 명이나 자살할 수가 있나요? 검찰에 대한 압박감보다 주변이 주는 압박감이 더 심했을 수도 있지 않았을까요?
이상야릇한 자살 사건만 늘어갑니다. 다음은 또 누구 차례인가요? 이 악령의 드라마는 도대체 누가 쓰고 있는 건가요?

2023. 03. 15.

▽ 부산 가덕도 신공항 건설과 대구통합 신공항 건설을 두고 벌써 일부 경제지를 비롯한 공항 대중영합주의라는 신조어까지 만들어 부정적 시각을 드러내고 있습니다. 그건 수도권 중심 1극 체제로 계속 가야 한다는 어리석은 국가 경제 전략이라고 아니할 수 없지요. 고전적인 이론입니다만 SAY의 법칙도 있습니다. 경부고속도로를 만들 때 당시 야당과 일부 국민은 얼마나 심하게 저항했습니까? 그런데 남북의 길이 뚫리고 나니 폭발적인 경제성장이 있었다는 역사적인 경험을 갖고 있습니다.

오늘날 미국의 발전도 도로와 철도가 깔리고 난 뒤 가능했습니다. 그러나 이젠 하늘길의 시대입니다. 그게 국가 균형 발전의 중심적인 화두가 될 수밖에 없습니다. 도로와 철도의 시대를 넘어 지방에도 세계로 가는 하늘길을 열고 국내 이동은 UAM 시대가 곧 올 겁니다. 여객과 물류 이동의 새로운 패러다임이 펼쳐지는 미래에 적극적으로 대응하기 위해서라도 4대 관문 공항론은 대한민국 국가 균형 발전의 핵심 의제가 될 겁니다.

2023. 03. 16.

▽ 다낭 일정을 하루 앞당겨 마치고 오늘 밤에 귀국합니다. 북에는 하노이, 남에는 호치민, 중부에는 다낭이 있는 베트남은 칠레처럼 남북으로 길게 뻗친 나라입니다. 국민 평균 나이 32세로 세계에서 가장 젊은 나라 중 하나이고 한국 못지않은 교육열로 폭발적인 성장세를 이루고 있으며 곧 인구 1억 명을

돌파하는 아시아의 강국 중 하나입니다. 한국과의 교역도 폭발적인 증가세에 있고 국민의 자존심, 영민함은 세계 어느 나라에도 뒤떨어지지 않는 떠오르는 아시아의 용(龍)이라고 할 수 있습니다. 과거를 잊고 미래로 가는 동반자로서 한국과 베트남의 공존공영을 기원합니다.

▷ 1965년 한일 국교 정상화 청구권 포기 대가로 받은 달러로 경부고속도로도 건설하고 포항제철소도 지어 이 땅의 산업화 기반을 만들었습니다. 그러나 야당과 대학생들의 격렬한 반대와 시위로 위수령까지 선포하는 홍역을 앓았습니다. 2023년 한일 국교 정상화 북핵 위기 속에 한·미·일 자유주의 경제, 안보 동맹을 공고히 하기 위해 징용 배상 제삼자 변제안을 발표했습니다. 60여 년 전처럼 야당은 또다시 이완용을 들먹이면서 반대에 나서고 일부 지식인, 시민단체들은 이에 동조하지만 그때와는 달리 많이 순화된 모습입니다. 그만큼 국민 의식이 성숙했기 때문인가요? 역사를 잊은 민족에게는 미래는 없다고 했습니다. 우리도 그래야 합니다. 잊지는 말고 우리 가슴 속에 묻어 둡시다.

2023. 03. 17.

▷ 나는 변호사이지만 특허사건에 관해서 변리사의 소송대리권을 인정해야 한다는 것이 오래된 지론입니다. 특허사건 같은 전문 분야에까지 변호사가 독점적으로 소송대리권을 갖는다는 것은 현실적이지도 않고 폭증하는 기술 시대에도 맞지 않습니다.

특허업계의 숙원인 그 법안이 해당 상임위를 통과한 것을 두고 법사위가 제2소위에 법안을 넘긴 것은 오랫동안 쟁점이 되었던 사안을 심도 있게 검토해 보겠다는 것입니다. 체제, 자구 심사 권한만 있는 법사위가 정책적으로 해당 상임위에서 통과된 그 법안을 권한 남용하여 저지하기 위한 것이라고는 볼 수 없을 겁니다. 특허청장의 노력으로 그 법안이 해당 상임위 문턱을 넘은 것은 특허업계로서는 대단히 축하해야 합니다. 이를 두고 특허청장을 흔드는 변리사협회의 처사는 이해하기 어려우니 자중하기를 권합니다. 변호사들만 있는 법사위에서 그 법안을 그날 당장 처리해 줄 것으로 기대한 것은 참으로 순진한 발상입니다. 자중지란 말고 더 노력해야 할 겁니다. 그렇지 않으면 실제로 그 법안이 법사위에서 무산될 수도 있습니다.

2023. 03. 18.

▷ **미국은** 1917년 하원의원 435명을 확정한 이래 인구가 두 배 반 늘었어도 의원 수 증원이 없습니다. 미국 하원 기준으로 보면 우리는 의원 80명이면 되는데 현재 의원이 300명이나 됩니다. 내각제도 아닌데 비례대표제를 도입하고 있고 4년마다 임명직 국회의원을 각 당에서 양산하고 있습니다. 이제 그것도 모자라 또다시 임명직 국회의원을 50명이나 더 증원하려고 시도하고 있습니다. 어떤 경우라도 국회의원 증원은 결단코 반대해야 합니다. 어수선한 시기를 이용해 어물쩍 넘어가려는 정치 개악은 국민의 분노만 살 뿐입니다. 그럴 리 없지만, 여당에서 만약 그런 합의를 한다면 지도부 퇴진 운동도 불사해야 할 것입니다.

2023. 03. 20.

▷ **당이 비례대표 증원을** 당론으로 반대하는 결정을 한 것은 여론을 정확히 읽은 것으로 보입니다. 이번 선거법 개정의 핵심은 기형적인 연동형 비례대표제의 폐지로 초점을 맞추어야 하는데, 엉뚱하게도 여야의 세포분열을 가져오는 다당제 구도를 만드는 데 초점을 맞춰서는 안 됩니다. 문재인 정권이 우격다짐으로 만든 기형적인 선거제도를 개선하지 않으면 또다시 비례대표 위성정당을 만들 수밖에 없는데 그렇게 되면 국민 혼란만 가중됩니다. 당분간 소선거구제, 비례대표제를 유지할 수밖에 없다면 지역구를 확대하고 비례대표를 축소하는 방향으로 갈 수밖에 없고 전체 국회의원 수는 줄여야 하는 것이 국민의 바람이라는 그것을 명심하기를 바랍니다.

2023. 03. 21.

▷ **야당은** 굴종 외교 공세를 거세게 하지만 정작 우리에게 중요한 것은 굴종 여부가 아닙니다. 5천만 국민의 생명과 재산을 보호하기 위해서라면 굴종보다 더한 것도 대통령은 선택할 수 있습니다. 민주당 정권의 위장평화 쇼에서 비롯된 심화한 북핵의 노예 상태를 벗어나기 위해서라면 대통령은 굴종을 넘어 어떤 굴욕도 감수할 수 있어야 합니다.

북의 핵탄두가 우리 머리 위 800m 상공에서 터지는 핵탄두 실험까지 북이 강행한 상황이고 그게 현실화하여 용산 800m 상공에서 핵폭탄이 터진다면 서울시민 절반 이상이 즉사하게 되는 상황에서 나라와 국민을 지키기 위해 대통령이 무엇인들 못할까요?

지금은 한·미·일 자유주의 동맹을 더욱 공고히 하고 독일처럼 나토식 핵 공유를 미국에 적극적으로 요구해야 할 때입니다. 이 타이밍을 놓치면 우리는 영원히 북핵의 노예가 될 수도 있습니다.

2023. 03. 26.

▷ 지금 한미가 똑같이 겪고 있는 홍역이 있습니다. 그건 이재명 기소와 트럼프 기소 여부입니다. 둘 다 중범죄 혐의로 수사 중이고 그중 한 사람은 이미 두 번째로 기소되었으나 추가로 몇 번 더 기소될지 예측하기가 어려워졌고, 나머지 한 사람은 미국 전직 대통령 역사상 범죄로 기소되는 첫 사례가 될지도 모릅니다. 그런데 둘 다 위기를 돌파하는 방법은 묘하게도 똑같아 보입니다. 진영 논리와 팬덤 정치입니다. 법치보다는 억지가 판치는 판도라 세상이라도 만들어 생존해 보자는 것입니다. 이재명 대표와 트럼프 전 대통령, 한 사람은 흙수저 출신이고 또 한 사람은 금수저 출신인데 무엇이 같고 무엇이 다를까요?

2023. 03. 28.

▷ TK 신공항특별법을 두고 오늘 조간 국민일보에 난 뉴스는 취재를 제대로 하지 않은 가짜 뉴스입니다. 그 법의 최초 발의자는 제가 2020년 9월 무

소속으로 당선될 당시 2개월 동안 국회 입법조사처와 함께 만든 제정법이고 그 해 연말 부산시장 보궐선거를 노리고 문재인 정권이 그 법을 참고해서 급히 만든 법이 가덕도 신공항특별법입니다.

이번에 통과된 TK 신공항특별법은 내가 3년 전에 만든 그 법을 모태로 대구시가 다시 수정 보완해서 작년에 주호영 의원이 대표 발의한 법안입니다. 이미 그 법은 3년 전부터 국회 전문위원실에서는 충분히 논의되었고 가덕도 신공항특별법, 광주 공항특별법의 모태로 처음 입안된 공항특별법안임에도 제대로 취재도 해 보지 않고 거꾸로 TK 신공항법을 가덕도 신공항법을 베낀 법이라고 모욕적인 거짓 뉴스를 사실인 양 보도한 국민일보에 깊은 유감을 표합니다. 제대로 취재해 보고 정론지답게 잘못된 가짜 뉴스는 정정 보도하도록 하십시오.

기사에 인용된 조감도는 경북도에서 만든 것이고 대구시에서 만든 조감도는 이것과 다릅니다. TK 신공항은 대구시가 주관하고 경북도와 협력해서 추진하는 기부대 양여 사업입니다.

유감입니다.

▽ **2017. 5.** 탄핵 대선 때 전술핵 재배치하거나 나토식 핵 공유만이 살길이라고 내가 주장했는데 그때 나더러 극우라고 매도했던 사람들 지금 다 어디 갔나요? 핵 보유하자는 여론이 70%를 훌쩍 넘기는 이때 지금까지도 한반도 비핵화라는 허무맹랑한 주장만 늘어놓는 사람들 다 어디 갔나요? 한 치 앞도 보지 못하고 몽상에 젖어 국가 안보를 위태롭게 한 주범은 양산에서 여유로운 노후를 보내고 있는데 5천만 국민은 북핵 공포에 떨고 있는 지금의 상황을 만든 책임은 누구에게 물어야 할까요?

국가 안보는 1%의 가능성에도 대비해야 했는데 남북평화 타령만 하면서 국민을 기만하고 친북 행각만 일삼던 세력들이 아직도 나를 극우라고 매도할 수 있을까요? 세상은 참 요지경입니다.

2023. 03. 29.

▽ 당 대표가 카리스마가 없고 미지근한 자세로 좋은 게 좋다는 식으로 당 운영을 하면 당은 힘든 시간을 보내게 됩니다. 더구나 총선을 앞두고 그런 식의 당 운영은 더욱 어려움만 초래하게 됩니다. 당에 해악이나 끼치는 천방지축 행동을 방치하면 당의 기강은 무너지고 당의 지지율은 더욱더 폭락하게 됩니다. 살피고 엿보는 판사식 당의 운영으로는 당을 역동적으로 끌고 갈 수 없습니다.
이준석 사태 때는 그렇게 모질게 윤리위를 가동하더니 그 이상으로 실언, 망언한 이번에는 어떻게 처리하는지 우리 한번 지켜봅시다. 내지르고 보는 것이 검사 식 정치라면 살피고 엿보는 정치는 판사 식 정치입니다. 그러나 지금은 살피고 엿볼 때가 아닙니다.

2023. 03. 30.

▽ 요즘은 사람을 바라볼 때 나는 제일 먼저 인성(人性)부터 봅니다. 아무리 유능해도 인성이 좋지 않은 사람은 곁에 두거나 가까이하지 않습니다. 인성

나쁜 사람을 곁에 두었다가 낭패를 본 일이 가끔 있었기 때문입니다. 정치도 마찬가집니다. 인성이 나쁜 사람은 정치(政治)가 아니라 사치(詐治)해서 교언영색(巧言令色)으로 국민을 속이는 나쁜 짓만 골라 합니다. 그래서 나는 그런 사람에 대한 비판은 가차 없이 합니다. 혹자는 이걸 두고 악연이니 개인적인 감정이니 모함하고 있지만 나는 그런 말에는 전혀 개의치 않습니다.

YS의 명언에 이런 게 있지요.

"개가 짖어도 기차는 간다."

그런 사람은 적이 되어도 내가 추구하는 정치에는 아무런 지장이 없지요.

2023. 04. 01.

이재명 대표는 1년 365일을 만우절로 알고 사는 사람인가요? 장동혁 원내 대변인의 오늘 논평은 근래 보기 드문 맛깔나는 언어 구사입니다. 과거 정치판에 명 논평으로 이름 날렸던 분은 우리 당의 박희태 대변인과 민주당의 박지원 전 의원이었는데 그 이후 정치판에는 대변인다운 대변인이 없었지요. 대변인은 촌철살인과 압축된 언어, 적절한 고사성어와 은유, 직유 화법을 구사해야 한다고 보지만 지금 한국 정치판에는 가짜 뉴스만 판치는 세상이 되어 버렸지요. 정치판에도 여유와 낭만이 있어야 합니다. 선혈 낭자한 살벌한 막말만 내뱉는 정치는 정치(政治)가 아니라 사치(詐治)라는 걸 알아야 합니다. 오늘은 거짓말해도 비난받지 않는 만우절이긴 하지만 정치인이 거짓말을 해선 안 되지요.

2023. 04. 03.

▽ **통상** 새 지도부가 들어서면 컨벤션 효과로 당 지지율이 급증하는데 우리 당은 거꾸로 왜 지지율이 폭락하고 있는지 분석하고는 있습니까? 민주당은 당 대표가 부패에 휩싸여 거짓말 정당이 되고 있는데도 지지율은 고공 행진인데 왜 우리 당은 지지율이 폭락하는지도 검토해 봤습니까?
당 지도부가 소신과 철학 없이 무기력하게 줏대 없는 행동을 계속한다면 총선을 앞두고 더 큰 위기를 맞이할 수 있습니다. <u>좌고우면하지 말고 소신과 결기, 강단을 보여 주시기 바랍니다.</u> 그렇게 하지 않으면 당이 수렁에서 빠져나오기 어렵습니다. 지켜보겠습니다.

2023. 04. 04.

▽ **제주 4·3 비극**이 지금까지 한국사 논쟁의 중심에 서 있는 것은 남로당 제주 군사위원장이던 김달삼이 남한 단독정부 수립을 저지하기 위해 남로당 당수 박헌영의 지시로 1948. 4. 3. 새벽에 제주도 경찰서 등인지를 습격하여 무장 폭동을 일으키고, 그해 8. 2. 월북하여 6·25 전쟁 때는 빨치산 활동을 하다가 사살되어 북한 애국열사 능에 묻혀 있습니다. 그런데 정작 비극의 시작은 난을 피해 한라산 중산간에 숨어 있던 제주도 양민들을 남로당 폭도들과 한패로 간주하고 그해 7월경부터 무참히 학살하기 시작하여 제주도민 수만 명을 계엄군이 학살하였다는 것입니다.
그 비극적인 사건을 두고 시발점이 되었던 김달삼 폭동이 일어난 4월 3일을

기념일로 정하자는 주장이 있지만 일부에서는 본격적인 양민 학살이 시작된 그해 7월을 기념일로 하자는 주장이 있습니다. 어느 주장에 의하더라도 <u>건국 초기에 무고한 제주도민이 이념의 희생양이 되어 억울하게 학살된 사실은 명백합니다.</u>

1991. 8. 광주지검 검사 시절 제주에 가족여행을 갔을 때 제주 하와이 호텔 커피숍에서 대학 선배인 제주대 고창훈 교수님에게 왜 제주도민들의 해원(解冤)을 추진하지 않느냐고 말한 일이 있었고 그 후 정치권에 들어와서 1997년 민주당 추미애 의원 발의로 4·3사태 해원법이 제정된 것을 지켜본 일이 있었습니다. 제주 4·3 사건은 해방 후 보도연맹 사건, 거창 양민 학살사건과 더불어 우리 국민이 무고하게 이념의 희생양이 된 슬픈 역사입니다. 더 이상 슬픈 역사를 두고 좌우 진영이 갈라져 다투는 일이 없었으면 합니다.

제주 4·3 사건은 제주도민의 비극이자 대한민국의 비극입니다.

2023. 04. 05.

▷ **물 부족**이 점차 심각해지는 가운데 호남 지역은 제한 급수를 해야 한다는 말조차 나옵니다.

기후변화로 강수량이 대폭 줄고 있어 전국 곳곳이 식수난에 처하는 날이 머지않습니다. <u>전국 기초단체별로 식수 댐을 만들어 식수 자급자족 시대를 열어야 합니다.</u> 하상계수가 가장 높은 섬진강에 식수 댐도 추가로 만들고, 한라산 다음으로 비가 가장 많이 오는 지리산에 초대형 식수 댐을 만들어 영호남 식수 공급에 박차를 가해야 합니다.

충주호와 안동호를 연결하는 도수 관로도 만들어 상대적으로 풍부한 수량을 가진 충주호의 남는 수자원을 남쪽으로 흘러내리도록 하고 전 국민에게 오염도가 날로 가중되는 강물보다는 1급수 댐 물을 원수(原水)로 하는 식수 댐 정책을 더 늦기 전에 추진해야 합니다. 환경부와 수자원공사의 분발을 촉구합니다. 일부 환경단체의 눈치나 보지 말고 더 늦기 전에 추진하십시오. 그게 올바른 식수 공급 정책이 될 겁니다.

2023. 04. 07.

▽ **정당의 대표는** 통상 2년이지만 그 임기를 채우는 경우가 오히려 드물 정도로 바람 앞의 등불입니다. 저도 두 번의 당 대표를 했지만, 한번은 우리와 아무런 관련이 없었던 디도스 파문으로 책임 아닌 책임을 지고 사퇴했고 또 한번은 문재인의 위장평화 쇼 대국민 사기극으로 지방선거에 참패할 때 그 책임을 지고 사퇴했습니다.

정당의 대표는 형사책임처럼 자기책임 원리가 아닌 무과실 결과책임을 져야 하는 무한책임 자리에 있어서 언제 물러나더라도 이상할 게 없는 자리입니다. 하지만 적어도 한 정당을 책임지는 자리라면 대표로 재직하는 시간 동안 만이라도 소신과 철학을 가지고 좌고우면하지 않는 강단과 결기가 필요합니다. 당 3역이 모두 영남권으로 채워지는 사상 초유의 구도가 되었습니다. 부디 수도권, 충청권, 호남권도 배려하는 그림으로 채워졌으면 하고 바랍니다. 윤재옥 의원의 원내대표 당선을 축하드립니다.

2023. 04. 10.

▷ **내가** 마치 한동훈 장관을 시기한 듯한 무례한 질문을 하기에 도중에 인터뷰를 중단했습니다. 총선은 총력전이기 때문에 도움이 된다면 누구라도 나가야 한다고 했음에도 계속 한동훈 장관을 찍어서 무례하게 질문을 계속하는 것을 보고 더 이상 이야기하다가는 설화를 입을 수도 있다고 판단이 되어 인터뷰를 중단한 겁니다.

면접자가 인터뷰하면서 상대방의 말을 일방적으로 해석하고 단정하는 것은 예의에 어긋날 뿐만 아니라 그렇게 해선 안 되지요. 몇 년 전에 KBS 라디오 인터뷰 때도 그런 일이 있었는데 오늘 CBS 인터뷰할 때도 그런 일이 생긴 것은 유감입니다.

2023. 04. 12.

▷ **논란의 당사자**가 근거 없이 김 대표를 흔든다고?

집행부를 논란의 중심에 서게 만든 한 사람으로서 논란의 당사자가 되었으면 스스로 자숙해야 하거늘 화살을 어디에다가 겨누고 있는지 참 어이가 없네요. 굳이 주장하려면 남로당 당수 박헌영의 지시로 남로당 제주 군사위원장인 김달삼이 폭동을 일으켰다고 했으면 이해가 됩니다. 하지만 당시에는 북을 완벽히 장악하지 못했던 김일성의 지시였다고 말한 것은 친북 좌파들에게 역공의 빌미를 준 주장이었습니다.

6·25 전쟁 후 수습하는 과정에서 그 책임을 뒤집어씌워 남로당 박헌영과 연안

파 김두봉을 숙청하고 김일성 1인 독재 체제가 완성되지 않았던가요? 같이 자숙해야 할 처지에 내가 근거 없이 흔든다니 참 어이없네요. 내가 귀하처럼 근거 없이 함부로 말하는 사람인가요? 총선이 다가오니 별의별 사람이 다 나서서 대표에게 아부하네요. 그러면 당이 어려워집니다.

2023. 04. 13.

▷ 북은 남한 지도를 걸어 놓고 타격지점까지 예정한 듯 매일같이 미사일 불꽃놀이를 하고 있는데 이는 외면하고 진영 논리에 빠져 밤낮없이 정쟁만 계속하는 한심한 국회를 보니 600여 년 전 임진왜란을 앞두고 동인·서인의 당쟁을 보는 느낌입니다. 지금은 한·미·일 자유 동맹의 강화로 북·중·러 사회주의 동맹에 대항할 때입니다. 세력 균형이 깨어지는 순간 한반도는 참화에 휩싸이게 됩니다. 한일 관계, 한미 관계는 그런 측면에서 대처하는 게 지금은 옳지 않은가요?

▷ 그런다고 입막음 되는 게 아닙니다. 나는 정무직 공무원으로 한 달에 책임당원 당비를 50만 원씩 내는 사람입니다. 이 팀이 아니라 어차피 내년에 살아남는 사람들과 함께 나머지 정치를 해야 할 사람입니다.
앞으로 총선 승리를 위해 정국 전반에 대해 더 왕성하게 의견을 개진할 겁니다. 옹졸한 정치는 이번으로 끝내지 않으면 더 큰 위기가 올 수도 있습니다.

2023. 04. 15.

▷ **지난 30여 년 동안** 당의 영욕을 온몸으로 견뎌 오면서 보수 우파 붕괴 직전의 탄핵 와중에서도 묵묵히 당을 지키고 재건한 이 당의 주류는 바로 나와 책임당원들입니다. 이리저리 왔다 갔다 하던 사람들, 바람 앞에 수양버들처럼 흐느적거리던 사람들, 갓 들어와 물정도 모르고 날뛰는 사람들 비록 지금은 오뉴월 메뚜기처럼 한철을 구가하고 있지만 뿌리 없이 굴면 한순간에 훅 가는 게 한국의 현실 정치라는 걸 알아야 합니다.

앞으로 비공식 막후 조언이나 하라던 상임고문에서 벗어났으니 당비 매월 50만 원씩 내는 책임당원으로서 당이 잘못된 길을 가거나 나라가 잘못된 길을 가면 거침없이 공개적으로 지적하고 바로잡을 것입니다. 그게 앞으로 내가 할 일입니다.

2023. 04. 18.

▷ **당 지지율 폭락**이 내 탓인가요? 그건 당 대표의 무기력함과 최고위원들의 잇따른 실언 탓입니다. 당분간 당 대변인이 말 한대로 입 닫고 있을 테니 경선 때 약속한 당 지지율 60%를 만들어 보십시오. 그렇게 하지 못하고 이대로 가면 총선 앞두고 각자 살길을 찾아야 하는 비상사태가 일어날 겁니다.

2023. 04. 19.

▷ **예비 타당성**을 완화하는 것은 수도권 일극주의를 극복하고 국토 균형 발전을 기하자는 취지에서 추진되어야 합니다. 지금의 예비 타당성 조사 제도로는 수도권 이외 기반 시설에 대해서는 예비 타당성 조사가 나오지 않고 수도권 일극주의만 심화시키는 것입니다. 그러므로 지방 분산을 위해 부득이 하게 사회 간접 자본 시설을 지방에도 골고루 설치하여 지방 균형 발전으로 인구 분산 정책의 기반을 마련하고자 함입니다. 그런데 그걸 두고 미래 세대에 빚만 넘긴다느니, 역사에 죄를 짓는다느니 하는 그런 왜곡된 시각으로 어찌 공공기관에 근무했고, 잠깐이지만 국회의원까지 했는지 의아스럽습니다. 그만 입 다물고 조용히 있으면 2등이라도 합니다. 짧은 식견으로 떠들면 떠들수록 지식의 한계만 드러납니다. 그리고 꼰대라는 이미지 덧씌우기는 본질을 피해 가는 억지 반론입니다. 그런 거 덧씌운다고 위축될 사람이 아닙니다. 나는 나이만 보면 꼰대가 맞습니다. 그러나 자칭 청년 정치인도 몽상에 취해 자신을 과대 포장하는 이른바 4차원 꼰대가 지금 얼마나 많습니까?

2023. 04. 20.

▷ **대구 시내 무분별한** 현수막 공해를 막기 위해 지난주부터 시내 불법 현수막 제거 작업을 하고 있습니다. 정치인들이나 정당들의 현수막도 교통 방해가 되거나 어린이 어린이보호구역 등에 설치된 것은 철거합니다. 정책 선전이 아닌 비방, 자기가 해 놓은 일도 아닌데 한 것처럼 허위 선전하는 예

도 즉각 철거하기로 했습니다. 가능하면 지정 게시판을 이용하시고 집회·시위 때 현수막, 천막들은 시위가 끝나면 바로 거둬 가셔야 합니다.

사실상 집회도 아닌 1인 시위도 끝나면 시위용품을 모두 가져가시기를 바랍니다. 그렇지 않을 때는 가차 없이 철거하고 폐기처분 합니다. 깨끗한 도시환경을 조성할 수 있도록 정치인들이나 시민 여러분들께서는 자발적으로 협조해 주시기 기대합니다.

2023. 04. 23.

▽ 당에 해악을 끼친다고 자진 탈당하고 검찰수사받겠다는 송영길, 당에 해악을 끼치든 말든 끝까지 자리를 지킨다는 이재명, 전광훈 늪에 빠져 당이야 어찌 되든 말든 나만 살면 된다는 여당 지도부, 이러다가 정말 제삼지대 당이 탄생하나요? 이걸 보고 우리 국민은 과연 어떤 판단을 할까요?

2023. 04. 26.

▽ 세계 2차대전 후 세계 나라의 3분의 2가 제국주의 열강의 식민지에서 벗어나 독립국이 되었습니다. 아프리카, 남아메리카, 아시아는 유럽 열강과 일본의 식민지가 즐비했고 에스파냐 남부는 한때 700년 동안 아프리카 북부 무어족들이 식민 지배했으며 노르웨이는 100년 동안 스웨덴의 식민 지배를 받았습니다.

이렇듯이 식민 지배의 슬픈 역사는 20세기 초 세계 역사의 가장 어두운 구석이었습니다. 미국조차 멕시코 전쟁으로 텍사스를 빼앗았고 로스앤젤레스를 사들이고 필리핀을 식민지로 만든 시대가 바로 힘의 논리가 지배하던 야만의 시대였습니다.

<u>최근 윤 대통령의 대일 외교 자세가 집중 비난을 받는 것을 보고 안타까움을 금치 못합니다.</u> 그걸 방어하는 여당의 논리도 궁색하기 이를 데 없습니다. 북·중·러 사회주의 동맹 강화, 미·중 기술 패권전쟁 격화, 북핵 위기가 최고조로 긴박한 이때 우리의 생존을 위해 한·미·일 자유주의 동맹 강화를 위한 부득이한 선택은 아니었을까요?

과거를 가슴에 묻고 미래로 가자는 우리의 절박한 선택은 아닐까요? 한일 관계 해법은 한국 정치사의 영원한 숙제인가요? 일본과 대등한 국력으로 올라선 한국의 입장은 앞으로 어떤 위치로 대처해야 할까요? 정공법으로 국민에게 설명하고 이해를 구하는 게 좋지 않을까요?

▷ <u>좌파 매체들 중심</u>으로 주말에 각자 돈을 내고 참가하는 대구 공무원 골프대회에 또 시비를 겁니다. 공무원은 주말에 테니스는 치면 되고 골프 치면 왜 안 되는 건가요? 한국 남녀 골프 선수들이 세계를 제패하는데 왜 좌파 매체들은 골프를 기피 운동으로 취급하는가요? 역대 정권이 출범할 때마다 공직기강을 잡는 수단으로 골프 금지를 명시적, 묵시적으로 통제했지만, 시대가 달라졌고 세상이 달라졌습니다.

당당하게 내 돈 내고 실명으로 운동한다면 골프가 왜 기피 운동인가요? 할 능력이 되면 하는 겁니다. 이번에도 또 왜 자기 고향 골프장에 가는지 시비를 겁니다. 대구시 골프장은 팔공 골프장 하나만 있는데 거긴 회원제 골프장이라서 주말에 통째로 빌릴 수 없습니다. 그러다간 회원들이 가만히 있지 않습니다. 이번에 가는 골프장은 회원제, 퍼블릭이 같이 있는 골프장인데 우리가 빌리는 곳은 퍼블릭이고 대구 근교에는 거기밖에 없습니다.

대구에서 40분밖에 안 걸리는 퍼블릭을 오후시간만 빌리는 겁니다. 회원들에 대한 민폐가 없다는 겁니다. 골프는 서민 스포츠가 아니라서 피해야 한다면 세계 톱 한국 골프 선수들은 모두 상류층 귀족 출신인가요? 흠잡을 걸 잡으세요. 할 일 없으니 이젠 별의별 시비를 겁니다. 내가 골프를 못한다고 샘이 나 남도 못 하게 하는 놀부 심보로 살아서 되겠나요?

그동안 공무원 사회에서 골프는 일종의 금기사항이었습니다. 그런데 그 잘못된 금기를 이번에 공개적으로 깨는 겁니다. 신공항특별법 통과에 수고한 공무원들 자축 차원에서 하는 겁니다.

지원하는 예산 1,300만 원도 애초에는 내 개인 돈으로 하려고 했는데 선거법 위반이라고 해서 공무원 동호인 클럽 지원 예산 중에서 선관위의 조언을 받아 집행하는 겁니다.

2023. 04. 28.

▽ **중국에 가서 굴종**하며 3불 정책이나 갖다 바치고 김정은에게 재롱떨며 아부하던 문재인이었을 때가 그리웠나요? 이제 겨우 핵 균형 정책의 출발에 불과합니다. 그게 한 번에 해결되기를 기대했나요? 그래도 지난 30년 동안 이번처럼 미국과 화기애애하게 대접받을 때가 있었나요? 그만큼 우리의 국력이 신장했고 첨단 반도체 기술이 세계적으로 인정받았다는 겁니다.

이제부터 핵 개발 여론을 바탕으로 본격적으로 국제사회에서 대접받아야 할 때가 아닌가요?

2023. 05. 02.

▷ **잘못한 게 있으면** 비판받는 건 당연합니다. 그런 비판은 언제라도 감수합니다. 그러나 악의를 가지고 트집이나 잡고 왜곡되고 편향된 보도를 계속하는 것은 정도 언론이 아니고 언론의 자유를 빙자한 언론 갑질입니다. 언론 갑질에 대항하는 수단은 언론중재위원회를 통한 정정 보도도 있지만 그런 형식적인 대응은 나는 하지 않습니다. 가장 실효적인 대응은 취재 거부를 하는 겁니다. 취재의 자유도 있지만 정도 언론이 아니고 낱장 광고 수준 언론일 때는 취재 거부뿐만 아니라 취재 편의도 제공하지 말아야 합니다.

경남지사로 근무할 때 모 방송사의 지라시 언론 갑질을 보고 1년 동안 그 방송사 부스를 빼 버리고 취재 거부를 한 일이 있었고, 당 대표 시절에는 모 종편사의 허위보도 시정을 요구했으나 거부하는 것을 보고 당사에 설치된 그 언론사 부스를 빼고 그 언론사의 당사 출입을 금지시킨 일도 있었습니다. 나는 정도 언론일 때만 존중하고 적극적으로 소통합니다. 매체의 성향도 가리지 않습니다. 지라시 언론, 왜곡되고 편향된 언론은 성향 여부에 불문하고 상대하지 않습니다.

2023. 05. 03.

▽ 단상 몇 가지

1. 대통령이 이재명 대표를 만나지 않는 이유: 중범죄로 기소된 피고인이고 대통령이 중대범죄 혐의자와 만나는 것은 자칫하면 딜을 한다는 오해를 받을 수 있기 때문이지 결코 불통은 아닌 것으로 보입니다. 박광온 원내대표는 만나겠다고 한 것을 보면 답이 나옵니다.
2. 간호법 파동의 가장 큰 문제: 통상적인 국회 절차를 거치지 않고 일방적으로 상대방의 굴복을 강요하는 다수의 폭거이기 때문입니다. 재의요구권을 행사하여 정상화함이 맞는다고 봅니다.
3. 계속되는 지도부 위험: 최고위 선출 때 비겁하게 다선들은 숨고 초선, 영선, 신인들의 잔치가 되다 보니 정치 역량이 짧은 사람들만으로 지도부가 구성되었습니다. 출발부터 그런 위험을 안고 있었으나 너무 일찍 위기가 왔습니다. 전광훈 파동에 이어 최근 공천 관여 파동까지 나온 어처구니없는 자중지란으로 당을 혼돈케 한 그 두 사람은 양정의 차이는 있겠지만 중징계가 불가피한 것으로 보입니다.

자리를 비워 둘 수도 없으니 중량감 있는 인사들로 전국위에서 새로 충원함이 어떨까 합니다.

2023. 05. 04.

▽ 30여 년 정치 인생 중 딱 두 번 잘못된 결정을 한 일이 있었습니다.

2017. 3. 탄핵 이후 당 지지율 4%로 폭락하고 당을 해체하라고 아우성칠 때 대선이라도 출마해서 당을 살려 달라는 요청을 거부하지 못하고 되지도 않을 대선에 나간 것이 첫 번째 크나큰 실수였습니다.

그때 당이 해체되고 나는 경남지사로 계속 있었으면 한국 정치는 어떻게 변했을까요?

두 번째 실수는 2017년 대선 패배 후 미국으로 떠났는데 귀국해서 당을 맡아 달라는 요청을 거절하지 못하고 조바심에 23일 만에 귀국하여 전반의 괴롭힘 속에서 위장평화 회담으로 되지도 않을 지방선거에서 나 홀로 위장평화 쇼라고 주장하다가 왕따가 되어 참패하고 사퇴했을 때 정말 후회 많이 했습니다. 지난 대선 경선 패배 후 대구로 하방한 것은 정말 잘한 결정이었네요.

경남지사 시절에는 박근혜 정권의 끝없는 견제로 전반에는 진주의료원 사건으로 후반에는 성완종 리스트로 참 힘든 세월을 보냈는데 별다른 시련 없이 오로지 대구 미래 50년을 준비하는 지금 나는 참으로 행복한 시간을 보내고 있습니다.

<u>세월을 의식하지 않고 끝없이 꿈을 꾸는 인생은 늙지 않는 청춘입니다. 그게 평생 청춘으로 사는 방법이 아닐까요?</u>

2023. 05. 07.

▷ <u>상위 1% 유튜버 수입</u>이 연 7억 원이라는 보도를 봤습니다. TV홍카콜라는 61.5만 구독자를 지닌 상위 1%에 들어가는 정치 유튜브이지만 설립 이래 나는 단 1원의 수익도 받지 않았고 슈퍼챗도 하지 않습니다. 별도의 법

인으로 설립된 TV홍카콜라에서 몇몇 청년들이 자율적으로 관리 운영하고 있고 나는 처음부터 지금까지 무상 출연자일 뿐 일체 관리, 수익에 관여치 않습니다.

그런데 정말 상위 1% 유튜버들 수익이 그렇게 많은가요? 믿기 어렵네요. 1인 방송 진행자 시대가 올 것으로 예측하고 4년 전 시작했던 유튜브인데 이젠 거짓 뉴스의 소굴이 되어 버렸네요. 그런데 아직도 그런 변질된 유튜브를 보는 사람들이 많은가 보지요. 유튜브도 이제 정화가 되어야 할 때입니다. 거짓, 과장, 극우, 극좌 유튜버들은 퇴출되어야 합니다.

▽ 오늘은 그동안 TK 신공항특별법 통과에 고생을 해온 대구시 공무원들과 자축하는 의미로 제1회 대구시 공무원 골프대회를 개최하는 날입니다. 사흘 동안 비만 오더니 오늘은 맑게 개고 있네요. 각자 돈을 내고 즐기는 골프대회입니다. 골프는 이미 귀족 스포츠가 아닌 대중 스포츠이고 골프 금지로 공직기강을 잡던 시대는 지났지요. 세계적으로 우리 남녀 골프 선수들이 PGA, LPGA에서 맹활약하고 있고 올림픽 종목으로 채택된 일도 있었습니다.

일할 때는 열심히 일하고 쉴 때는 푹 쉬고 스포츠를 즐길 때는 눈치를 보지 않고 당당하게 즐기는 그런 공무원들이 신세대 공무원들입니다. 참가자들의 절반이 6급 이하 청년 공무원들인데 모 정당과 좌파 매체들만 간부 공무원들만 참가한다고 허위 선전을 하고 있네요. 눈치를 보지 말고 당당하게 삽시다.

▽ 자기들의 지라시 행각은 반성하지 않고 홍준표의 위험한 언론관이라고 비난하고 있습니다. 언론이 언론다워야 언론 대접하지 저급한 지라시 기사나 써대는 언론에 대해서는 취재 거부의 자유도 있다는 것을 지금 보여주고 있

습니다. 그러나 제대로 된 비판을 하는 언론에 대해서는 나는 성향을 가리지 않고 언제나 언론으로 대접합니다.
언론이라는 이유만으로 저급한 비방 기사나 남발하는 언론은 언론이 아니고 낱장 광고에 불과합니다. 광고지 기자 갑질에 고통받는 공직자나 국민이 얼마나 많은가요? 개가 짖어도 기차는 간다라는 말은 이때 하는 것입니다.

2023. 05. 08.

▽ 청년 정치를 내세우면서 코인 거래로 일확천금을 꿈꾸었다면 국회의원은 그만두고 아예 돈 투기 전선에 나서는 게 옳지 않겠나요? 그걸 또 과세 유예하는 데 앞장까지 섰다면 입법권의 행사가 아닌 자기 재산 보호를 위한 입법권의 오·남용이 아닌가요? 서민 정당을 표방하면서 돈 투기에나 열중하고 들키니 전 재산 걸고 내기하자는 고약한 심성으로 어떻게 정치하겠나요? 우리는 걸 게 없는데 그런 억지 부리지 말고 그만 60억 코인 사회 환원하고 다른 길 가는 게 어떤가요? 이준석이 핑계 대지 말고 본인 처신이 국회의원다웠는지 다시 생각해 보시기를.
이건 돈 봉투 사건보다 더 심각한 도덕적 해이로 보입니다.

2023. 05. 09.

▽ 코인 투기 해명하라고 하니 뜬금없이 특활비 횡령 운운하며 나를 공격

하는 건 참 어이없네요. 특활비 건은 매달 급여에서 들어가던 정치활동비를 내 급여가 아닌 특활비에서 충당했기에 그만큼 절약되었던 급여비 상당을 집사람에게 생활비로 주었던 것이고 그건 이미 아무런 문제 없이 해명된 겁니다. 만약 그게 횡령이었다면 당시 성완종 리스트 사건까지 덮어 씌우던 정권이 나를 그냥 두었겠습니까?

그런 식으로 도망가지 말고 그냥 돈 투기 전선으로 나가시고 청년 팔이 정치하면서 돈 투기에만 열중하는 몰염치한 짓은 그만두시지요. 나는 지난 40여 년간 검사, 국회의원, 원내대표, 당 대표, 도지사, 시장을 하면서 땅 투기 한번 해 본 일 없고 주식 투자 한번 해 본 일 없고 뇌물, 불법 정치 자금 받아본 일 없고 더더구나 가상화폐 투자는 해 본 일 없습니다.

오로지 공직에서 받은 급여를 절약해서 생활을 해왔습니다. <u>젊은 정치인이 출처 불명 가상화폐 60억 원을 보유하고 있었다는 그 자체만으로 그건 돈 투기꾼이지 청년 정치인은 이미 아니지요.</u> 대한민국 청년들이 그대로 인해 얼마나 상실감이 컸을까요? 얕은수로 빠져서 나가긴 어려울 것 같네요.

▷ **그냥** 탈당 권유하고 잘라 내야지 어설프게 징계했다가는 명분도 없고 이미 수습할 시기도 놓쳤습니다. 당원권만 정지하고 최고위원으로 그대로 두기에는 상처가 너무 큽니다. 전국위에서 중량감 있는 인사로 보궐선거하는 것이 좋지 않겠나요? 그나마 그게 김기현 체제 유지의 최선의 길이 아니겠나요? 길 잃은 양 두 마리 동정하다가 당이 침몰하는 수 있습니다.

살피고 엿보지 말고 결단력 있는 모습이 좋겠습니다.

2023. 05. 10.

▷ **편 가르기** 패싸움에만 열중하면 국민은 안중에도 없게 됩니다. 나도 한때는 그랬지만 이젠 그 편 가르기 패싸움에는 끼어들지 않았으면 합니다. 대통령은 사법절차를 관장하기 때문에 중요 범죄로 기소된 야당 대표를 만나 줄 수 없지만, 나라도 찾아온 야당 대표에게 덕담해 주고 따뜻하게 맞아 주어야 하지 않겠나요.

나까지 야당 대표를 내쫓아서 되겠나요? 정치가 실종된 지금, 나라도 정치 복원할 수 있는 방안이 있는지 살펴보아야 하지 않겠나요? 당을 살려낸 대선 후보, 당 대표를 두번이나 지낸 나를 자기를 비판한다고 대구시장으로 헐뜯은 당 대표가 옹졸한 사람이 아니고 뭔가요? 그런 옹졸한 좁은 도량으로 거대 여당을 끌고 갈 수 있겠나요?

대통령실이 정치력이 부족한 것도 팩트가 아닌가요? 그걸 두고 이제라도 고칠 생각은 안 하고 아부라도 해서 공천받을 생각만 하는 사람들이 당 운영의 주체가 되어서 앞으로 어떻게 험난한 이 판을 헤쳐 나가겠나요? 그런 건 쓴소리가 아니고 바른 소리라고 하는 겁니다. 바른 소리는 새겨들어야 합니다. 그래도 보수 진영에 제대로 싸우는 사람은 한동훈 장관만 눈에 띕니다. 참여연대를 시민단체가 아닌 특정 진영 정치단체라고 일갈하는 거 보니 당을 운영하는 사람들이 맛깔나게 잘 싸우는 한동훈 반만 해도 저리 밀리지 않을 건데.

2023. 05. 11.

▷ **정치 30여 년** 했는데 지난 대선 경선 때 국회의원 두 사람 데리고 경선

했다고 당 지도부 측에서 비아냥거렸다고 합니다. 두 사람이 아니고 마음 맞는 세 사람이었습니다. 그건 너희들처럼 패거리 정치를 하지 않았다는 겁니다. 레밍처럼 쥐 떼 정치를 하지 않았다는 겁니다. 눈치 보며 이리저리 살피고 줄을 서는 정치를 하지 않았다는 겁니다.

<u>썩은 사체나 찾아 헤매는 하이에나가 아닌 킬리만자로의 표범처럼 살았습니다.</u> 대신 참모들은 한번 같이 일하면 본인들이 딴 길을 찾아 스스로 나갈 때까지 같이 일합니다. 10년, 20년 참모들도 있습니다.

나는 국회의원답지 않은 국회의원은 의원 취급하지 않습니다. 제발 이 나라 국회의원답게 당당하게 처신하세요. 공천에 목매어 어디에 줄을 설까 헤매지 말고 한번 하고 가더라도 지금, 이 순간 국회의원답게 당당하게 처신하세요.

2023. 05. 12.

▽ <u>YS·DJ·JP</u>의 이른바 3김 시대 이후 한국 정치판에는 <u>의리와 신념으로 뭉쳐진 계보 정치가 사라지고 자신의 이익만 좇아 불나방처럼 권력의 꽁무니만 따라다니는 하이에나 패거리 정치만 남았습니다.</u> 내가 본 마지막 국회의원다운 국회의원은 조순형 의원이 끝이었습니다. 하루를 해도 국회의원답게 처신하세요. 그리고 당 간부라면 당을 위해서 활동하세요. 당 권력자 개인을 위해서 분별없이 설치다가는 그 권력자가 실각하는 순간 같이 날아갑니다. 나는 아직도 탄핵 이후 궤멸 직전의 당을 난파선의 쥐새끼처럼 배신하고 나가서 우리 당을 향해 저주의 굿을 퍼붓던 못된 자들을 잊지 못합니다. 하루를 하더라도 대한민국 국회의원답게 당당하게 처신하십시오.

2023. 05. 14.

▽ **지난주** 중국 부산총영사가 대구시를 방문했습니다. 담소를 나누던 중 나는 하나의 중국 정책을 지지한다고 했습니다. 단 중국이 하나의 대한민국을 지지할 때 그건 유효하다고 했습니다.
북핵 위기를 타개하는 방안은 중국이 한국 핵무장을 동의할 때 핵 균형이 가능하고 그러면 우리가 미국의 핵전력에 기댈 필요가 없다고 했습니다. 그래야 미국보다 중국과 가까이 지낼 수 있다고도 했습니다. 한반도 비핵화는 절대 가능하지도 않은 의제인데 북핵을 옹호하기 위해 중국이 그런 정책을 지지한다고 말하기도 했습니다. 중국이 유일하게 핵 선제공격하지 않겠다고 선언했다고 하길래 우리도 그렇게 선언할 테니 핵무장에 동의해 달라고 하니 답하지 않았습니다.
중국이 최근 핵탄두를 증산한다는데 우리보고 사드 배치조차 시비 거는 중국이 부당하지 않으냐고도 물어보았습니다. 대중국 정책은 이젠 참 풀기 어려운 숙제입니다.

▽ **매일경제** 노원명 기자님께 드립니다.
홍준표 평전은 잘 읽었습니다. 대체로 글 내용은 동의합니다만 사실과 다른 부분이 있어서 말씀드립니다. 우선 나는 대통령은 여야를 불문하고 존중합니다. 국민이 선택했기 때문입니다. 이길 수 없으므로 대들지 않는 것은 아닙니다. 그러나 부당한 권력과는 검사 시절부터 지금까지 늘 싸웁니다. DJ 저격수도 했고 노무현 저격수도 했습니다. 한때는 야당의 최전선에서 투사로서 활동도 했었지요. 그러나 3선 이후에는 싸움만이 전부가 아니라는 걸 깨달았고

폴리티시안이 아닌 정치인이 되어야겠다고 생각했습니다.

지금 나는 최전방 공격수를 하기에는 너무 나이가 들어 버렸습니다. <u>이젠 진영 논리를 떠나 좌우를 아우르고 화합하고 통합하는 역할을 해야 할 때라고 생각합니다.</u> 박근혜 전 대통령을 출당시킨 것은 한국 보수 진영 궤멸 책임을 물은 것이고 그 여파는 전적으로 내가 책임진다고 했습니다.

당내에서 어쭙잖은 후배들이 경우도 없이 대들면 그건 용납하지 않습니다. 윤 대통령에게는 임기 말까지 발톱을 세울 일이 없을 겁니다. 오로지 잘하기만 바랄 뿐입니다. 우리 당이 배출한 대통령이기 때문에 그렇고 윤 정권이 성공해야 차기 정권 재창출이 가능하기 때문이기도 합니다. 잘못이 있으면 언제라도 지적해 주시면 틀린 것은 바로 고치도록 하겠습니다.

칼럼 고맙습니다.

2023. 05. 15.

▽ <u>언론의 자유</u>를 빙자한 언론 갑질에 대해서는 취재를 거부할 자유도 있다는 것을 보여 주는 실례를 지금 대구에서 실행하고 있습니다. 정정 보도나 반론을 청구해 본들 자막 몇 줄에 그치고 있어 아무런 실효성이 없고 허위성 기사나 양산하는 그간의 갑질 행태는 그동안의 소행으로 봐서 바뀌지 않습니다.

방송이 공공기관을 조롱하고 허위 사실로 명예훼손을 할 때는 형사고소를 바로 할 수 있는데 언론사라고 해서 반드시 아무런 실효성 없는 반론 보도나 정정보도라는 전치절차를 거치하는 것도 언론 횡포라고 아니할 수 없습니다.

시간이 걸리더라도 고소 사건이 종결되면 그때 가서 취재에 응할 것인지를 판단하겠습니다. 국민의 알권리 침해 운운하지만 그건 국민의 알권리가 아니고 해당 방송사의 알권리에 불과합니다. 우리는 그 방송사가 아니더라도 국민의 알권리를 충족시키는 수많은 방안을 가지고 있습니다.

2023. 05. 17.

▷ **단독 처리**, 거부권 행사가 반복되면 내년 총선에 불리한 진영은 민주당이 될 겁니다. 어차피 임기가 절반도 더 남은 대통령을 식물 대통령으로 만들 대한민국 국민이 어디에 있겠습니까?

오로지 이재명 방탄을 위해 간호법뿐만 아니라 직역 간의 갈등만 증폭시키는 거대 야당의 입법 폭주 행태가 계속되면 우리 국민은 선택의 여지가 없어집니다. 민주당은 지금 혼란만 조장해서 윤석열 정권을 공격하는 소탐대실을 하고 있습니다. 민주당의 문제가 이재명, 송영길, 김남국 등의 치유 불능한 부패에 있다면 국민의힘의 문제는 무능과 무기력에 있습니다. 국민의힘이 하루빨리 지도력을 회복해서 유능한 여당으로 거듭나야 합니다.

2023. 05. 25.

▷ **뒷마당**이 지저분한 사람이 남의 집 앞마당 탓을 하면 안 된다는 것을 보여준 여실한 사례가 김남국 사태입니다. 자신의 처신이 깨끗하지 못한 사람은 저

격수나 공격수에 나서지 말아야 합니다. 도저히 공직자나 정치인이 되지 않았어야 할 처신과 사고방식을 가진 사람들이 그동안 공직이나 정치인 행세를 하면서 국정을 농단하고 있는 사람들을 우리는 그동안 얼마나 많이 봐 왔습니까? 좀 정리되었으면 합니다. 부패와 비리에 휩싸인 사람들이 국회의원 불체포 특권을 방패로 나라를 농단하는 작금의 현실은 대한민국의 크나큰 불행입니다.

2023. 05. 30.

▽ 단상 1. 공수처를 설립할 때부터 나는 옥상옥의 사정기관이기 때문에 반대했는데 아무런 수사 능력도 기관 구실도 못 하는 공수처를 왜 그대로 존치해야 하는지 의아스럽습니다. 검경 수사권 재조정과 공수처 폐지는 내년 총선 이후 반드시 정상화되어야 할 첫 번째 국가 정상화 과제입니다.

▽ 단상 2. 노태악 대법관 겸 선관위원장은 내가 존경하는 고향 후배인데 선관위 인사 부정 사건을 보니 관리 책임을 벗어나기가 어려울 것 같네요. 그냥 깔끔하게 사건 전모를 밝힌 후 물러나십시오. 그게 그동안 보인 모습으로 보아 올바른 처신입니다.

2023. 06. 06.

▽ KBS 수신료 분리 징수로 말이 많습니다만 이미 국민은 케이블 수신

료를 내고 있습니다. 그에다가 KBS 수신료까지 강제징수 하는 것은 이중과세나 다름없지요.

차제에 KBS1과 EBS는 국영방송으로 전환하고 KBS2와 MBC는 민영화하는 방송개혁을 검토할 때가 되었습니다. 방송조차 공영방송이라는 이름으로 민주노총 방송으로 변질되어 가는 것은 방송 발전에 역행하는 아주 잘못된 방향입니다. 공중파 채널이 4개뿐일 때의 행태가 이미 수백 개의 채널이 생긴 지금에까지 지속된다는 것도 시대착오적인 방송 갑질입니다. 방송개혁도 시급히 해야 할 때입니다.

▽ **오늘은** 나라 위해 목숨 바친 영령들을 기리는 현충일입니다. 미국처럼 산화한 용사들의 뼛조각이라도 끝까지 찾는 나라가 되었으면 합니다.

2023. 06. 07.

▽ **동서 간 고속철**을 잇는 달빛고속철도 특별법이 초안 완성되어 윤재옥 원내대표께서 광주 민주당 의원들과 공동대표 발의를 준비하고 있습니다. 이재명 민주당 대표도 동의했고 윤 대통령 공약사항이기도 한 달빛고속철도법이 올해 안 통과되도록 최선을 다하겠습니다. 이번 고속철도는 앞으로 동서 간의 여객, 물류를 교류하고 영호남의 지역감정을 없애는 중요한 역할을 하게 될 것입니다.

2023. 06. 08.

▷ 대구 동성로에서 퀴어 축제 행사를 반대하는 대구 기독교 총연합회의 집회 금지 가처분 신청을 지지합니다. 대구의 상징인 동성로 상권의 이미지를 흐리게 하고 청소년들에게 잘못된 성문화를 심어 줄 수 있는 퀴어 축제를 나도 반대합니다. 성 소수자의 권익도 중요하지만, 성 다수자의 권익도 그에 못지않게 중요합니다. 시민들에게 혐오감을 주는 그런 퀴어 축제는 안 했으면 합니다.

▷ 만나면 좋은 친구 한국노총입니다. 한국 노동운동의 본산이고 합리적인 노동운동으로 대한민국을 선진국으로 올라서게 한 산업의 역군들입니다. 광양사태는 서로의 오해에서 비롯된 웃음거리에 불과한 것으로 보입니다. 서로 소통하여 오해를 풀고 힘을 합쳐 노동 개혁에 나섰으면 합니다. 정부도 대화의 끈을 놓지 말고 적극적인 소통에 나서기를 기대합니다. 한국노총은 배격되어야 할 강성 귀족 노조는 아니지요. 노사 법치주의도 좋지만, 그보다 더 좋은 건 노사 정치주의입니다.

2023. 06. 10.

▷ 대구 기독교 총연합회는 이슬람을 반대하지 않는다는 연락을 받았습니다. 그게 원수도 사랑하라는 기독교의 관용과 포용 정신입니다. 이미 우리나라 주택가에는 성당도 있고 교회도 있고 사찰도 있습니다. 굳이 이슬람

만 안 된다는 것은 종교의 자유 침해일 뿐만 아니라 기독교 정신에도 반하는 사이비 기독교인들이나 할 짓입니다.

북구 일부 주민들을 선동하는 사람들은 서울에서 내려온 특정 사이비 기독교 세력들로 보고받았습니다. 20억 이슬람을 배척하고는 세계 속의 대구, 글로벌 대구를 만들 수 없습니다. 원유 도입도 중단하고, 교역도 끊고, 입국도 막아야 합니다. 기독교인들만 교역 대상이 되어야 합니다. 그러나 하나님도 잘못하면 나한테 맞는다는 사이비 목사가 활개를 치는 세상입니다. 이슬람 걱정을 터무니없이 만드는 특정 사이비 기독교 세력들은 대구에서 추방되어야 합니다.

2023. 06. 11.

▷ 후쿠시마 오염수를 주변국들의 반대에도 방류하면 일본 해산물의 수출은 불가능해질 겁니다.

어느 나라라도 일본의 해산물은 수입하지 않으리라는 것을 일본은 알아야 할 겁니다. 이미 오니(汚泥)의 해양 투기가 금지된 지금, 그보다 훨씬 위해 가능성이 큰 원전 오염수를 해양 투기하겠다는 것은 큰 잘못입니다.

우리나라는 일본의 후쿠시마 원전 오염수 해양 투기를 찬성하지도 않을 것이고 찬성해서도 안 됩니다. 그건 한·미·일 경제 안보 동맹과는 별개인 세계인들의 건강권 문제이기 때문입니다. 그런데도 해양 투기를 자행하면 그건 일본의 자해행위가 될 겁니다.

▽ **2017. 4.** 탄핵 대선을 앞두고 중국외교부 특사인 우다웨이가 한국을 방문하여 각 후보 진영과 만나면서 사드 배치 철회를 요구했을 때, 나는 중국이 북핵을 폐기하는 데 도와주면 사드 배치를 철회하겠다고 말했습니다. 그러나 중국이 북핵에 대해 방치하거나 방조하는데 사드 배치까지 왈가왈부하는 것은 사리에 맞지 않다고 지적하고 돌려보낸 일이 있었습니다. 추궈훙 전 중국대사는 그러지 않았는데 이번 중국대사는 방자하기 이를 데 없네요.
꼭 하는 짓이 문재인 정권 때 한국 정부 대하듯이 하네요. 대국 근성만으로 나라를 끌고 가기 어려운 시대가 되었는데 참 어이없는 중국대사의 시대착오적인 발언입니다.

2023. 06. 12.

▽ **퀴어 축제** 때 주변 도로의 버스노선 우회 요청을 경찰에서 해왔습니다. 집회 신고와는 달리 도로점용 허가는 대구시 중구청의 사항이고 버스노선 조정은 대구시의 업무입니다.
경찰의 집회 신고와는 달리 대구시로서 도로점용 허가나 버스노선 우회를 할 만큼 공공성이 있는 집회로 보기 어려워 우리는 조처할 계획이 전혀 없습니다. 경찰에서 질서 유지를 원만하게 잘해서 사고를 미리 방지하시기 바랍니다.

2023. 06. 13.

▽ 1996년 4월 총선을 앞두고 YS는 2년 전부터 김현철 소장을 중심으로 사실상 총선 기획단을 만들어 전국 모든 지역구를 샅샅이 조사해서 지역 맞춤형 인재를 발탁해 해방 이후 처음으로 수도권에서 보수정당이 승리했고 153석을 차지해 국정의 안정을 이루었던 적이 있었습니다.
당시 호남인 군산에서도 신한국당이 1석 당선된 일도 있었지요. 그런데 이제 총선이 10개월도 남지 않았는데 의석수의 절반을 차지하는 수도권에는 그나마 남아 있던 자원들마저 지방자치단체장으로 빠져나가 인재 고갈 상태에 처했고 총선을 이끌고 갈 지역 중심인물마저 부재인 상태에서 앞으로 총선을 어떻게 치르겠다는 건지 걱정입니다.
대통령 측근 사람들조차 수도권 지역을 버리고 지방으로 간다고 하고 그나마 서울 지역도 강북이 아닌 강남에 출마하겠다고만 날뛰고 있고, 비례대표를 했으면 강북 험지에 갈 생각은 안 하고 임명직 비슷한 지역에 기웃거리는데 당 지도부는 도대체 뭘 하는지 걱정이 많습니다.
내년 선거도 막판 막가파식 공천으로 무책임한 선거를 치를 것인지 요즘 당 지도부 하는 거 보니 참 걱정입니다.
새 정부의 미래라는 큰 화두로 대결해야 하는데 지도부가 나서서 매일 갑론을박하는 지루한 논쟁은 진영 논리에 갇힌 대한민국의 현재의 상태에서는 무익한 논쟁에 불과합니다. 부패, 방탄에 갇힌 민주당이 오히려 우리 당의 지지율을 상회하는 여론 조사를 볼 때는 기가 막히고 가슴조차 먹먹해집니다.
선대위라도 빨리 구성하십시오.

2023. 06. 14.

▽ 나는 이미 강북 험지에서 오랫동안 국회의원을 한 이력이 있습니다. 공천받아 영남 지역에서 안방 국회의원을 지낸 일은 단 한 번도 없습니다. 이번 비판을 강북 험지 출신 의원이 했다면 용인합니다만 임명직이나 다름없는 곳에서 국회의원 하면서 그런 말 하는 건 스스로 얼굴에 침을 뱉는 겁니다.

지난번에는 마지막이라고 생각하고 고향에서 하고자 했으나 황교안, 김형오에게 세 군데나 쫓겨 다니다가 대구 수성구에 우리 당 국회의원이 출마하지 아니한 지역을 택해 무소속으로 나간 겁니다.

아무리 선거라지만 내가 데리고 있던 국회의원들과 경쟁하는 것은 옳지 않다고 생각했기 때문입니다. 그 당시 황교안 지도부가 당력을 총동원했고 괴상도 대구시당에서도 총력전을 폈어도 내가 당선되었습니다. 대구 무소속 출마는 서울 강북 지역에 공천받아 출마하는 그것보다 당선이 더 어렵습니다. 더구나 지역 활동을 전혀 하지 않습니다.

선거 37일 전에 대구로 가서 출마 선언을 한 기적 같은 선거였지요. 안방에서 공천받아 임명직이나 다름없는 국회의원이나 하는 사람과는 격이 다르지요. 나는 지도부에 충고할 자격이 차고 넘칩니다. 주사파로 출발해서 팔색조 정치로 시류에 따라 수양버들처럼 옮겨 다니면서 임명직이나 다름없는 지역에서 나부대는 그런 사람은 이제 우리 당에서 퇴출시켜야 합니다. 언제 표변할지 모르는 카멜레온은 이제 다시 제 자리로 돌려보내야 합니다. 그런 식으로 김기현 대표에게 아부해 본들 아무 소용없을 겁니다. 몸부림쳐도 소용없을 겁니다. 천방지축 떠드는 날이 얼마 남지 않았습니다. 요즘은 시간이 많아 거지 같은 논쟁도 받아줍니다.

2023. 06. 15.

▽ 민주노총이 광화문 도로를 불법 점거하고 집회를 여는 것도 납득할 수 없지만 한 시간에 120여 대의 대중교통인 버스가 오가는 대구 번화가 도로를 무단 점거하고 여는 대구 퀴어 축제도 단연코 용납하기 어렵습니다.
1%도 안 되는 성 소수자의 권익만 중요하고 99% 성 다수자의 권익은 중요하지 않습니까?
집회를 하려면 다른 곳에 가서 하십시오. 99% 시민들이 불편한 번화가 도로 점거 불법집회는 공공성이 없습니다. 도로 점거 불법은 용납지 않겠습니다. 도로 불법 점거는 교통 방해죄에 해당합니다. 집회는 하되 대중교통 방해하는 불법 도로 점거 집회는 단연코 불허하고 공연 음란행위도 하지 말아야 합니다. 일상화된 불법 도로 점거 집회가 시민들에게 얼마나 많은 불편을 주는지 이번 기회에 알려 줘야 합니다.

2023. 06. 17.

▽ 단상 1 내가 퀴어 축제 자체를 못 하게 하는 게 아니라 하더라도 도로 불법 점거하지 말라고 하고 있는데, 마치 좌파들은 자기들 축제를 못 하게 막는다고 선전하는 것은 유감입니다.

▽ 단상 2 내가 이슬람을 지지하는 게 아니라 전임시장 시절 북구청장이 허가한 이슬람 사원 건축에 대해 대법원까지 합법 판결이 났는데도 이를 못 하

게 해 달라는 요구는 나로서는 들어줄 방법이 없다는 겁니다. 그래서 종교의 자유와 이슬람 기원에 대해서도 보충 설명한 겁니다. 나는 종교 평등의 원칙을 말하는 것이지 특정 종교를 지지하는 것은 아닙니다. 왜곡하지 말았으면 합니다.

2023. 06. 17.

▷ **대한민국 법원은** 불법 도로 점거 시위를 하라고 판결하지는 않습니다. 시위하더라도 타인의 법익침해는 하지 말아야 합니다. 시위 도중 교통 방해를 하거나 기물 파손, 폭행이 이루어지면 엄격히 처벌해야 하는 것이 민주 사회입니다. 집회·시위의 자유가 모든 것을 허용하는 게 아닙니다.
대구에서 가장 번화한 거리에 <u>버스 통행은 무단으로 막고 불법 도로 점거 시위를 옹호하기 위해 시위 트럭을 불법 점거 도로에 진입시키는 경찰은 어느 나라 경찰입니까?</u>
그런 도로 불법 점거는 막아야 한다고 하니 도로 내게 집회 방해죄로 입건할 수도 있다고 겁박하는 간 큰 대구 경찰청장입니다. 나는 퀴어 축제를 못 하게 하는 것이 아니라 도로점용 허가를 받고 하라는 것인데 공도를 불법으로 무단 점거하고 경찰의 호위까지 받아 가면서 시민들의 자유 통행권을 막는 것은 그 자체가 불법입니다.
그런 것을 옹호하고 시민 불편을 초래한 대구 경찰청장은 교체되었으면 합니다. 더 이상 그런 대구 경찰청장을 믿고 대구시 치안을 맡기기 어렵습니다. 완전한 지방자치 경찰 시대라면 내가 즉각 파면했을 겁니다.

2023. 06. 19.

▽ **집시법** 시행령 12조에 따르면 공공도로는 집회·시위 제한 규정이 있고 도로관리청인 대구시에는 도로점용 허가권이 있습니다. 둘 다 무시하고 막무가내로 대구시 공무원들의 공무 집행을 억압하여 방해하고 대구시 공무원을 다치게 하고 공공도로를 무단으로 막고 동성애자들의 파티장을 열어준 대구 경찰청장은 대구시 치안 행정을 맡을 자격이 없습니다.
집회·시위 신고만 있다면 집회 제한 구역이라도 도로점용 허가 없이 교통 차단하고 자기들만의 파티를 할 수 있도록 열어준다면 대한민국 대도시 혼란은 불을 보듯이 뻔할 겁니다. 치안 담당자의 자의적인 법 곡해는 그래서 위험한 겁니다. 엄격히 책임을 물어 제대로 된 치안 질서를 확립해야 합니다.

▽ **어제** 대통령실에 도로 불법 점거 집회·시위를 옹호하고 이러한 불법을 막으려는 대구시 공무원을 경찰이 다치게 한 사건을 강력히 항의했습니다. 오늘 대통령실에서 문재인 정권 시절 관행화된 도로 불법 점거 집회·시위를 강력히 단속하라는 지시를 하였다는 기사가 떴네요.
더구나 엄연히 집시법 시행령 제12조에는 주요 도시 집회·시위 제한 구역이 명문화되어 있고 대구시는 9곳 도로가 집회·시위 제한 구역으로 명시되어 있습니다.
이번에 문제가 된 동성로도 집회·시위 제한 구역입니다. 그래서 대구시에서는 버스 통행 우회 불가와 도로 점거 불가를 통보했는데 대구 경찰청장은 이를 무시하고 퀴어 축제만을 위해 우리 공무원을 다치게까지 하면서 강압적으로 밀어붙인 겁니다.

대구 경찰청장이 집회·시위 제한 구역인 줄 몰랐다면 옷을 벗어야 하고, 알고도 그랬다면 특수공무집행방해 치상죄에 해당할 수도 있습니다.
준비할 게 있습니다. 그걸 마치면 엄중하게 그 책임을 묻겠습니다.

2023. 06. 20.

▷ 참 어처구니없는 해석들이 난무합니다. 집회 신고만 되면 집회 제한 구역에 대한 도로관리청의 도로점용 허가권이 배제되고 경찰의 재량으로 넘어간다면 그런 허가 의제 법 조항이 어디에 있는지 이해하기 어렵습니다.
집시법 조항에 이미 집회 금지 구역과 집회 제한 구역이 명시되어 있다는 것은 집회·시위의 자유가 무제한 권리가 아니라 집회·시위의 자유에 대한 내재적 한계를 입법화한 것이고, 이번 퀴어 축제 주최 당사자도 도로를 일시 행진하겠다고 집회 신고를 한 것이지 도로를 점용하겠다고 신고한 것은 아닙니다. 도로점용 허가 신청은 애초부터 하지 않았습니다.
그런데도 대구 경찰청장이 이를 막는 대구시 공무원들을 무력으로 제압, 10시간 동안 집회 제한 구역인 공도를 차단, 무단 점거케 하고 그들만의 잔치를 벌이게 해 주었으니 우리는 그러한 대구 경찰청장의 직권 행사가 옳은가를 묻고 있습니다.
이 시점에 집회·시위의 자유를 허가제로 운영하겠다는 공직자가 세상 어디에 있습니까? 집회·시위에 법적 제한이 있다면 당연히 그에 따라야지요. 극단적으로 고속도로를 막고 집회·시위하겠다는 신고가 들어오면 고속도로를 차단하고 집회·시위를 허용해야 합니까? 이번 문제가 된 지역도 고속도로와 똑같이 집회·시위가 제한된 주요 도로입니다.

집회·시위의 자유가 타인의 법익을 침해하거나 공공질서를 무시하면서까지 보장되는 것은 아닐진데, 그것까지 보장하라고 우기는 일부 법학자들의 익명 주장을 보니 참 한심하네요. 법제처에 오늘 유권해석 의뢰를 했으니 그 결과에 따라 앞으로 행정 운용을 하도록 할 것입니다. 더 이상 어설픈 논쟁은 하지 않겠습니다.

2023. 06. 21.

▽ 강성 귀족 노조의 패악과 싸우는 원희룡 국토부 장관을 응원합니다. 좌파들의 온갖 음해와 박해에도 흔들림 없이 법 집행을 하는 원희룡 장관을 보면서 그간 문재인 정권의 비정상을 정상화시키는 게 얼마나 어려운 일인지 새삼 느끼게 됩니다. 나라를 정상화시키는 데 앞장서 주시는 원 장관이 계셔서 든든합니다.

2023. 06. 22.

▽ 지난 6.1 대법원 선고에서 민주노총 관계자들의 여의대로 무단 점거 시위를 일반교통방해죄 등으로 법률을 적용해 유죄 확정판결을 한 바가 있습니다(대법 2023도3279). 이 사건은 문재인 정권 때 친노조 정권이라서 도로 점거를 경찰이 방치한 사건입니다. 그 장소도 집시법 제12조에 의한 집회 제

한 구역입니다.

민주노총 건설위원장은 불법 도로 점거 시위로 실형 1년 6월을 선고받은 일도 있습니다. 대구 경찰청장이 불법 도로 점거를 막으려는 대구시 공무원을 강압적으로 제압하면서 공무원 3명을 다치게 하고 오히려 불법 도로 점거를 옹호해 준 직무 집행은 법제처 유권해석 결과에 따라 조치할 수밖에 없습니다.

▷ 특정 정파의 선봉대에 불과한 단체들이 걸핏하면 고소·고발이나 하고, 하는 일마다 시민을 핑계로 반대나 일삼는 그런 사람들을 보면 도대체 저들은 무얼 해서 먹고 사는지 의아하지 않을 수 없습니다.

<u>좌파 정권 당시 무분별하게 국민 세금으로 이런 단체들이 놀고 먹을 수 있게 해 준 그런 지원 정책</u>은 작년 민선 8기 시정부터는 모조리 차단했습니다. 대구에도 그런 건달 단체가 있습니다. 앞으로도 건전한 시민운동을 하는 시민단체는 적극적으로 지원하지만, 특정 정파의 선봉대 역할이나 하는 건달 단체는 적어도 대구시에서는 단돈 1원도 지원하지 않을 겁니다.

2023. 06. 23.

▷ 우리 때는 대학 입시 본고사가 있었습니다. 나는 이과 출신이라 미적분도 공부했고 수학도 비교적 잘했는데, 사정이 있어서 문과인 법과대학을 지망하면서 배우지 못한 국어 고문은 빵점을 받았는데, 자신 있던 수학 시험지를 받아보고 참 난감했습니다.

듣도 보도 못한 게임이론 문제가 큰 배점 문제로 나온 것이었습니다. 그 게

임이론 문제는 손도 대지 못하고 다른 문제만 집중 풀었는데 나중에 밝혀진 사실은 그 게임이론 문제는 서울 유명 학원 수강생들에게는 이미 잘 알려진 문제라고 했고 그 학원 재수생 출신들은 쉽게 풀었다고 합니다. 킬러 문항이 바로 그런 거 아닌가 합니다. 대통령의 킬러 문항 출제 배제는 적절한 조치로 보입니다.

▷ 경찰권 행사의 첫 번째 한계가 경찰비례의 원칙입니다. 40여 년 전 행정법을 공부하면서 배운 경찰권 행사의 첫 번째 원칙이었습니다. 막강한 권력을 가진 경찰이 수사권 행사를 빌미로 경찰비례의 원칙도 지키지 않고 무자비하게 보복 수사를 한다면 그건 이미 경찰이 아니고 깡패입니다.

윤석열 대통령도 후보 시절에 검사가 수사권을 가지고 보복한다면 그건 검사가 아니고 깡패라고 질타했습니다. 선관위에서 중앙선관위에 질의까지 해서 혐의 없는 사건일지라도 우리는 그동안 경찰이 요구하는 대로 자료를 제출하고 수사에 협조해 왔습니다.

그런데 허무맹랑한 좌파 단체의 고발을 빌미로 지난 15일 화재 현장에서 대구 경찰청장과 논쟁을 한 직후 그 이튿날, 경찰은 압수 수색 영장을 청구하면서 4년 뒤에나 있을 대통령선거에 출마할 목적으로 불법 선거 운동하였으니 압수 수색한다고 영장에 허위 사실까지 기재하였습니다. 나는 단 한 번도 4년 뒤에나 있을 대통령선거에 출마한다고 한 일이 없습니다.

4년 뒤 세상이 어떻게 될지 누가 장담할 수 있나요? 대구시장에는 다시 출마하지 않는다고 했습니다. 도대체 내가 지금 무슨 선거를 노리고 선거운동을 한다는 건가요?

오로지 대구시정에만 전념하고 있을 뿐입니다. 어찌 경찰이 막연한 추측을 근거로 비례의 원칙을 어겨가면서까지 법원·검찰을 속여 압수 수색 영장을 청구하고 강제 집행할 수가 있는가요? 나한테까지 이런 짓을 하는 대구 경찰청장의 안하무인, 보복 경찰행정을 보면서 과연 힘없는 대구 시민들에게는 어떻게 할지 걱정스럽습니다. 더 이상 대구 시민들이 피해를 보기 전에 어린 애에게 칼을 쥐어주는 격인 이런 경찰 간부는 빨리 문책함이 옳습니다. 그러지 않으면 법적 조치를 검토합니다.

▷ **기이한 일**이 벌어지고 있습니다. 한겨레 등 좌파 매체들과 좌파 시민단체들이 합심하여 이례적으로 대구 경찰청장 편을 들면서 나를 공격하고 있고 대구 경찰청장은 그에 힘입어 오늘 또 터무니없는 공문을 보내고 있습니다. 좌파들이 대구 경찰청장을 옹호하는 기막힌 장면이 대구에서 연출되는 가운데 도대체 정부는 무얼 하고 있는지 참으로 안타깝습니다.

문재인 정권 시절 일상화된 불법을 바로잡고자 집시법 개정까지 추진하는 마당에 집시법 개정 없이도 현행 집시법 제12조만 대구 경찰청장이 준수했어도 대구에서 있었던 공무원들 충돌은 없었습니다. 정부 꼴 이상하게 되어 갑니다. 대통령께서는 국익 외교로 부재중이신데 치안을 맡은 경찰은 이런 짓을 하고 있습니다. 한쪽은 정상화하자고 하는데 대구 경찰청장은 불법도 관행이라고 우기고 있습니다.

▷ **나는** 대구 경찰청장을 질타하는 것이지 대구 경찰을 질타하지는 않습니다. 여태 페이스북 글은 대구 경찰청장만 지적했지, 대구 경찰을 모욕하거나 지적한 적이 단 한 번도 없습니다. 선거법 위반 압수 수색 영장도 사실과 다른 내용을 기재해서 검찰과 법원을 속여 영장을 받았다고 나는 보고 있습니다

다. 나아가 영장 집행 사실도 경찰청장에게 보고하지 않고 대구청장 단독으로 했다고 보고받았습니다.

대구 경찰이야 그런 청장을 만났으니 어쩔 수 있겠습니까? 경찰 간부의 기본 자질인 경찰비례의 원칙도 모르는 사람을 만났으니 나도 답답한데 대구 경찰들은 오죽하겠습니까?

우리는 대구 경찰은 미워하지 않습니다. 대구 경찰청장의 직권남용과 특수공무집행방해치상죄만 묻고 있습니다. 비겁하게 책임 소재도 불명확한 경찰직장협의회 뒤에 숨어 있지 말고 당당히 언론에 나와서 반론을 펴는 게 사내입니다. 사내답게 하십시오.

2023. 06. 24.

▷ 내년 총선에서 이기면 제일 먼저 착수해야 할 국정과제는 검찰 수사권 완전 박탈법을 폐지하고 수사구조를 다시 재편해야 할 것으로 보입니다. 이번 대구 경찰청장의 행태를 보니 현재 경찰 독점 수사구조를 그대로 두고는 국민의 피해가 앞으로 더 커질 수 있다는 생각이 들었습니다.

민중의 지팡이가 수장을 잘못 만나면 민중의 몽둥이도 될 수도 있다는 것을 경험한 이번 사태였습니다. 이상한 경찰 간부를 만나 요즘 참 좋은 경험을 하고 있습니다.

▷ 좌파 단체가 증거도 없이 나를 선거법 위반으로 고발하고 대구 경찰청장은 허위 사실을 영장에 기재해 대구 시청을 압수 수색했습니다. 내가 대구

경찰청장을 도로 불법 점거 방조를 이유로 직권남용, 특수공무집행방해치상죄로 검찰에 고발하면 검찰이 대구 경찰청을 압수 수색할까요? 관공서를 압수·수색하려면 그만큼 사건이 중차대하고 증거가 충분해야 합니다.

<u>상대방을 모욕주기 위한 압수 수색권의 남용은 수사권의 남용이자 경찰비례의 원칙에도 반하는 위법한 법 집행입니다.</u> 내가 선거법 위반한 사실이 없으면 이번 압수 수색에 관여한 대구 경찰청장 이하 관계자들에게 반드시 그 책임을 물을 것입니다. 사자는 토끼를 잡을 때도 전력을 다합니다.

2023. 06. 26.

▽ 김형오 공천관리위원장의 회심의 역작이라던 부산 모 여성의원이 숱한 스캔들 끝에 스스로 탈당하고 불출마 선언을 했네요. 지난 총선 국민의힘 공천만큼 <u>자의적이고 즉흥적인 무원칙 공천</u>은 한 번도 경험한 적이 없었는데 그렇게 당을 망친 사람들은 지금 어디서 무엇을 하고 있는지 궁금하네요. 그런 사람들이 아직도 정치권에 서성대거나 한자리 맡아 편안한 노후를 즐긴다는 건 사회적 정의에 맞지 않습니다.

다음 공천도 그렇게 한다면 이 당은 회생 불능 정당이 될 겁니다. 사심 없이 걸러내고 신선한 인재를 찾고 제대로 된 공천을 하지 않으면 총선에서 이길 수 없을 건데 요즘 하는 거 보니 참 그렇게 하기 어려울 거 같네요.

걱정입니다.

▽ 위법 공무 집행을 해 놓고 민노총 탓하면서 경찰청장까지 끌어들이고

과잉 압수 수색해 놓고 법원·검찰에 책임을 미룹니다. 자기가 해 놓고 수습은 책임 소재 불명인 직장협의회를 내세우고, 법에 근거도 없는 공문서 제출 요구해 놓고 대통령 지시라고 둘러댑니다.

대통령이 보조금 수사를 그런 방법으로 하라고 지시했나요? 범죄 인지 활동 열심히 해서 분야와 대상을 특정한 후 합법적인 절차를 거쳐 수사하라고 했지, 일제 강점기 순사처럼 투망을 던져 아무나 걸려라는 식으로 마구잡이 수사를 하라고 지시했나요?

참 어이없고 대책 없는 사람입니다. 자기를 정당화하기 위해 경찰청장도 물고 들어가더니 이젠 대통령도 물고 들어가네요?

2023. 06. 27.

▷ **빌붙어** 살아볼 생각으로 여태 살았으니까 이 꼴로 전락한 겁니다. 할 말 못하고 눈치나 보면서 빵조각 하나 던져주는 그거 보라고 굽실대며 살아왔으니 대구가 GRDP 전국 꼴찌가 된 겁니다. 오늘 아침 어느 지역 언론 논조를 보니 대구가 왜 여태 비실댔는지 여실히 보여 주는 그러한 논조였습니다. 권력에 당당히 요구할 것 하지 못하고 눈치를 보고 비위 맞추고 비겁하게 슬슬 기며 사랑하는 건데 나는 그런 짓 못 합니다. 그렇게 하지 않고 당당히 할 말을 하고 대구를 운영했어도 지난 1분기 대구 경제지표는 최악의 부동산 경기 속에서도 역대 최고를 기록했고 대구 혁신은 여러 방면에서 중앙 정부의 예가 되었습니다.

그런 비겁한 시각으로 사니 당신들은 일류가 못 되는 겁니다. 잘못된 것은 부딪혀 바로잡고 기득권 카르텔을 깨야 새로운 세상이 오는 겁니다. 그런 시각으로 사니 기득권 카르텔 안에서 도축장도 53년간 특정 업체에 특혜를 준 겁니다. 우리도 이제 당당하게 말하고 요구하고 그리하여 대구 굴기로 일류가 되어 잘살아 봅시다.

2023. 06. 28.

▽ 이번 대구시에서 대구 경찰청장의 부당한 공권력 행사를 징치(懲治)하고자 하는 것에 대해 백가쟁명식 정치적 해석을 하는 것을 보고 참 상상력이 풍부한 사람들이라고 쓴웃음을 짓지 않을 수 없습니다.

그건 복잡한 정치적 문제가 아니라 단순한 겁니다. 문재인 시절 불법의 일상화를 정상화하자는 겁니다. 집시법 제12조 자체에서 이번 장소에는 도로 점거가 제한되어 있고 법원의 판결 내용도 도로 점거가 아닌 그 장소를 일시 행진하라는 겁니다.

그런데도 대구 경찰청장은 집회 신고만 하면 집시법 제12조 집회 제한 도로에서도 도로 점거를 할 수 있고 그런 집회를 보호해야 한다고 우겼습니다. 그러면서 도로 불법 점거를 막으려는 대구시 공무원을 경찰 방패로 밀어붙여 공무원들을 다치게 하고 공공도로를 차단하면서까지 불법 도로 점거 집회인 퀴어 축제를 10시간 동안 경비해 준 겁니다. 이번 장소는 고속도로와 똑같이 법률상 집회가 제한된 곳입니다.

문재인 시절에 불법 도로 점거를 먼저 보호해 주고 국민의 자유 통행권을 오히려 제한한 잘못된 경찰관 직무 집행의 타성을 세상이 바뀌었는데도 아직도 그걸 합법이라고 우기면서 그대로 답습하는 겁니다. 그건 최근 경찰청 본청 간부의 기자 인터뷰에도 자기들 직무 집행에 무엇이 문제인지도 모르고 말하는 것을 보니 참 안타깝네요.

검찰 수사권 완전 박탈로 수사권을 독점적으로 행사하는 경찰이 곧 국정원을 제치고 대공 수사권도 가지면 그 막강한 수사권 독점을 이런 사소한 법 집행도 적법하게 하지 못하는데 어떻게 헤쳐 나갈지 크게 걱정입니다. 자질 문제인지 타성 문제인지 그런 문제를 덮기 위해 아무런 혐의도 없는 선거법 위반 사건을 압수 수색하고 보복 수사까지 하는 걸 보니 참 어이가 없네요. 내가 대구 경찰청장을 맞상대할 처지는 아닙니다만 이번 사건을 계기로 차제에 제대로 법 집행하는 국민 경찰로 새롭게 태어나라고 하는 겁니다. 경찰 간부가 타성과 오기로 직무 집행하면 그 피해는 오롯이 국민이 봅니다.

2023. 06. 30.

▽ 대통령 연설에 이어 당 대표는 언론 인터뷰에서 반국가 세력과 협치는 없다고 단호하게 말했는데 마산 출신 국회의원은 눈치를 보고 꼬리 빼면서 그 말은 홍 시장 개인이 책임지라고 했습니다. 이런 사람이 국회의원을 하니까 국민의힘이 늘 매가리 없이 당하는 겁니다.

그곳은 공천만 하면 당선되는 곳인데 그곳에서 국회의원 하면서 아직도 그렇게 문제인 눈치나 보고 설설거리나요? 그게 나한테 할 소리입니까? 요즘 하방해 있으니 아무나 경우 없이 대드네요. 참 어이없습니다.

 홍준표도 알고 보면 "**따뜻한 사람**"
꿈의 실현은 '따뜻함'에서 시작됩니다.

♡ 15,000명이 참가한 대구 국제마라톤 대회

♡ 대구시와 조호바루 간 우호 협력 MOU 체결

♡ 대구 국제뮤지컬 페스티벌((DIMF)

♡ 고향사랑기부 인증 챌린지

♡ 매천시장 화재 진화 현장

3

항상 그 자리에 있었습니다

당명이 계속 바뀌고, 시대가 바뀌었지만
언제나 그 자리에서 당과 나라,
국민을 위해 올바른 소리를 하려고 노력했습니다.

2023. 07. 03.

▷ **냉전적 사고**를 벗어나지 못한 사람들이 많다고 문재인 전 대통령이 말했다는데 그럼 종북(從北)적인 생각을 하는 사람들은 뭔가요? 냉전적 사고가 아니라 종북적 사고를 탈피하자는 겁니다. 국가 안보를 망쳐 놓고, 우리 국민을 북핵의 노예로 만들어 놓고 그냥 조용히 있지 그게 할 소린가요?

2023. 07. 05.

▷ **건국 이래** 이런 차관급 인사가 있었나요? 그러면 건국 이래 청와대 경제수석이 뇌물로 구속된 적이 있었나요? 또 옛날 노래처럼 별을 보고 점을

치는 페르시아 왕자가 설치네요. 아직도 제정러시아 시대 점성술사 라스푸틴 같은 사람이 설치는 세상이 계속되는 거 보니 나라가 어지럽게 돌아가는가 보네요.

▷ 이번 민주노총 집회에 대해서는 경찰청 본청이 대구 경찰청과는 전혀 다른 대응을 하네요. 대구 경찰청장은 민주노총도 내쫓는데 성 소수자들도 내쫓아야 한다며 도로를 전면 차단하고 10시간 동안 성 소수자들이 번화가 도로를 점거케 하고 경찰청 차장은 이를 옹호하면서 나를 집행 방해죄로 수사할 수도 있다고 어처구니없는 협박을 했습니다. 그러더니 어찌 며칠 사이에 180도 바뀌어 법원이 1차선 행진만 허용한 것도 즉시 항고한다고 그런 난리를 부리는지 이번 지휘도 나를 퀴어 축제 집회 방해죄로 수사한다고 협박하던 그 본청 차장이 하는 게 아닌가요?
성 소수자들을 사주해 나를 집회 방해죄로 고발케 하고 또 압수 수색을 해 보세요. 좌파 단체의 터무니없는 고발에도 압수 수색하지 않았던가요? 그런 경찰 간부들이 있으니 이태원 참사 때도 경찰이 갈팡질팡했고 나라의 치안 행정도 엉망인 겁니다. 여태 불법집회 관리를 그렇게 해 왔으니 나라가 계속 소란스러운 겁니다. 정권은 바뀌었는데 참 딱하네요.

2023. 07. 07.

▷ 지지율에 일희일비하는 지도자가 되면 나라나 지역을 역동적으로 이끌어 갈 수가 없습니다. 임기 중 앞만 보고 원칙과 추진력을 갖고 공무에 임하고

퇴임 후 일정 기간이 지나면 시민과 국민이 판단할 겁니다. 그게 바람직한 선출직 공무원의 공무 수행 자세입니다. 재선을 위해 여론의 눈치나 살필 처지가 아니라면 지지율에 춤추는 나라 운영이나 지역 운영을 해선 안 됩니다. 그건 나라와 시민들에게 오히려 해악만 끼칩니다.

여러 가지 의견을 듣고 숙고 끝에 결정한 일이라면 좌고우면해서는 안 되지요. 광우병 괴담도 사드 괴담도 모두 한때 지나가는 헛된 바람에 불과했습니다. 후쿠시마 오염수 괴담도 또 하나의 지나가는 헛된 바람입니다.

▽ 단상 1 KBS 수신료 분리 징수법은 나도 국회의원 시절 발의했던 법인데 그렇게 간단히 시행령 고치면 될 걸 참 고생들 했습니다. 그런데 편법 강제 징수를 헌법소원해 본들 위헌으로 결정날까요? 헌재에 아직도 진보 심판관이 많다고 그거 믿고 그러나요? 'TV 수상기 갖고 있으면 KBS 보든 말든 무조건 수신료 내어라.' 그게 위헌적인 법률입니다. 어차피 수신료 폐지로 갑니다.

▽ 단상 2 양평 고속도로 종점 변경 가지고 서로 말들이 많습니다. 원 장관의 고육지계(苦肉之計)를 모르는바 아니지만, 이때 유의해야 할 고사성어가 있습니다. 이하부정관(李下不整冠)이라는 말이 있습니다. 그걸 알면 해결책이 나옵니다.

2023. 07. 11.

▽ 떼법 근절 차원에서 일부 시민단체가 청구한 정책토론회 개최 서명 명부의 진위를 자체 조사해 본 결과, 청구인 7,310명 중 1,635명만 서명한 사실이

확인되어 청구한 8건의 정책토론회 중 1건만 수용하고 나머지는 기각했습니다. 그러면서 이는 참여 민주주의가 아니라 고의적인 행정 방해사례로 추정되어 경찰에 수사 의뢰하였습니다. 할 일 없이 시정 방해만 일삼는 이런 사람들은 철퇴를 맞아야 다시는 그런 짓을 못 할 겁니다. 시민단체의 탈을 쓰고 범죄 행각에 나선다면 그건 시민들의 이름으로 징치(懲治)해야지요.

2023. 07. 12.

▷ **성 소수자 단체**와 대구 경찰청장이 공모하여 판결문에도 없는 도로 점거를 10시간이나 하면서 교통을 방해하고 이를 긴급 대집행하려는 대구시 공무원 3명을 다치게 한 이들에게 법적 책임을 묻겠습니다. 이건 불법, 떼법 시위 방지 차원입니다. 웬만하면 그냥 넘어가려고 했으나 적반하장격으로 대구시를 고소하는 터무니없는 이들의 작태를 보고 직권남용, 특수공무집행방해치상, 교통 방해와 공범으로 검찰에 이들을 기관 고발하지 않을 수 없네요. 대구시가 문재인 정부 시절 도로 불법 점거 집회·시위의 일상화를 바로잡고자 추진했던 일이 대구 경찰청장의 무지로 이런 사태가 온 것은 유감입니다. 뒤늦게 정부도 도로 불법 점거 시위는 불법의 일상화라고 지적하면서 개선책을 준비하고 있고 경찰청도 지난번 대구시 사태와는 달리 집시법 12조를 뒤늦게 준수하려는 노력을 하고 있어서 다행입니다. 하지만 불법, 떼법이 일상화되는 대한민국이 되면 사회질서는 혼란스럽게 되고 국민과 시민들의 불편은 극에 달할 것입니다. 대구시의 이번 조치가 나라의 집회·시위 질서를 바로잡고 불법, 떼법 시위가 근절되는 계기가 되기를 바랍니다.

2023. 07. 16.

▷ **안동댐**이 없던 시절 낙동강 변에서 어린 시절을 보냈던 나는 매년 장마, 홍수로 인한 인명, 재산 손실을 보고 겪으면서 여름을 보냈습니다. 홍수로 등굣길이 물에 잠겨 학교에 가지 못한 날도 있었고 낙동강 황토물이 우리 집을 삼키고 무섭게 흘러가는 것도 보았습니다. 한밤중에 마을 한가운데 둑으로 피난 가서 축축한 구호 천막 속에서 밤을 새운 적도 한두 번이 아니었지요. 대구는 지금까지 큰 피해가 없지만, 충청, 전라, 경북 지역에 홍수 피해가 집중된 것은 참으로 안타까운 일입니다.
이 또한 지나가는 시련입니다. 모두 힘을 합쳐 이 난관을 헤쳐 나가십시다.
수해로 희생되신 분들의 명복을 빕니다.

2023. 07. 17.

▷ **한때는** 서울대 위에 참여 연대가 있다는 말도 있었습니다. 그건 박원순 시대였습니다. 그런 박원순도 성 추문으로 떠났습니다. 이제 그들 시대도 아닙니다. 걸핏하면 고발이나 하고 눈만 뜨면 비방이나 하고 그러다가 사고납니다. 수사 의뢰한 서명 위조 사건이 어찌 되나 한번 봅시다.

2023. 07. 20.

▷ 대구시와 광주시가 공동으로 추진 중인 달빛고속철도 특별법이 윤재옥 원내대표님과 광주시장님의 도움으로 현재 국회의원 165명의 동의를 받아 절반을 훌쩍 넘겼습니다. 국민의힘 94명, 민주당 68명, 정의당 1, 무소속 2명의 동의를 받았고 이번 주 내 추가로 동의를 받아 윤재옥 원내대표님께서 다음 주에 발의하기로 했습니다. 올해 안으로 원리와 법칙이 통과되도록 윤재옥 대표님께서 해 보시겠다고 했습니다. 윤재옥 원내대표님께 감사의 말씀을 드립니다.

2023. 07. 22.

▷ 퀴어 축제와 관련한 유권 해석 의뢰에 법제처로부터 회신을 어제 받았습니다. 구체적인 분쟁 사안에 대해서는 해석을 회피했으나 쟁점이 되었던 집회 관리권과 도로점용 허가권에 대해서는 분명한 해석을 해 왔습니다. 당시 경찰은 집회 신고만 되면 도로점용 허가권은 배제된다고 하고 대구시의 긴급 대집행권을 강제로 막았으나, 법제처는 집회 신고가 되더라도 도로점용 허가권이 배제되지 않는다고 해석하면서 경찰서장의 권한과 지자체의 권한이 병존한다고 유권 해석했습니다. 최근 대구 경찰청의 집회 신고 회신에도 퀴어 축제 때와는 달리 도로에 천막 등 구조물 설치는 해당 관청의 허가를 받으라고 하고 있습니다.
이번 청주 오송 지역 지하도 침수 사고도 경찰의 사고 예방 도로 차단 의무 위반과 청주시의 도로 위험관리 의무 위반이 경합하여 사고가 발생한 겁니다. 집회 신고만 하면 그 신고만으로 도로 점거가 허용된다고 퀴어 축제에 대응한 대구 경찰청장의 논리는 잘못된 경찰의 과잉 집회 관리 논리입니다. 대법원 판례는 그렇지 않은데 하급심 판례를 잘못 해석하여 그런 엉터리 집회 관리 논리를 내세운 겁니다.

이번 쌍방 고발은 경찰청 차장이 인터뷰하면서 대구 경찰청장을 옹호하고, 고발하면 집회 방해죄로 수사하겠다고 고발유도를 했기 때문에 성 소수자들이 고무되어 나를 고발한 것이고 나는 대구시를 대표해서 기관 고발로 부득이하게 맞고발한 겁니다. 검찰에 관련 자료를 제출하겠습니다.

2023. 08. 02.

▽ 대도시 행정은 본질적으로 현상 유지(maintenance) 행정입니다. 그러나 서울처럼 모든 것이 갖추어진 도시는 현상 유지 행정이 타당할지 모르나 대구같이 쇠락하는 도시는 현상 타파 행정을 하지 않고는 다시 일어서기 어렵습니다. 지난 1년 동안 대구시는 혁신 또 혁신으로 현상 타파 행정을 하는 데 주력했습니다.

군위군 편입으로 대구시 관할 토지가 70% 증가했고, 산하기관 통폐합, 기관장과 시장의 임기를 일치시키는 제도 도입, 섬유산업에서 5대 첨단산업으로 산업 구조 대개편, 예산 대비 채무 감소를 위한 재정 대혁신, 통합신공항법 통과로 대구 미래 50년 기반 구축, 대형할인점 휴일휴무제 전환으로 규제 철폐, 맑은 물 하이웨이, 신천 금호강 르네상스 등 지난 1년 동안 숨 가쁘게 달려왔습니다. 최근 1/4분기 대구시 경제 동향은 전국 최악의 대구 부동산 경기 와중에서도 전국 0.9%보다 4배나 더 되는 3.8%의 성장세를 보입니다. 고용지수도 통계수치 작성 이래 최고 수준에 이르는 것은 지난 1년 동안 대구 대혁신의 보람이 나타나는 것입니다. 신공항으로 가는 대구·광주 달빛고속철도 특별법도 출발 때는 모두 발의조차 꺼렸지만 이젠 국회 사상 처음으로 대부분 여야 국회의원들이 발의에 동참해 전망이 밝고 9월에는 대구 군부대 통합 이전도 국방부와 MOU 체결이 가능할 것으로 보입니다.

K2 후적지 개발계획도 거의 완성했고 농수산물도매시장 이전도 순조롭게 진행되고 있습니다. 지상철 4호선도 밑그림이 그려졌고 신공항 건설 SPC 구성도 착착 진행됩니다. 올해를 대구 굴기의 원년으로 삼겠다는 연초의 구상이 지금까지 순조롭게 진행되어 갑니다. 무더운 여름입니다. 그러나 한 달만 견디면 시원한 가을이 옵니다. 이 여름의 땀은 가을의 풍요로운 결실을 가져다줄 겁니다. 모두 힘냅시다. 대구시 파이팅! 대한민국 파이팅!

2023. 08. 03.

▽ **연합뉴스** 선임기자인 이우탁 기자님이 보내준 <한반도 핵 균형론>을 읽었습니다. 지난 30년 동안 세계를 농락한 북한의 핵 개발 역사를 일목요연하게 정리하고 미·중 패권전쟁 속에서 우리나라가 어떻게 북핵에 대처해야 하는지를 자세하게 서술해 놨습니다. 2018. 4. 남북정상회담을 위장 평화회담이라고 공격하면서 핵 균형론을 제시했던 제가 당시에는 문 정권과 국민 80%로부터 악담, 막말이라고 비난받았던 억울한 순간이 떠올랐습니다.

국민대 박휘락 교수님의 핵 균형론과 궤를 같이하는 이우탁 기자님의 핵 균형론을 한번 읽어 보시기를 권합니다.

전자가 학자가 보는 북핵 대처법이라면, 이우탁 기자님의 핵 균형론은 북한 전문기자가 보는 북핵 대처법입니다. 여의도 정치인들도 싸우지만 말고 여름 휴가철에 일독해 보시기를 권합니다.

2023. 08. 04.

▽ 1996. 1. 25. YS의 민자당에 입당한 이래 신한국당, 한나라당, 새누리당, 자유한국당, 미래통합당, 국민의힘을 거치면서 당명은 계속 바뀌었으나 나는 항상 그 자리에 있었습니다. 누구처럼 탈당하여 신당을 차리거나 당의 등 뒤에 칼을 꽂는 비열한 정치를 한 일도 없습니다.

언제나 그 자리에서 당과 나라, 국민을 위해 올바른 소리를 해왔고 우리 당 대통령 시절에는 직언을, 다른 당 대통령 시절에는 저격수 역할을 마다하지 않았습니다. 지금 일부 바른정당 출신처럼 연일 꼬투리나 잡고 당과 대통령을 흔드는 무리와는 전혀 결이 다르지요. 그러나 정치는 그런 무리도 포용하고 가야 할 때가 가끔 있습니다.

정치는 책으로 배우는 것도 아니고 속성 과외를 한다고 해서 느는 것도 아닙니다. 오랜 경험과 숙달로 만들어지는 겁니다.

대통령 주변에서 자칭 멘토 행세를 하며 혹세무민으로 대통령을 현혹하거나 측근으로 자처하면서 참언(讒言)으로 세력을 구축하는 사람들을 보면 참으로 걱정입니다. 자칭 얼치기 멘토들이 넘쳐나는 것도 문제입니다. 왕조시대나 지금이나 나라와 국민을 힘들게 하는 무리는 바로 이런 사람들입니다. 지금은 지게 작대기라도 모아 총선에 대비할 때입니다. 총선이지만 내일은 없습니다.

2023. 08. 05.

▽ 흉악범이 판치는 나라가 됐네요. 다시 한번 사형 집행을 생각합니다. 현행 형사소송법에는 사형이 확정되면 6개월 이내에 법무부 장관이 사형 집행을 하도록 규정되어 있고 헌재에서도 사형제도를 합헌으로 판시하고 있으며 미국·일본·중국도 매년 사형 집행을 하는데 유독 우리나라만 범죄자 생명권 보호를 위해 사형 집행을 하지 않고 있습니다. 가해자 인권만 중요하고 피해자 인권은 경시되는 그런 나라는 정의로운 나라가 아니지요.
EU에서 시비를 걸어 사형 집행을 안 한다고 최근 법무부 장관이 말했다는데 그것도 참 웃기는 발상입니다. EU가 왜 미국·중국·일본의 사형 집행은 묵인하고 한국만 시비를 건답니까? 최근 우리나라라면 징역 3~5년 선고할 마약사범을 중국은 사형선고를 하고 바로 집행해 버렸습니다. 그게 한국인이었습니다. 법무부 장관 산하에 사형 집행 심의위원회를 두고 1년에 한 번 연말에 심사해서 흉악범에 한해서는 우리도 반드시 법대로 사형 집행을 합시다. 그게 주권국가의 당당한 모습입니다.

2023. 08. 08.

▽ **이번** 여름휴가는 어제 하루하고 취소해야겠네요. 오늘 태풍 대비차 휴가를 취소하고 사무실로 복귀합니다. 새만금 잼버리 사태는 유감입니다. 상대방 탓하지 말고 무너진 국격을 다시 일으켜 세울 방안이나 힘을 모아 생각하십시오. 외국 청소년들 초청해 놓고 서로 책임을 미루는 것은 보기 민망합니다. 잘잘못 가리는 것은 사태 수습 후 재발 방지를 위해 하는 겁니다. 지금 우리나라는 선진국입니다. 선진국에 걸맞은 수습을 하는 것이 국격을 바로세우는 길입니다.

▽ **1996. 1. 25.** 정치권에 들어온 이래 몇 번의 위기가 있었습니다. DJ 저격수를 하다가 1999. 3. 8. 선거법 위반 사건 대법원 판결을 하루 앞두고 의원직 사퇴를 했습니다. 모래시계 검사라고 칭송받으면서 화려하게 정계 입문을 하였으나 3년 만에 내 발로 걸어 나가야 했지요. 2년 후 2001. 10. 동대문을 재보궐선거에서 국회로 다시 복귀하였습니다. 동대문을에서 3선을 하고 난 뒤 2012. 4. 총선에서 처음으로 낙선했습니다. 그때 세평에서 홍준표는 이제 끝났다고 했으나 그해 12월 대선과 함께 치러진 경남지사 보궐선거에서 나는 또다시 일어섰습니다.

경남지사 재선 후 탄핵 와중에 자의 반 타의 반으로 대선에 출마하여 다시 중앙 정치로 복귀하였고, 두 번째 당 대표까지 역임하기도 했으나 2018. 6. 문재인의 위장 평화회담에 휩쓸려 지방선거에 참패하고 물러났습니다. 이번에는 정말 끝난 줄 알았는데 황교안 체제의 막천(막가는 공천)으로 총선을 앞두고 세 곳을 옮겨 다니다가 대구 수성을에서 무소속으로 재기하였고, 김종인 비대위에 1년간 핍박받다가 뒤늦게 복당하여 절대적인 당내 열세 속에서 경선을 치렀지요. 민심에서는 10% 이상 이겼으나 당심에서 져서 대통령 후보 자리를 내주고 대구시장으로 내려왔습니다. 국회의원 5선, 경남지사 재선, 대구시장 등 선출직 8선에 당 대표 두 번까지 합쳐 10선 선출직을 지낸 것은 저의 정치적 기반을 계파에 두지 않고 국민에 기반을 두고 있기 때문입니다. 한낱 계파 졸개에 불과한 하루살이들이 날뛰는 정치판에서 나는 늘 국민적 기반만 생각하고 정치를 했기 때문에 10선의 선출직을 한 겁니다. 하루살이들의 권력은 한순간에 불과합니다. 정작 중요한 것은 국민적 기반입니다. 국민적 기반이 없으면 그건 모래성입니다.

2023. 08. 09.

▷ 나를 잡범 취급하면서 제물로 삼아 수해 대비 부실과 각종 스캔들이 묻혔다면 그걸로 나는 만족합니다. 지난해 대구시장으로 내려올 때는 총선 관여도 지자체장은 법적으로 금지되어 있고 총선 책임론으로부터도 해방되기 때문에 내려온 겁니다. 나는 내년 총선이 우리가 이기기만 바랄 뿐이지 징계하고 상관없이 내가 할 일은 아무것도 없었습니다. 거듭 말하지만 나는 국민적 기반으로 정치하는 사람이지 계파 믿고 정치하는 사람이 아닙니다.
15대 국회의원 출신으로 이 당에서 유일하게 현역으로 활동하는 정치인이 나밖에 없는 것도 바로 그런 이유에서입니다. 친이도 친박도 친노도 친문도 모두 다 권력에 빌붙은 하루살이였습니다. 태풍이 오고 있습니다. 태풍피해가 최소화되었으면 합니다.

▽ **배신**이란 단어는 개인적인 신뢰 관계를 전제로 한 용어입니다. 유승민 전 의원이 배신자 프레임에 갇힌 것은 박근혜 전 대통령의 비서실장 출신이고 각종 당내 선거에서 친박 대표로서 나섰기 때문입니다. 탄핵 때 박근혜 전 대통령의 등 뒤에 칼을 꽂은 것은 배신자로 불리어도 하등 이상할 게 없습니다. 그런데 나는 박근혜 전 대통령과 당만 같이 했을 뿐이지 아무런 개인적인 신뢰 관계도 없고 박근혜 전 대통령이 궤멸시킨 한국 보수집단의 재건을 위해 당을 맡았다가 지방선거를 앞두고 탄핵 프레임에서 벗어나기 위해서 모든 책임을 내가 지고 박근혜 전 대통령을 출당시킨 겁니다.

춘향인 줄 알았는데 향단이었다는 비유도 어떻게 현직 대통령이 그렇게 무기력하게 무너지고 한국 보수집단을 궤멸시킬 수가 있었는지에 대한 무능을 질책한 말이었습니다. 나는 유승민 전 의원처럼 정치적인 이해관계에 따라 누구를 배신한 일이 단 한 번도 없습니다.

형 동생 하던 MB도 재임 중 5년 동안 나를 견제하고 내쳤어도 나는 MB가 곤경에 처했을 때마다 끝까지 의리를 지킨 사람입니다. 다만 그동안 숱하게 배신만 당했지요. 그러나 나는 그들을 믿은 죄밖에 없으니 내 잘못은 아니지요. 유승민 전 의원은 자신에게 씌워진 배신자 프레임에서 벗어나기 위해 나를 더 이상 끌고 들어가지 마세요. 나는 누구 밑에서 굽신대며 생존해 온 계파 정치인하고는 거리가 먼 사람입니다.

2023. 08. 15.

▽ **19세기 말**부터 20세기 중반까지 60여 년 동안 한반도를 중심으로 한 국제 전쟁이 5개나 있었습니다. 청일 전쟁, 러일 전쟁, 중일 전쟁, 태평양 전쟁, 6·25 전쟁 등 다섯 개의 국제 전쟁이 있었는데 일본이 4개나 일으켰고 북이 1개를 일으켰지요. 전쟁은 힘의 균형이 무너질 때 발발하는 것이고 힘의 균형이 유지되면 전쟁은 일어나지 않습니다. 발칸반도를 유럽의 화약고라고 칭하지만, 역사적으로 보면 동북아 한반도가 세계의 화약고였던 시대가 있었습니다.

그런 동북아 화약고가 6·25 전쟁 후 70여 년 이상 평화를 유지하는 것은 휴전선을 경계로 두고 북·중·러 사회주의 동맹과 한·미·일 자유주의 동맹이 팽팽하게 세력 균형을 이루었기 때문입니다. 때로는 한국의 좌파들이 낭만적 민족주의와 거짓 평화를 내세워 한·미·일 자유주의 동맹을 균열시키는 일도 있었으나 윤석열 정부 들어와서는 이를 배격하고 한·미·일 자유주의 동맹 강화를 위해 일로매진하는 것은 국가 안보 측면에서 참으로 다행한 일입니다. 평화는 거저 주어지지 않습니다. 힘에 의한 무장평화만이 진정한 자유와 평화를 가져다주는 것이지요. 한때 서로 죽이고 죽던 전쟁 당사자인 미국과 일본이 서로 힘을 합치는 것을 타산지석으로 삼아야 합니다.

한국과 베트남이 화합하여 미래로 가듯이 한일 관계도 그런 측면에서 조명될 수는 없을까요? 지금 반미·반일을 외치면서 북핵 대응이 가능할까요? 민족사의 가장 시급하고 현존하는 위협은 김정은의 북핵이 아닌가요? 광복 78주년에 다시 생각해 보는 대한민국의 미래입니다.

2023. 08. 21.

▽ **단상 1** 을지연습 사상 처음으로 북의 핵 공격에 대한 수습 훈련을 합니다. 그런데 왜 우리는 늘 남침에 대해 방어 훈련만 해야 하나요? 북의 핵으로 공격 위협이 최고조에 이르렀을 때는 선제 타격도 국제법상 허용되는데 내년에는 북핵을 무력화시키는 한미 선제 타격 훈련도 미리 해 봐야 하지 않겠나요?

▽ **단상 2** 이재명 비리에만 기대어 총선 준비가 되겠나요? 대상이 소멸하면 무슨 대책이 있나요? 정권교체의 덕은 지난 지방선거 때 다 누렸는데 별다른 준비도 없이 인재 고갈이 된 수도권 대책은 있나요? 대통령 지지율에만 기대어 편승하려는 것은 선거 대책이 아닙니다.

2023. 08. 23.

▽ **헌정사상 가장 많은** 여야 국회의원 261명이 서명한 달빛고속철도 특별법이 어제 발의되었습니다. 그간 지난 20여 년 동안 저조한 예비 타당성 조사로 번번이 좌절되었던 달빛고속철도가 이번에 특별법으로 재탄생하게 된 것은 여야 정치권의 적극적인 협력이 있었기 때문에 가능했습니다. 진영 논리나 정쟁에 매몰되지 않고 국정이 이번처럼 여야 협의로 진행될 수 있다면 대한민국이 얼마나 비약적으로 발전할 수 있겠습니까?
날만 새면 서로 물어뜯는 마이너스 정치로 소모되는 국력이 얼마나 큽니까?

앞으로 남은 21대 국회 회기 동안만이라도 이번처럼 여야가 합심하는 국정이 되기를 빕니다. 여야 갈등으로 지불되는 국력 소모가 너무나 크다는 것은 우리 정치의 후진성을 보여주는 것밖에 되지 않습니다. 상극으로 치부되던 영호남도 협력하면 서로가 승리하는 계기를 만들 수 있다는 실증적 사례가 대구·광주 군공항 이전 특별법과 달빛고속철도 특별법입니다.
여야 정치인 모두에게 감사드립니다.

2023. 08. 24.

▷ **경남 창녕 남지**에서 태어나 7살 때부터 전국을 떠돌면서 23번의 이사 끝에 지난해 대구에 안착했습니다. 여태 이사를 다니며 전국에 살아봤지만 대구가 제일 마음이 편안하고 안락하네요. 서울 잠실 본가도 좋지만, 아침에 일어나면 창밖으로 보이는 신천(新川)의 아침은 참으로 상쾌하고 서울 본가 아파트 가격 3분의 1도 안 되는 숙소이지만 앞산의 맑은 공기와 유유히 흐르는 신천의 정경은 서울 잠실 본가에 비할 바가 아니지요.
지난 1년 동안 대구시정 혁신 방법은 오늘 신공항 국토부 발표로 그 정점을 찍었고 계획했던 시정 혁신 방법은 대부분 순조롭게 잘 진행되고 있습니다. 앞뒤 재지 않고 쉴 새 없이 질풍노도처럼 달렸던 지난 1년이었습니다. 올해까지만 집중해서 일하면 내년부터는 여유가 생길 겁니다.

2023. 08. 25.

▽ **2011. 10.** 서울시장 보궐선거에서 안철수 후보가 박원순 후보를 밀어주고 후보 포기한 후 기세가 오른 민주당 박원순 후보와 나경원 후보가 팽팽한 접전을 벌이다. 막바지에 터진 1억 피부과 폭로로 우리는 참패했습니다. 그 여파로 이른바 디도스 사건이 터지고 당과는 아무런 관련이 없던 그 사건으로 나는 당 대표를 사임해야 했지요. 총선을 앞두고 그런 변수를 만들지 않기 위해 강서구청장 공천을 하지 않으려고 하는 것은 이해는 갑니다만 그건 비겁한 처사입니다. 공익을 위한 폭로로 선고유예를 해도 될 그런 사안을 굳이 집행유예를 했기 때문에 부당하다고 보고 대통령께서 즉시 사면한 게 아니던가요?

그러면 당연히 공천을 해서 수도권 민심의 흐름을 확인해 보고 총선 대책을 세우는 게 맞지 않나요? 머뭇거리며 약삭빠른 계산만 하다가는 피호봉호(避狐逢虎)가 될 수도 있습니다.

2023. 08. 27.

▽ **굴곡진 역사**의 희생양이었고 독립투사였던 봉오동 전투의 영웅인 홍범도 장군이 논란에 섰습니다.

박정희 대통령과 김영삼 대통령까지 보수 정권 내내 훈장도 추서하고 수십 년간 노력으로 유해봉환하여 대전 현충원에 안장까지 한 봉오동 전투의 영웅을, 당시로서는 불가피했던 소련 공산당 경력을 구실로 삼아 육사에서 그분의 흉상을 철거한다고 연일 시끄럽네요. 6·25전쟁을 일으켰던 북한군 출신도 아니고 그 전쟁에 가담했던 중공군 출신도 아닌데 왜 그런 문제가 이제 와서 논란이 되는가요?

참! 할 일도 없네요. 역사 논쟁, 이념 논쟁을 하는 것도 나쁘지는 않지만, 항일 독립전쟁의 영웅까지 공산주의 망령을 뒤집어씌워 퇴출하려는 것은 도를 넘어도 너무 과하네요. 그건 반의 역사입니다. 그렇게 하면 매카시즘으로 오해 받습니다. 그만들 하십시오. 그건 아닙니다.

2023. 08. 28.

▽ 오늘 모 유력 일간지 사설에 지금 88고속도로도 한산한데 경제성 낮은 달빛고속철도를 건설하려냐고 질타하는 기사를 보았습니다. 설득력 있는 논지임에는 이론의 여지가 없으나 이 사설에서 간과하는 사실이 하나 있습니다. 2030년에 가면 대구·경북 신공항이 건설되고 그 공항은 지금 기준으로도 B/C(비용 대비 편익)값이 1을 넘기는 경제성 풍부한 공항입니다.

유사시 인천 공항을 대치하는 남부권 중추 공항으로서 세계 각지 어디라도 갈 수 있는 활주로를 확보합니다. 그러면 영남, 호남, 충청, 강원 일부 등 한국민의 40% 이상이 머나먼 인천보다 이 공항을 찾을 것이고, 수도권 일극주의를 벗어나 진정한 지방시대를 이끄는 마중물이 될 겁니다. 호남의 여객, 물류도 인천으로 가지 않고 고속철도로 한 시간 거리인 TK 신공항으로 몰려올 것까지 예상하고 그런 사설을 썼는지 궁금하네요.

미래를 보는 상상력 없이 현재의 실상만 기준으로 세상을 예단한다면 그건 어리석은 일이지요. 마치 경부고속도로를 반대했던 당시의 야당들 태도와 비슷하네요. 그래서 사회 지도층들에게 통찰력(insight)이 필요한 시대라는 겁니다.

2023. 08. 30.

▽ **단상** 시늉만 하지 말고 실제로 집행해야 법무부 장관으로서 책무를 다하는 겁니다. 사형을 구형해도 흉악범이 왜 법정에서 검사를 농락하냐고요? 그건 집행이 안 된다는 걸 알기 때문입니다. 흉악범에게 휴머니즘이 왜 필요할까요?

▽ **10년 전** 경남지사로 내려갈 때 당 대표까지 지내고 격에 맞지 않는 자리가 아닌가 하고 말하는 사람들도 있었지만, 더 늦기 전에 내가 태어난 고향에서 일하는 것도 보람이 있을 거라고 말한 적이 있었지요.
1년 전 대구시장으로 내려가겠다고 말했을 때 많은 사람이 대선 후보까지 한 사람이 격에 맞지 않는다고 했지만, 더 늦기 전에 내가 자란 고향에서 일하는 것도 나쁘지 않다고 답한 적이 있습니다. 내려오길 참 잘했습니다. 검투사들만 우글거리는 여의도를 떠나 대구 굴기라는 크나큰 숙제를 풀어가는 과정이 참 재미있고 보람됩니다.
오늘은 치맥 축제가 열리는 날입니다. 이준석 전 대표가 축제에 오겠다고 해서 흔쾌히 오라고 했습니다. 그래도 우리 당 대표를 하면서 정권교체의 선봉장을 했던 사람인데 저렇게 홀대하는 게 맞나 싶네요. 본인 잘못도 있지만 그래도 저렇게 내돌리고 홀대하는 건 그렇네요. 정치, 참 비정한 겁니다.

2023. 09. 01.

▽ **계파의 줄**에서 눈치 보며 공천에 목매달고, 시키면 앞뒤 생각 없이 무작정 돌격대를 하고, 민심에 기반을 둔 정치보다는 계파 보스의 지시에 따라 움직이는 그런 정치인들만 판치는 지금의 여의도 여·야 정치는 참 유감스럽습니다. 국민도 이런 계파 정치의 폐해를 잘 알 텐데 왜 한국 정치는 아직도 70년대 계파 정치를 청산하지 못하는가요?

▽ **국정감사** 자료 제출 요구가 도를 넘고 있네요. 어느 의원은 70여 건의 자료 제출 요구도 하고 있는데 15분 정도 질문에 무슨 자료가 그리 많이 필요한가요? 국정감사 대상은 국비 투입 사무, 국가 위임 사무에 국한되고 지방 사무는 지방의회 행정조사 대상에 속합니다. 쏟아지는 국정감사 자료 제출 요구를 준비하느라 시정이 마비될 지경입니다. 그래서 국정감사 대상 자료만 제출하고 지방 사무 자료는 불응 사유를 적시하고 회신하라고 했습니다. 지방자치제도가 실시되고 난 뒤 이러한 원칙이 지켜지지 않아서 올해부터 대구시에서는 국가 사무와 지방 사무를 엄격히 구분하여 국정감사에 임하도록 할 것입니다.

2023. 09. 07.

▽ **지금** 한국 사회의 가장 고질적인 병폐는 소위 떼법입니다. 87년 민주화 이후 쏟아지는 요구들을 받아들이는 과정에서 이젠 그게 넘쳐 억지 요구도

떼를 쓰면 통한다는 떼법이 일상화되어 있고 오죽하면 헌법 위에 떼법 있다는 말이 횡행하겠습니까? 떼법에 한 번 굴복하면 그게 신호가 되어 떼법이 일상화되는 악순환을 반복하고 국가나 지방의 원칙이 무너지면서 무질서와 혼란이 옵니다. 이념보다 더 큰 해악은 떼법입니다. 이념 문제는 이미 우리 사회가 충분히 극복할 수 있는 성숙함이 갖추어져 있지만 떼법은 그렇지 않지요. 좀 더 합리적인 이성이 지배하는 사회가 되어야 선진국이라고 자부할 수 있습니다.

2023. 09. 09.

▽ 역사적인 인물에 대한 평가는 당시 시대정신을 기준으로 해야지 100년, 200년 지난 현재의 시대 상황을 기준으로 평가해선 안 됩니다. 한반도 동쪽 한 귀퉁이에 있던 신라가 외세인 당나라를 끌어들여 삼국을 통일한 역사적 사실을 지금 기준으로 보면 그게 온당했던 일인가요?
북만주를 호령했던 고구려가 통일했다면 지금 우리의 영토가 한반도로 쪼그라들었을까요? 그러나 그건 아니지 않나요? 당시 삼국이 서로 적국이었고 동족이라는 개념이 있었는가요? 철 지난 해묵은 공산주의 이념 전쟁은 구소련이 해체되면서 끝난 거 아닌가요? 지금 지구상에 공산주의 국가는 없지 않은가요? 전체주의 독재국가만 있을 뿐인데 그걸 공산주의로 포장하는 건 아무래도 아닌 것 같습니다. 우리가 홍범도 장군을 존경하는 것은 항일 독립전쟁의 영웅이었기 때문이지 불가피했던 소련 공산당원 홍범도는 아닙니다. 한국 사회에서 이념 전쟁이라면 우파·좌파, 보수·진보의 갈등과 대립이 아닌가요?

▽ **우파**의 중심 개념은 자유이지만 좌파의 중심 개념은 평등입니다. 그러나 그게 보수·진보와 바로 연결되지는 않습니다. 보수에서도 좌파적 보수가 있고 진보에서도 우파적 진보가 있습니다. 한국 사회의 좌우, 보수·진보 논쟁에 불을 붙인 분은 노무현 전 대통령이지만 진보 좌파를 친북 좌파로 둔갑시킨 사람은 문재인 전 대통령입니다.

지금 국민의힘은 보수 우파, 민주당은 진보 좌파를 표방하지만 자세히 들여다 보면 꼭 그렇지만은 않습니다. <u>한국 사회의 가장 큰 사상 문제는 친북 좌파가 진보로 행세하면서 국민을 현혹하는 겁니다. 우리가 지금 사상투쟁을 해야 한다면 바로 이러한 사이비 친북 좌파들입니다.</u>

2023. 09. 13.

▽ **어느 월간지**에 어떤 기자분이 홍준표 관련 기사를 쓰면서 나를 두고 특이한 정치인이라고 했습니다. 기존의 틀에서 놀지 않으며 계파에 속하지 않고 15대 국회의원 출신 중 우리 당에서 유일하게 현역으로 활동하는 '혼자 행동하는 정치인'이라고 평했지요. 그런데 내가 특이한 게 아니라 나는 지극히 정상인데 한국 정치판이 매우 비정상적으로 작동하니까 내가 비정상으로 보이는 겁니다.

40여 년 전 공직에 입문한 이래 나는 지금까지 변함없이 내 소신을 지키고 내 나라 내 국민을 위해서 일하고 있습니다. 혼자가 아니라 무리를 지어 다니지 않는 것인데 그걸 혼자로 보는 것도 유감입니다. 같이 일하는 훌륭한 사람들이 주위에 참 많이 있습니다. 여의도 정치 브로커는 차단하고 나라를 이끌어

갈 만한 사람들을 중심으로 자문그룹도 있습니다.

제한된 정보로 일방적으로 매도하는 일은 그 정도만 했으면 합니다. 지난 대선 경선 출발 때 국민 지지율 4%에 불과하던 것을 두 달 반 만에 네 명의 후보 중에서 48.21%까지 끌어 올렸던 힘이 아직도 있고 그 팀도 여전히 함께입니다. 그 힘은 패거리 정치에서 나오는 것이 아니라 국민에게서 나오는 겁니다. 혼자가 아니라 함께 가기에 힘이 있는 겁니다. <u>좌우가 하나가 되는 나라! 영·호남이 하나가 되는 나라! 남북이 하나가 되는 나라! 하나의 한국(ONE KOREA)을 향해 매진할 겁니다.</u>

2023. 09. 20.

▽ 전직 대통령은 모든 것을 역사에 맡기고 침묵해야 합니다. 북핵을 방조하여 국민을 핵 노예로 만들고, 재임 중 400조 원 빚을 내어 퍼주기 복지로 나라 재정을 파탄시켜 부채 1천조 원 시대를 만든 사람이 아직도 무슨 미련이 남아 갈등의 중심에 서 있나요?

기르던 강아지 치료비가 아까워 그것도 포기한 그 심성으로 나라 운영을 했으니 오죽하겠나요?

이제 그만 조용히 살았으면 좋으련만.

2023. 09. 22.

▷ **국무총리 해임건의안**이 통과되었고 야당 대표 체포동의안도 통과되었습니다. 다음 주 있을 대법원장 인준동의안이 무사히 처리될까요? 앞으로 있을 각종 특검법안과 노란봉투법, 방송법도 양극단을 치닫고 있습니다. 멍드는 건 민생인데 정치는 실종되고 술수와 오기만 남았습니다. 여의도를 폭파해 버리자며 국민의 분노가 들끓고 있다는 것을 여의도 정치인들은 듣고 있는지? 추석 민심이 겁납니다.

2023. 09. 24.

▷ **정권**과 운명을 같이 할 사람들이 많을 때 그 정권은 성공하는데, 정권을 이용해 자기 살길만 찾는 사람들이 득세할 때 그 정권은 허약하고 어려워집니다. 그건 여느 정권에서나 마찬가지였습니다. 진보 좌파 정권 때는 정권 보위 세력들이 충만했으나 보수 우파 정권 때는 정권 보위 세력보다 자기 출세욕만 앞세운 사람들이 더 많아 정권 중반기부터 늘 고전했습니다.
박근혜 탄핵 때 박근혜 사진을 걸어 놓고 국회의원에 당선된 사람들이 제일 먼저 배신하지 않던가요? 이명박 구속 때 누가 나서서 그 부당성을 외쳤는가요? 모두 침묵하지 않았던가요? 그게 보수 우파의 현주소였습니다. 내년부터는 어떻게 될지 지켜볼 일입니다.

2023. 09. 25.

▽ **강서구청장** 보궐선거는 내년 총선 수도권 민심을 미리 확인해 보는 리트머스 시험지가 될 것입니다. 야당이 저렇게 죽을 쑤는데도 여당이 이를 압도하지 못하고 밀리는 것은 참으로 유감스럽네요. 강서구청장 보궐선거에 지는 진영은 메가톤급 충격이 있을 겁니다. 사전투표가 20%대에 이른다면 그건 야당이 유리하고 투표율이 낮다면 그건 여당에 희망이 있을 겁니다.
단순한 보궐선거가 아니라 내년 수도권 총선 기상도를 미리 보는 중요한 일전입니다.

▽ **연쇄살인범**을 서울 구치소로 모두 이감시킨 터에 이번에는 그들 모두 사형 집행하는 게 어떤가요? 국민 70%가 흉악범 사형 집행을 찬성하고 있고 계속되는 모방 흉악범들이 날뛰고 있어 사회불안이 가중되고 있습니다. 나아가 법정에서 검사의 사형 구형을 조롱하는 흉악범들도 생겨나는 판에 가해자의 생명권은 중하고 수많은 무고한 국민의 생명권은 깡그리 무시해도 되는 건가요?
법무부 장관은 사형 확정 후 6개월 이내에 집행하도록 형사소송법에 규정되어 있는데, 한동훈 장관이 다른 법무부 장관들과 똑같이 직무를 유기하는지 이번에 우리 한번 지켜봅시다.

2023. 09. 26.

▷ **이명박·박근혜** 전 대통령이 구속될 당시 우리 진영의 정치인들이나 지지 세력들이 뭉쳐서 반대하거나 집단으로 반대 의사표시를 한 적이 있었던가요? 최근 이재명 대표의 구속영장 실질 심사를 두고 민주당 인사들이나 그 지지 세력들이 집단으로 항거하는 모습을 보고 참 부럽다는 생각을 지울 수 없습니다.

혐의 내용도 그 두 분보다 무겁기 그지없고 두 전직 대통령 수사처럼 정치 수사가 아닌 범죄 수사임에도 불구하고 그들은 똘똘 뭉쳐 이재명 대표를 호위하고 있습니다. 진영 논리인가요? 뻔뻔함인가요? 불가사의한 일들이 벌어지고 있습니다. 부디 이번에는 결판을 내고 한국 정치가 정상으로 돌아갔으면 합니다.

2023. 09. 27.

▷ **지난 2년 동안** 부패 사건의 중심에 섰던 이재명 대표 사건이 어젯밤 구속영장이 기각되어 불구속으로 결론이 났네요. 닭 쫓던 개 지붕 쳐다보기이지만 국민의힘은 이제부터라도 이재명에만 매달리는 검찰수사 정치는 버리고 여당다운 정책 정당으로 거듭나는 모습을 보일 필요가 있습니다. 대법원장 인준 문제로 영장 발부 여부를 반반으로 보았는데 그나저나 영장 담당 판사 한 명이 흔들리는 대법원장 후보를 구제하는 기막힌 결정을 했네요.

▽ 이번 이재명 대표 영장 기각은 불법(不法, illegal)과 부당(不當, unfair) 사이에서 고민하다가 부당을 선택한 것으로 보입니다. 때로는 부당이 불법보다 덜 나쁘게 보일 수도 있지요. 감성이 이성보다 앞설 때가 있는 것처럼 말입니다. 그러나 <u>판사는 감성보다 이성을, 부당보다는 불법을 응징하는 게 맞지요.</u>

개딸에 굴복을 운운한 논평은 여당답지 않게 저급해 보입니다. 정치권 논평이 고급스럽고 해학적이고 촌철살인다울 때가 박희태, 박지원 여야 대변인이었을 때인데 요즘은 여야 모두 대변인들의 질이 그때보다 한참 떨어집니다.

2023. 10. 01.

▽ 야당 대표는 국민으로부터 인정받으면 되는 거지 대통령에게 인정받으려고 할 필요는 없지요. 굳이 이재명 대표가 대통령을 만나려고 하는 것은 사법 위험성을 완화해 보려고 하는 것일 뿐 민생과는 아무런 상관이 없는 것으로 보입니다.

김기현 대표와는 격이 맞지 않아 안 만나고 대통령과 만나 격을 높이려고 하는 것도 난센스지요. 그렇다고 해서 이재명 대표가 대통령 격으로 올라가는 것도 아닙니다. 일단 불구속되었으니 인제 대통령에게 목매달지 말고 당이나 봉합하시고 스스로 민생 정치를 함이 옳지 않겠습니까?

2023. 10. 06.

▽ 대법원장 임명 동의안 부결

무리하게 이재명 대표 구속영장도 기각해 줬는데 그 은혜도 모르고 배은망덕합니다. 이재명 대표 구속영장은 대법원장 표결 후 청구해야 했는데 무얼 그리 급하게 서둘렀는지, 추석 밥상 민심을 기대한 거 같은데 둘 다 망쳐서 유감입니다.

2023. 10. 09.

▽ **박근혜** 정권 궤멸 후 동지의 등 뒤에 칼을 꽂고 나가서 가까스로 일어서려는 자유한국당을 아침마다 저주하던 자들을 잊지 못합니다. 그런 건 사감(私感)이 아니고 공분(公憤)이라고 하는 겁니다. 어쩌다 또 한편이 되었다고 한들 한 번 배신한 자들이 두 번 배신을 안 할까요? 아무리 사이비 개혁의 탈을 쓰고 몸부림쳐도 동지를 배신한 자는 배신자일 뿐입니다.

개혁 정책 하나 없이 눈만 뜨면 당과 정권 비난만 일삼는 자들이 무슨 생각으로 당에 남아 있는가요? 나는 다섯 번이나 수도권 험지에서 출마했으니 할 만큼 했습니다. 그런 거 두고 시비 걸 자격이 없습니다. 똑같은 부류, 자격도 안 되는 자들이 지금도 우리 당내에서 개혁을 빙자해 깐죽대는 것은 참으로 유감입니다.

▽ **유럽**에서는 우크라이나 전쟁 중이고, 아시아에서는 중국이 양안 전쟁을 위협하고 있고, 중동에서는 제5차 중동 전쟁이 임박했는데 아무리 미국이 세계 경찰로 자부하더라도 세 개의 전쟁은 감당하기 어렵습니다. 그런 판에 북한은 계속 우리를 핵으로 위협하고 있으니 국가 안보가 참 걱정입니다. 그런데도 여의도에서는 여야가 정신을 못 차리고 있으니 참 답답하네요.

2023. 10. 12.

▽ **강서 보선**의 역대급 참패는 총선 6개월을 앞두고 수도권 민심을 확인하는 중요한 계기가 되었습니다. 그렇지만 이러한 역대급 참패를 우리는 새로운 기회로 삼아야 합니다. 통상 민심을 움직이는 데 과거에는 6개월 이상이 걸렸지만, 지금은 각종 매체의 발달과 SNS의 힘으로 3개월 정도면 충분합니다. 당정 쇄신(黨政刷新)이 시급합니다.
새로운 모습으로 국민 앞에 서야 합니다. 이대로 외치는 것이야말로 기득권 카르텔에 갇혀 있는 겁니다. 이번 참패를 기회로 전환하는 지혜가 필요해 보이는 가을날 아침입니다. 족집게처럼 결과를 맞힌 이준석 전 대표는 어떻게 자기 선거에서는 세 번이나 실패했는지 의아합니다만, 이번에는 내공이 쌓였으니 성공하리라 믿습니다. 이제부터는 부디 평론가에서 우리 당의 전 대표로 돌아오시기를 바랍니다.

2023. 10. 13.

▽ **얼굴** 전체를 바꾸는 성형수술을 해야지 화장을 한다고 그 얼굴이 달라지나요? 아직 시간이 있는데 근본적인 당정 쇄신없이 총선 돌파가 되겠나요? 각종 참사에도 정치적으로 책임지는 사람 없고 당력을 총동원한 총선 바로미터 선거에도 책임지는 사람이 없다면 내년 총선은 암담합니다.

▽ **2011. 10.** 서울시장 보선을 패배하고 연이어 디도스 파동으로 당이 어려울 때 그 결과책임으로 나는 당 대표직을 사퇴한 일이 있었고, 2018. 6. 지방선거 때 문재인, 트럼프, 김정은이 합작한 위장평화 쇼로 국민 80%가 속아 마치 통일이 눈앞에 온 듯이 들떠 있었는데 나 홀로 위장평화 쇼라고 주장하다가 막말, 악담으로 몰려 결과적으로 지방선거 참패하는 날 또 한 번 나는 당 대표직을 사퇴했습니다. 그게 책임정치라고 생각했고, 두 번의 사퇴 때 내가 잘못해서 이 지경을 만들었다고 생각하지는 않았지만 사법 책임과는 달리 행위 책임이 아니라 결과책임이기 때문에 당연히 사퇴하는 게 바르다고 생각했습니다. 공직에 들어선 이래 40여 년 동안 비루하게 살지 않고 당당한 상남자로 살았고 또 그렇게 살았기 때문에 아직 국민이 현역으로 있게 해 준 겁니다. 책임정치가 실종된 시대에 우리는 살고 있지만 그래도 비루하게 책임을 회피하고 다른 사람에게 미루면서 살면 안 되지요.

보선 참패는 전적으로 당이 잘못한 겁니다. 대통령실로 화살을 돌리는 것은 책임회피입니다. 그렇게 하면 본인뿐만 아니라 당과 나라에도 큰 해가 됩니다. 책임질 사람들이 사퇴하고 나면 새로운 길이 열립니다. 아무도 공천 때문에 말 못 하고 가슴앓이만 하고 있어서 내가 대신합니다.

2023. 10. 14.

▽ **패전의 책임**은 장수가 지는 것입니다. 부하에게 책임을 묻고 꼬리 자르게 하는 짓은 장수가 해선 안 될 일입니다.

그 지도부로는 총선을 치르기 어렵다고 국민이 탄핵했는데 쇄신 대상이 쇄신의 주체가 될 자격이 있나요?

모두 지도자답게 처신했으면 좋겠습니다. 그게 당과 나라를 위한 길입니다. 당 밖으로 눈을 돌리면 용산의 간섭 없이 독자적으로 공천하고 당을 이끌어 가면서 총선을 치를 훌륭한 분들이 있습니다.

지금 지도부는 태생의 한계 때문에 총선 앞두고 또 도장 들고 도망칠 소지가 다분합니다. 정권과 나라의 운명을 좌우할 총선입니다. 모두 심각하고 냉정하게 대처해야 합니다. 파천황(破天荒)의 변화 없이는 총선이 어려울 것입니다.

▽ **당 대표**가 당무를 잘못해 책임지고 물러나면 원내대표가 직무대행으로 수습합니다. 그런 적이 여야 정당에 한두 번 있었던 게 아닙니다. 당헌에도 그렇게 되어 있고 늘 정당은 그렇게 운영됐지요. 그걸 초 친다고 표현한 것은 좀 심했습니다. 책임져야 할 사람이 물러나지 않고 혼자 남아서 수습하겠다고 우기는 것이 오히려 난센스지요.

2023. 10. 17.

▽ **영남권** 중진 수도권 차출론은 전혀 실현 가능성 없는 정치 모델입니다.

영남권 중진이 수도권으로 지역구를 옮겨본들 당선될 만한 사람이 없습니다. 황교안 대표 시절에 김형오 공관 위원장이 일부 실험을 해 본 일이 있지만 모두 실패했습니다. 오히려 영남권 중진들의 용퇴를 권고하는 게 맞겠지요. 그러나 그런 물갈이 공천을 하려면 우선 지도부부터 솔선수범해야 가능할 겁니다.

수도권에서 다섯 번이나 출마해 봤던 나로서는 수도권 선거의 특성을 무엇보다 잘 아는데 공천이 곧 당선과 직결될 가능성이 큰 영남권 출신들이 갑자기 수도권에 차출되어 가 본들 그 선거를 감당해 나갈 수는 없지요. 아직 시간이 있습니다. <u>살신성인한다는 자세없이 요행수만 바라는 선거 전략은 참패합니다. 선거는 과학입니다.</u>

2023. 10. 18.

▷ **페이스북**이 생기고 난 뒤부터 정치하기가 훨씬 편리해져서 국회 정론관을 가지 않아도 내 생각을 국민에게 쉽고 빠르게 전달할 수 있습니다. 중학교 시절부터 쓰던 일기가 페이스북 시대에 와서는 어느덧 정치 일기가 된 겁니다.

나는 페이스북 정치 일기를 핸드폰 자판으로 쓰기 전 30분 정도 생각하고, 정리되면 쓰는 데는 십여 분가량 걸립니다. 쓰고 난 뒤 오탈자 수정 과정을 거쳐 최종 문장을 만드는 데는 추가로 5분 더 소요됩니다. 하루에 한 시간 정도 페이스북 정치에 할애하는 셈이지요.

아침에 쓰는 때도 있고 저녁에 쓰는 때도 있고 운동하다가 카트 타고 쓰는 때도 있고 긴급할 때는 근무 시간 중에 쓸 때도 있습니다. 혹자는 이걸 두고 자치단체장이 지방 사무에만 신경 쓰지 중앙정치에는 왜 관여하냐는 시비도 걸지만 나는 국회의원 다섯 번, 원내대표, 당 대표 두 번, 지방자치단체장을 세 번이나 한 정치인입니다.

다른 지방자치단체장과는 경력이 다르지요. 대구시장으로서 역점을 두고 일하나 간간이 틈을 내어 중앙정치에 의견을 내기도 합니다. 나라가 잘되어야 지방도 잘되는 거라서 늘 그런 자세로 정치를 합니다.

그동안 페이스북 글을 모아 <꿈꾸는 로맨티시스트> <꿈꾸는 옵티미스트> <꿈꾸는 대한민국>이라는 세 권의 책을 출간했는데 지난 4년간의 페이스북의 글을 모아 이번에 네 번째 책을 출간합니다. 짧은 문장 속에 촌철살인의 기개가 있고 그날의 대한민국 정치 상황을 알 수 있는 내용이 될 겁니다.

2023. 10. 19.

▽ 장면 1

1997. 12. 이회창 후보를 앞세우고 우리는 대선 기간 내내 DJ 비자금 사건만 물고 늘어졌는데 선거 결과 패배했습니다. 물론 우리 내부 분열과 IMF 파동, 병역 비리 의혹도 있었지만, 우리는 DJ와 달리 국민에게 미래 비전을 제시하지 못했고 오로지 검찰만 바라보고 DJ 비자금 대선을 한 것이 패인이었습니다.

▽ **장면 2**

지금 미국 대선에서도 민주당은 트럼프 비리에만 집착해 여러 차례 기소까지 했으나 그럼에도 여전히 유력한 차기 후보는 트럼프로 나타나고 있습니다. 이 현상은 어떻게 설명해야 할까요?

▽ **장면 3**

지난 1년간 우리는 이재명 대표 비리에만 집착해 수사하고 여러 차례 기소까지 했으나 그런 민주당에 이번 강서 보선에서는 참패했습니다. 지난 대선에서도 그런 이재명 후보에게 0.7%밖에 앞서지 못했습니다. 위 세 장면에서 우리가 깨달아야 할 게 무엇일까요? 앞으로 우리는 총선에서 이기기 위해 무엇을 어떻게 해야 할지 다시 되돌아볼 때입니다.

▽ **내년 총선**은 진영 대결이 최고점에 이르는 총선이 되고, 제삼지대가 발붙이기 어려운 선거 환경이 조성될 겁니다. 유승민·이준석이 탈당하고 나본들 의미 있는 득표율을 기록하기 어려울 것이고, 당선되기 위해 나가는 것이 아니라 우리 당을 떨어트리기 위해 나가는 것은 과거 대선 때 이정희 후보 같은 역할을 할 수밖에 없으므로 국민의 호응을 받기가 어렵습니다.
한 번 배신하고 당을 쪼갠 경력이 있는 사람들이 또다시 그런 짓을 하면 국민은 절대 그런 사람들을 지지하지 않습니다. 지금 그 두 사람에게 의미 있는 지지율이 나오는 것도 아직도 우리 당에 있으면서 다른 목소리를 내기 때문입니다. 그 두 사람이 탈당해서 신당 차리는 거는 전혀 우려할 필요가 없습니다. 자투리 신당을 해 본 사람들이기 때문에 이번에는 그럴 일이 없을 겁니다. 선거의 득표는 단순히 산술적 계산으로 하는 게 아닙니다.

2023. 10. 22.

▽ 집창촌의 대명사였던 청량리 588을 강제 폐쇄하고 그 자리에 주상복합 단지를 건설하겠다는 당시로서는 황당한 발상을 이명박 서울시장의 도움으로 추진하던 중 2012. 7. 동대문을 떠났습니다. 이제 그 사업이 곧 준공을 앞두고 있고 거기에 UAM 이착륙장도 건설해 김포까지 연결한다는 이필형 동대문 구청장의 구상을 접하고 보니 참 감개무량입니다.

거기에 덧붙여 청량리에서 인천 공항까지 UAM 노선도 추진하면 금상첨화가 될 겁니다. 동대문에 GTX 역사까지 들어오면 서울 동북부의 중심도시가 될 것인데, 상대적으로 낙후된 동대문갑 지역도 고대 앞 대학촌을 홍대 거리처럼 만드는 등 이필형 구청장께서 신경을 써 주시기를 바랍니다.

동대문을에서 국회의원 11년을 하면서 뉴타운, 재건축, 도시환경정비 등으로 전농동, 답십리, 장안동을 강남처럼 만들었고 장안동 퇴폐 거리를 정화해서 살기 좋은 동대문을 만들었던 그 젊은 국회의원 시절이 그립네요. 세월 참 빠르네요.

2023. 10. 23.

▽ 이재명 대표는 대통령과 단독 회담으로 자신의 격을 대통령급으로 만들려고 노력하는데 그런 눈치를 아는지 모르는지 김기현 대표는 이재명 대표와 단독 회담으로 자기 자리를 확고히 하려고 노력하고 있네요.

둘 다 그런 헛된 망상하지 마시고 자신에게 주어진 책무에만 전념하는 게 맞지 않나요? 대통령께서는 이재명 대표를 범죄 혐의자로 보고 만나 주지 않을 것이고 이재명 대표는 김기현 대표를 용산출장소장 쯤으로 보는데 만나 줄까요? 하기야 착각의 자유는 정치인들만이 가지는 특권이긴 하지만.

2023. 10. 25.

▽ **최소한 응답률** 10% 이상, 전화 면접조사만 발표하도록 해야 합니다. 이건 2017년 자유한국당 대표를 할 때부터 내세운 일관된 주장이었습니다. 응답률 10%에도 못미치는 여론 조사를 어찌 국민 여론이라고 할 수 있고, 설계에 따라 마음대로 조작할 수 있는 ARS 조사로 어찌 여론을 알 수 있는가요? 응답 수를 못 채워 가중치 부여라는 기발한 방법으로 보정되어 발표되는 여론 조사를 어찌 믿을 수 있나요?

미국에서 50개 주 3억 명이 넘는 국민을 대상으로 1,000명 정도 하는 여론 조사도 신뢰할 수 있는 것은 전화 면접조사에서 그 지역 여론을 정확히 반영하는 표본 대상을 선정하고 응답률은 15% 이상일 때만 발표하기 때문입니다. 특정한 의도를 갖고 여론 조작이나 하는 여론 조사업체는 이참에 입법으로 정비해야 합니다. 난립한 사이비 여론 조사가 세상을 어지럽힙니다.

▽ **1인 방송 시대**가 올 거라고 예상하고 대국민 소통 수단으로 5년 전 TV홍카콜라를 만들어 정치 유튜브 시대를 본격적으로 열었는데 어느덧 구독자가 66만 명이 넘었습니다. 그러나 출범 초기부터 지금까지 나는 TV홍카콜라 경영에는 전혀 관여하지 않고 상표권만 갖고 있고, 경영은 영입한 사람들이

독자적으로 운영하고 있습니다.

수익도 단돈 1원 받은 일 없고 편집에도 관여치 않습니다.

최근 한국 정치 유튜브 시장은 혼탁하게 변질되어 가짜 뉴스의 진원지가 되었고 자극적이고 허위·과장된 극우 성향의 유튜버인 일명 '틀튜버'들만 설치는 난장판이 된 것은 참으로 유감입니다. 최근 허위 폭로나 인신공격을 일삼다 문을 닫은 극우 유튜버의 말로를 보고 국민이 깨달아야 할 텐데 아직도 노년층들을 상대로 그런 짓을 하는 일부 유튜버들은 유튜브 시장에서 축출되어야 여론이 왜곡되지 않는 대한민국이 될 겁니다.

2023. 10. 26.

▷ 혁신은 가죽을 벗기는 고통을 수반합니다. 혁신위원장에게는 현재를 보는 예지력(foresight)과 미래를 보는 통찰력(insight)이 있어야 하는데 그렇게 되려면 정당과 정치, 시대의 흐름을 읽을 줄 알고 권력에도 굴하지 않아야 합니다.

전권을 운운하는데 전권은 당 대표가 부여하는 게 아니고 혁신위원장이 쟁취하는 겁니다. 당 대표가 당 운영을 잘못해서 혁신위원회를 발족했는데 당 대표가 혁신위 활동을 간섭하는 것은 어불성설이지요. 모양 갖추기 혁신위로는 자칫하다가는 민주당 혁신위처럼 혁신위원회가 아니고 망신위원회가 될 수도 있습니다. 지금 정치판에서 그런 능력을 갖춘 분은 여야를 통틀어 윤여준, 김종인, 김한길 정도가 아닌가 생각했는데 푸른 눈의 혁신위원장께서 아무쪼록 잘 하시기를 기대합니다.

2023. 10. 29.

▷ **내가** 이 당을 30여 년간 지켜온 본류입니다. 어디서 왔는지는 모르지만 당권을 잡았다고 설치면서 당원들을 이간질하고 권력의 앞잡이가 되어 세상 모르고 날뛰어 본들 내년 총선 후면 국민이 다 정리해 줍니다. 총력을 다해도 이기기 힘든 총선을 앞두고 가리고 내치고 한 줌도 안 되는 세력으로 무슨 큰 선거를 치르겠나요?
내년 총선 후 새로운 세력과 함께 다시 시작하면 됩니다. 국민 신뢰를 상실한 지도부가 총사퇴하고 새판을 짜야 하는데, 고만고만한 당신들끼리 이 난국 돌파가 가능하겠나요?

2023. 11. 01.

▷ **부산·경남**을 통합해서 부산 특별시로 만들고, 대구·경북을 통합해서 대구 특별시로 만들고, 광주·전남을 통합해서 광주 특별시로 만드는 등 지방 시·도를 통합해 메가시티로 만드는 것은 지방화 시대 국토 균형 발전을 위해 바람직할지 모르나, 대통령께서도 지방화 시대 국토 균형 발전을 가장 중요한 정책으로 삼고 연일 회의를 여는 마당에 이미 메가시티가 된 서울을 더욱 비대화하고, 수도권 집중 심화만 초래하는 서울 확대 정책이 맞나요? 시대에 역행하는 정책이 아닌가요? 뭐가 뭔지 어지럽네요.

2023. 11. 04.

▷ **내가** 지난 30여 년 정치하면서 당의 권력 구도가 수없이 바뀌어도 여전히 현역으로 활발하게 정치할 수 있는 것은 그 기반이 권력자에 있지 않고 국민에게 있기 때문입니다. 김영삼 대통령 시절의 상도동계, 이회창 총재 시절의 칠상시 그룹, 이명박 대통령 시절의 친이계, 박근혜 대통령 시절의 친박계…. 숱한 계파들이 명멸해 갔고 그 계파를 등에 업고 득세하던 세력들이 명멸해 갔지만 나는 여전히 건재합니다.

그런데 윤석열 정부 들어와서 설치는 자칭 친윤계 그룹은 정권 출범 초기부터 초선, 원외조차도 대통령을 등에 업고 당내에서 호가호위하면서 그 행패가 자심하였습니다. 그 결과 당의 위계질서가 무너지고, 선후배가 없어지고, 중진들조차 이들의 눈치나 보면서 무력해지는 당내 무질서가 만연했습니다. 그래서 오늘의 당은 중심 세력이 사라진 기현상을 초래한 것입니다.

잘 알려지지도 않은 사람들이 지도부를 이루어 헛소리로 선배들을 능멸하고, 당내 통합보다는 한 줌도 안 되는 좀비 세력 규합으로 이견 있는 사람은 모함이라도 해서 모욕하고 내치는 데만 주력하다가 지금의 위기가 온 것입니다. 위기의 본질을 알아야 그 처방이 나오는데 아직도 그들은 좀비 정치나 하면서 시대에 역행하는 정책에만 집중하고 있습니다.

총선에서 지면 식물 정부가 되는데 그걸 심각하게 받아들이는 사람이 없습니다. 나는 2년 전 이런 혼란을 예견하고 난을 피해 하방했지만 곧 나라도 살아야겠다는 대탈출이 당내 자칭 친윤계에서부터 급속히 퍼질지도 모릅니다.

2023. 11. 05.

▷ **나는** 21대 우리 당 국회의원들이나 당협 위원장들과는 극히 일부를 제외하고는 아무런 채권·채무도 없습니다. 그건 대선 후보 경선 당시 국회의원 대부분이나 당협 위원장들이 다른 후보 진영으로 가 있었기 때문입니다.

그래서 지난번에 내년 총선 후 바뀐 정치 지형 아래서 다시 시작한다고 했는데 그걸 일각에서는 탈당으로 받아들였던 모양입니다. 나는 이 당을 30여 년간 지켜온 본류입니다. 들어왔다 나갔다 하는 지류가 아니고 본류입니다. 지난번에는 황교안 대표에게 쫓겨났지만, 이번에는 절대 탈당 안 합니다. 본류가 제 길을 이탈하면 그건 대홍수가 되지만 탄핵 와중에서도 당을 지키고 살린 내가 탈당하는 일은 절대 없습니다. 곧 정계 빅뱅이 올 것으로 보입니다. 잘 대처하기를 바랍니다.

2023. 11. 06.

▷ **공천 물갈이**는 객관적인 기준이 있어야 합니다.

선수를 기준으로 하는 게 아니고 객관적인 수치에 미달하면 누구라도 쳐낼 수 있어야 합니다.

예컨대 당 지지율이 5%, 10%, 15%에 미치지 못하면 누구라도 현역 국회의원, 현역 당협 위원장을 컷오프하는 기준을 마련하고 영남과 서초·강남·송파·용산·강동은 5%, 충청·강원은 10%, 수도권 험지는 15% 컷오프 기준을 적용한다면 저항이 없이 손쉽게 선수 구분 없이 물갈이될 수가 있을 것입니다. 선수가 많다고 물갈이 대상이 된다는 건 억울한 일입니다.

초선도 감이 아닌 국회의원이 얼마나 많나요? 17대 공천 때는 보궐선거 출신 초선도 기준 미달이라고 보고 쳐낸 적 있습니다. 내년에는 아마도 50% 이상 물갈이되어야 새로운 정당으로 국민 앞에 설 수 있고 쇄신의 바람으로 그나마 선거라도 해 볼 것입니다. <u>혁신위에서 시급하게 할 일은 특정 인사, 특정 지역 겨냥이 아닌 객관적인 퇴출 기준을 만드는 일입니다.</u>

물론 대통령 주변 인사들이나 지도부가 우리 당 강세 지역에 출마하는 것은 내년 선거에 전혀 도움이 되지 않을 것임은 자명합니다. 시스템 공천은 바로 이런 것이고, 객관적인 기준이 마련된다면 현역에게만 마냥 유리한 상향식 공천은 능사가 아닙니다.

2023. 11. 07.

▷ **노무현** 대통령 이래 지난 20여 년간 대한민국의 화두는 수도권 집중 완화와 국토 균형 발전이었고, 윤석열 대통령 시대에 와서는 그것을 더욱 심화시켜 지방화 시대를 선언하고 대한민국 어디에서나 똑같이 잘사는 시대를 만들고자 노력하고 있습니다.

그런데 뜬금없이 서울 메가 시티론을 들고나왔고 수도권 집중을 더욱 심화시키는 김포시 서울 편입을 밀어붙이고 있습니다. 지방 자치 시대에 행정구획 개편은 각종 저항으로 난제 중 난제일 뿐만 아니라 지방화 시대에 역행하는 반시대적 발상이 아닐 수 없습니다.

서울 위성도시 일부 표를 노리고 추진하곤 있지만 경기도 전체의 반감을 살

뿐만 아니라 서울 강북 시민들의 반감도 살 수 있고 충청 이남 지방 주민들의 반감은 더더욱 커집니다.

대수도론(大首都論)을 주장하던 김문수 전 경기지사가 우리 당의 텃밭인 대구에 와서 왜 낙선했는지 생각해 보았는가요? 그걸 지역 이기주의로 모는 것도 참 웃기는 발상입니다. 그건 국가 백년대계를 위한 올바른 정책이기 때문에 국민 전체가 동의하는 것입니다.

김포 서울 편입론은 반짝 특수나 노리는 소위 떴다방을 연상시킵니다. 선거는 정도로 우직하게 국민을 설득하는 것입니다. 내년 3월쯤 그런 떴다방식 정책을 추진했으면 몰라도 총선까지 6개월이나 남았는데 시대정신에 역행하는 떴다방 정책이 성공할 수 있을까요?

2023. 11. 08.

▽ 그렇게 조리돌려놓고 다시 들어오너라 라고 시혜적 조치를 취한다고 이준석이 돌아오겠나요? 이준석 사태는 당 지도부가 초래한 건데 통합은 혁신위 소관이라는 희한한 논리는 수긍이 되나요?

전권을 준다고 했으니 혁신위 요구는 모두 받아들이는 게 순리 아니겠나요? 혁신은 가죽을 벗기는 고통을 수반하는 것입니다. 고통 없이 희생 없이 혁신을 할 수 있겠나요? 집착을 버리면 새로운 세상이 보입니다.

2023. 11. 09.

▽ **조선일보**다운 예측 기사 씁니다.
이준석 신당 출현하면 내가 이준석 신당 민다?
참 조선일보다운 발상입니다. 나는 지난 30여 년간 이 당을 단 한 발짝 벗어난 적이 없습니다. 황교안 때는 내가 나간 게 아니라 황교안에게 일시 쫓겨난 것일 뿐입니다. 당이 내게 해 준 게 없어도 나는 당을 단 한 번도 배신한 적 없습니다. 그간 10여 차례 선거에서도 당의 힘을 빌려 선거한 게 아니라 오로지 내 힘으로 했습니다. 조선일보는 소설을 그만 썼으면 합니다. 잘 알지도 못하는 사람들을 취재해서 쓴 그런 터무니없는 음해성 기사는 그만 내려놓으십시오.

2023. 11. 15.

▽ **혁신위**에 전권을 주고 영입했는데 당 대표가 혁신위를 비판한다?
그건 자가당착입니다. 혁신위는 당 대표가 잘못했기 때문에 만든 것인데, 그게 제 마음에 안 든다고 당 대표가 혁신위 활동을 제한하고 감시한다는 건 자기 부정입니다. 우리 당이 무기력하게 끌려다니다가 오랜만에 국민의 주목을 받는 건 인요한 혁신위원장의 거침없는 행보 때문입니다. 혁신안을 수용하고 당을 새롭게 하십시오. 그래야 그나마 내년 총선이라도 해 볼 수 있습니다.

2023. 11. 16.

▽ 태산명동서일필(泰山鳴動鼠一匹)이 되어가는 느낌입니다. 한두 번의 공포탄에는 위협을 느끼지만, 계속되는 헛소리는 전혀 감흥이 없습니다. 반윤을 기치로 신당을 만들어도 진영 논리가 굳건해진 지금 별다른 세를 모으기 어려울 겁니다. 제삼지대 신당은 기존 정당과 다른 긍정적 정당이 되어야 하는데, 지금처럼 부정적 일변도로는 기반이 약해 쉽게 만들어졌다가 사라지는 포말정당이 되기 쉽지요. 영악한 분이니 잘 헤쳐 나가리라 믿습니다만 우리 당과 정체성이 맞지 않는 주사파 출신, 친북인사들은 데려가십시오. 이번에 나가면 두 번째 가출입니다.

2023. 11. 24.

▽ 단상 1
정치는 법률로 하는 게 아니라 가슴으로 하는 것입니다.

▽ 단상 2
화려한 말 잔치는 순간일 뿐이고 깊은 여운이 있는 메시지가 필요합니다. 진심이 없는 보여주기식 정치는 곧 시듭니다.

▽ 단상 3
시대의 흐름에 역행하는 자리 지키기는 본인도 죽고 당도 죽습니다.

2023. 11. 29.

▽ **나는** 비판 보도는 언제나 환영합니다. 그런데 악의적인 거짓 보도를 해 놓고 거기에 대응했을 때 언론의 자유를 내세우는 건 아무래도 아니지요. <u>언론의 자유가 거짓 보도의 자유는 아니지요.</u> 경남지사 시절 경남 모 방송사의 거짓 보도에, 당 대표 시절 모 종편의 거짓 보도에, 그리고 이번 대구 MBC의 거짓 보도에 같은 방식으로 대응을 하고 있습니다.

매체가 워낙 많다 보니 지라시 같은 보도도 넘쳐 나는 게 요즘 언론 현실입니다. 웬만한 건 그냥 넘어 갑니다만 악의적인 거짓 보도는 용납하지 않습니다. 언론의 자유는 진실을 보도할 때 보장되는 겁니다. 지라시 같은 보도는 언론 자유의 범주에 속하지 않습니다.

2023. 12. 01.

▽ **엑스포** 발표 이틀 전 유력 일간지 헤드 타이틀로 '49 대 51 막판 역전 노린다.'고 전 국민을 상대로 거짓 정보를 보도케 하고, 미국서 돌아온 대통령에게 박빙이라고 거짓 보고하고 이틀 만에 또 파리로 출장 가게 한 참모들이 누군지 밝혀내 <u>징치(懲治)</u>해야 하지 않겠나요? 그런 무능하고 아부에 찌든 참모들이 나라를 어지럽게 하고 정권을 망칩니다. <u>유치 실패가 문제가 아니라 세계의 흐름을 바로 보지 못한 관계 기관의 무지와 무능이 문제입니다.</u> 이재명, 김기현에게 꽉 막힌 국내 정치 돌파구도 연말에는 찾아야 할 텐데요.

2023. 12. 04.

▷ **인요한** 혁신위는 당내 기득권 카르텔에 막혀 해체 위기에 있고 이준석은 눈앞에서 아른거리면서 앞길을 막고 있습니다. 대통령실 인사들은 모두 양지를 찾아 떠나고 미숙한 참모들만 데리고 힘든 국정을 끌고 가야 하네요. 당마저 사욕에 눈멀어 도와주지 않고 첩첩산중에서 나 홀로 백척간두에 섰으니 다가오는 엄동설한을 어찌할꼬.

2023. 12. 07.

▷ **정부**가 반대한다고 의원 입법을 포기하는 것은 국회의원 스스로 권한을 포기하는 겁니다. 나아가 헌법상 보장된 입법권도 포기하는 반 헌법적 행태입니다. 헌법은 국회 입법권을 견제하는 수단으로 대통령의 거부권을 두고 있고 입법은 그 절차대로 시행하면 됩니다. 스스로 발의한 법률을 정부 부처가 반대한다고 맹목적으로 따라가는 것은 국회의원이 아니라 행정부의 시녀에 불과합니다. 그러니 물갈이 여론이 60%가 넘는 겁니다. 하루를 하더라도 국회의원답게 하십시오.

▷ **한 편**의 개그 콘서트를 보여 주고 떠났네요. 그래도 우리 당의 변혁의 방향을 제시하면서 당원과 국민에게 희망의 메시지를 던졌지만, 기득권 카르텔에 막혀 좌절했네요. 그동안 즐거웠습니다. 그대가 있었기에 한 줄기 희망이라도 있었습니다.

2023. 12. 08.

▽ **천당 아래 분당**이라더니. 분당에 몰려드는 사람들 면면을 보니 총선에서 이기기는 힘들게 생겼습니다. 전셋집을 자기 집이라고 착각하는 사람, 부산 지역구를 탈환해야 하는데 그걸 외면하고 분당서 출마하겠다는 사람, 각종 혜택 다 누리고 뜬금없이 분당에 출마하겠다는 사람 등 대통령실 출신들의 착각도 이만저만이 아닙니다.

대통령이 어려우면 대통령의 은혜를 입은 사람들이 자진해서 험지로 가야지 너도나도 양지만 찾아 자기라도 살겠다는 모습만 보이는 것은 총선에 아무런 도움이 되지 않습니다. 그나마 험지로 가겠다는 유일한 분은 첫 출발을 극우 목사의 행사에나 가는 어리석은 행동까지 하고 있으니 총선을 앞두고 출발부터 꼬이고 있습니다. 지도부는 기득권 카르텔로 혁신을 가로막고 출마하겠다는 셀럽들은 모두 양지로만 모이니 그래서 총선이 되겠나요? 아직 시간이 있으니 잘 좀 정리되었으면 합니다.

2023. 12. 10.

▽ **이재명** 사건의 수사 절차는 그간 2년간 전 검찰력을 동원해서 마무리되었고 이젠 법원을 통해서 판단받는 절차만 남았는데 아직도 수사할 게 남았는지 좀 그렇네요. 그러다가 정말 이재명 측의 주장대로 정치 보복이라는 프레임에 갇히지 않을지 걱정입니다.

지난 대선 때 조국 일가 수사에 관해 가족 대표만 수사하기 전 가족을 몰살하는 과도한 수사라고 했다가, 조국 수호 홍준표라고 우리 측 인사들이 벌떼같이 나를 비난하는 것을 본 일이 있었습니다. 나는 수사 원칙을 말한 것이지 조국을 옹호하고자 한 것은 아님에도 마녀사냥식으로 그렇게 몰고 간 것은 참으로 유감이었습니다. 이번 이재명 수사도 이젠 법원의 판단에 맡기고 정치는 본연으로 돌아갔으면 합니다.

이재명 수사에만 집착하는 검찰 정치는 나라를 위해서도 우리 당을 위해서도 더는 바람직하지 않습니다. 문재인 전 대통령이 한국 보수 집단을 적폐로 규정하고 몰살 수사한 결과, 정권이 교체된 경험도 있습니다. 이제는 나라의 미래를 위해 크게 생각해야 할 때입니다.

▽ 견리망의 (見利忘義)

교수님들이 뽑은 올해의 사자성어라고 합니다.

안중근 의사는 견리사의(見利思義)라고 설파했지만 요즘 세태를 교수님들은 견리망의(見利忘義)라고 했습니다. 참 부끄럽고 부끄럽네요. 좌파는 뻔뻔하고 우파는 비겁하다고 제가 질타를 한 일도 있었지만, 요즘은 좌우 모두 뻔뻔함으로 살아가고 있네요. 견리망의(見利忘義)나 후안무치(厚顔無恥)나 같은 말이지요. 최소한의 부끄러움은 갖고 살아야 하는데.

2023. 12. 11.

▽ **1982년** 사법시험에 합격하여 봉천7동 지하 단칸 셋방에서 신혼 생활을 시작한 이래 청주, 울산, 서울 남부, 광주, 서울 본청에 이르기까지 11년간 전

국을 떠돌면서 일을 찾아다니다가 정치판에 들어와서 송파갑, 동대문을, 경남지사, 수성을, 대구시장으로 일을 찾아 떠돈 지 어언 30여 년이 되어갑니다. 뜬금없이 초겨울 비가 추적추적 내리는 아침 출근하면서 본 신천(新川)은 저리 맑은데 나라는 왜 이리 혼탁하고 어지러운지요. 그렇지 않아도 연말이라 어수선한데 견리망의(見利忘義)라는 사자성어가 가슴 아프게 하네요.

<열국지>(列國志)를 다시 읽어 보면서 세상의 지혜를 구해 보지만 답이 보이질 않네요. 파부침주(破釜沈舟) 할 백마 탄 기사는 어디에 있는지요?

2023. 12. 12.

▽ **오늘부터** 22대 총선 예비 후보자 등록이 시작됩니다. 내년 4.10 총선에는 21세기 선진 대국을 이끌어 갈 제대로 된 국회의원들이 당선되었으면 합니다.

부패한 자는 뽑지 맙시다.
무능한 자는 뽑지 맙시다.
깜냥이 안 되는 자도 뽑지 맙시다.
정부를 망친 자들도 뽑지 맙시다.
대구를 망친 자들도 뽑지 맙시다.
두 눈 부릅뜨고 제대로 투표합시다.
국회 권력이 정부의 권력을 넘어서는 세상이 되었습니다. 이번 투표는 나라의 흥망을 좌우합니다. 제대로 투표합시다.

▽ **장제원** 의원은 정권 출범 후 지난 2년 동안 정국 운영에 대한 책임감으로 불출마했는데, 장제원 의원보다 훨씬 더 큰 책임감을 느껴야 할 사람들은 눈 감고 뭉개면서 시간이 흘러가기만 기다리고, 한술 더 떠 철부지 애들까지 동원해서 반혁신을 외치고 있네요. 파천황(破天荒)의 변화 없이는 총선이 어려울 건데, 되지도 않은 대안 부재론을 앞세워 시간 죽이기 하는 것은 참 안타깝네요. 판을 뒤엎으면 대안이 보입니다.

2023. 12. 13.

▽ **17대 총선**을 앞두고 공천심사위원을 하면서 김문수 공천심사위원장과 함께 현역 중진 등 37명을 설득해 불출마시키고 당을 일대 쇄신한 일이 있었습니다. 그 덕에 노무현 탄핵이라는 태풍 와중에도 강남마저 전멸일 것이라는 예상을 깨고 우리는 선전한 일이 있었지요.
그때 공천이 여야를 통틀어 한국 정치사에서 가장 깨끗하고 잘한 쇄신 공천이라는 평을 지금도 듣고 있고, 당 대표도 공천에서 배제된 쇄신 공천이었는데 김기현 대표도 그때 들어온 사람입니다. 그 당시 김문수 위원장은 공명정대한 공천을 위해 사람들을 일절 만나지 않고 부천 자택에도 한 달 이상 들어가지 않았습니다. 물론 외부 영향도 전혀 받지 않았지요.
그런 쇄신 공천을 지금 이 당에서 할 수 있을까요?
당내 세력을 제압하고 용산의 입김을 배제하고 독자적인 판단과 기준으로 쇄신 공천을 할 수 있을까요? 그렇게 해야만 총선에서 극적 반전을 이룰 수 있을 건데, 과연 혁신조차도 못하는 이 당에서 그런 혁명적인 쇄신 공천이 가능할까요? 초선은 늘 정풍운동의 중심이었으나 이 당에서는 일부 초선조차도 완장을 차고 날뛸 정도로 당이 망가져 버렸는데 그런 당에서 쇄신 공천이 가능할까요? 걱정입니다.

2023. 12. 14.

▽ **면종복배**⁽面從腹背⁾ 정치하면 안 됩니다.
　감탄고토⁽甘吞苦吐⁾ 정치하면 안 됩니다.
　배은망덕⁽背恩忘德⁾ 정치하면 안 됩니다.
　그런 정치는 말로가 비참해집니다.

이참에 용산, 지도부 홍위병으로 분수를 모르고 설치던 사람들도 정리하십시오. 싹수가 노란 사람들은 더 큰 재앙이 오기 전에 정리 하십시오. 그런 사람들이 당을 이 지경으로 만들었습니다. 조속히 당이 정비 되어 총선 준비에 나섰으면 좋겠습니다.

▽ **2011. 12. 5.** 한나라당 당 대표 때 당이나 나와는 아무런 상관도 없는 디도스 파동으로 당 대표 사퇴 압력을 받을 때 미련 없이 사퇴하고 하차했습니다. 당시 친이명박·친박근혜 양 계파 구도 속에서 계파 없이 자력으로 당 대표가 되었지만, 당 운영 과정에서 두 계파의 끊임없는 견제가 있었지요.
19대 총선을 앞두고 스스로 불출마 선언을 하고 대폭 물갈이한다는 계획이 새어 나가면서 물갈이 대상자들이 극심하게 저항하였고, 심지어 각 계파 대

리인이 10인 구당위원회까지 만들어 저녁이면 여의도에서 만나 나를 축출할 계획까지 세울 때입니다.

그 상황에서 아무런 세력 없던 나는 도저히 돌파할 방법이 없어 부득이하게 당 대표를 사퇴할 수밖에 없었지요. 동대문으로 돌아와서 총선에 불출마하기로 하고 공천 신청조차 하지 않았는데, 느닷없이 동대문을에 출마할 사람이 없다고 전략공천하고 발표해 버렸습니다. 낙선할 줄 알면서도 부득이하게 출마하여 선거 운동 기간 14일 동안 유세차 한번 안 타고 지역구 상가를 일일이 걸어서 돌며 11년 동안 감사했다고 미리 이임 인사만 했습니다.

그리고 낙선했지요. 김기현 대표가 아마 2011. 12. 5. 내가 당 대표 사퇴하고 지역구 출마한 걸 모델로 생각하고 있다면 그건 오산입니다. 동대문을과는 달리 울산 남구에는 촉망받는 신인들이 즐비하고, 영남 중진 용퇴론은 바로 공관위 혁신 공천의 대표적 사례가 될 것임은 불 보듯 뻔한데 무소속으로 울산 강남인 그곳에서 당선될 수 있을까요?

선택 잘못한 겁니다.

2023. 12. 15.

▷ **뇌물 전과자,** 민주당 비대위원장 출신도 비대위원장으로 받아들여 1년간 모신 정당이 주류 출신이 아니라고 비토하는 부류들은 코미디를 하는 건가요, 자기 지역구 사정 때문인가요?

지금 그걸 가릴 때인가요?

경륜 있고 큰 선거 경험이 있는 분을 삼고초려 모셔와도 될까 말까 한 절박한 시점에 자기 이익에 맞지 않는다고 중구난방인 모습들 보면 아직도 덜 다급한 모양입니다.

아직도 극우 유튜브를 보고 갈팡질팡하냐고요? 이때 적절한 말은 등소평의 흑묘백묘론(黑猫白猫)입니다. 사욕들 버리고 정신들 차리십시오.

2023. 12. 16.

▽ 참 서글픕니다.

5공(5공화국) 시대도 아닌데 대표가 대통령 눈치 보며 거취를 결정했다니요.
5공(5공화국) 시대도 아닌데 당 대표를 그만둘 때 청와대와 상의 없이 일방적으로 통보했습니다. 될 때도 내 힘으로, 떠날 때도 당당하게.
그런데 이런 당 대표가 지난 9개월간 당을 지휘했으니, 당이 저런 꼴이 될 수밖에요. 강추위가 온다는데 마치 당이 처한 모습 같습니다. 그래도 정신 못 차리고 똑같은 길을 가려고 하니 한심합니다. 한심해요.

2023. 12. 17.

▽ 정치
경험이 많고 큰판을 다루어 본 사람을 영입해서 비대위를 만들어야지, 윤 대통령 아바타를 다시 당 대표로 만들어 본들 그 선거가 되겠나요? 김기현 대표 실패가 바로 그런 거 아니었나요? 쇄신 대상자들이 자기들 살아남으려고 김기현 체제 2기를 여론몰이를 통해 다시 만드려고 합니다. 그렇게 하면 선거하기 어려울 겁니다. 파천황(破天荒)의 변혁 없이는 총선을 치르기 어려울 겁니다.

2023. 12. 20.

▽ 한동훈 체제가 들어오면 일체 당무에 언급하지 않을 생각입니다. 김기현 체제 때는 바른길을 가라고 다소 깊이 비판하고 잘못 가는 길은 바로잡으려고 했습니다. 하지만 한동훈 체제는 직할 체제이기 때문에 윤 대통령과 직접 부딪치게 되어 윤 대통령과 관계상 아무래도 부적절합니다. 그건 유승민이나 이준석 위원의 몫이기도 하고요. 부디 당을 잘 운영해서 총선에서 꼭 이기기 바랍니다. 지면 식물정권이 됩니다.

2023. 12. 21.

▽ 로마의 철학자이자 법학자인 울피아누스(ulpianus)는 '정의란 각자에게 그의 것을 주는 것'이라고 설파했습니다. 3김 시대에도 그것은 철저히 지켜져서 각자의 몫을 인정하는 공존의 정치를 했는데, 오늘날 여의도 정치는 오로지 내 몫만 챙기는 독점의 정치를 하다 보니 여야 모두 분열의 씨앗을 뿌리는 겁니다.
여야도 공존의 정치를 복원하려면 서로 상대를 인정하고 존중하는 울피아누스의 정의를 기반으로 정치해야 합니다. 여야 모두 집단 최면에 빠져 권력의

불나방이 되면 나라가 불행해 집니다. 상생(相生)의 정치가 아니라 상극(相剋)의 정치는 서로의 공멸을 가져옵니다. 총선까지는 부득이하겠지만 총선 이후에는 부디 공존의 정치로 나라가 안정되기를 기원합니다.

▽ 대구·광주를 잇는 달빛철도특별법이 국회 국토위를 통과했습니다. 영호남의 30년 숙원이었습니다. 지역 갈등을 해소하는 기회비용은 경제적 가치에 비견할 수 없는 엄청난 것임에도 수도권 논리에 밀려 여태 이루지 못하다가 이번에 국회를 통해 이룬 것입니다.
이 법은 12. 27. 법사위, 28일 본회의를 거쳐 발효됩니다. 앞으로 영호남을 중심으로 TK 신공항과 함께 수도권에 버금 가는 거대 남부권 경제권을 만들도록 하겠습니다. 통과에 협조해 주신 국회 국토교통위 국회의원 여러분 감사합니다. 특히 고군분투해 주신 강대식 의원님께 거듭 감사드립니다.

2023. 12. 26.

▽ 1997. 12. DJ 1,000억대 비자금 사건을 돌파하면서 당선된 DJ는 대통령 취임하기 전에 대검 중수부를 시켜 그 사건을 무리하게 무혐의 처리하고 대통령에 취임했고 DJ비자금 사건은 그 후 역사 속으로 사라졌습니다. 당시 우리는 어처구니없는 검찰 결정에 항변 한 번 하지 못하고 속수무책으로 지켜보기만 했습니다.
대선 패배와 IMF를 초래한 책임이 너무 컸기 때문이었습니다. 김건희 여사 주가 조작 혐의 사건도 지난 대선 승리 후 대통령 취임 전에 검찰이 무혐의 처

리를 했으면 처음에는 시끄러웠겠지만 이렇게까지 곤욕을 치르지 않아도 될 것을 무슨 연유에서인지 검찰이 차일피일 미루다가 특검까지 맞게 되었는데 그걸 도대체 이해하기 어렵습니다. 대통령실 정무 기능이 마비되었는지 검찰이 무슨 생각으로 결론도 안 내고 이 지경까지 왔는지 도무지 알 수가 없습니다. 진퇴양난에 빠진 것입니다.

받아들이면 사상 초유의 사태가 벌어지고 거부하면 국민적 비난이 가중될 것인데, 그런 난제를 대통령 취임 전에 처리하겠다고 하든지 아니면 취임 후 바로 서면조사라도 해서 처리를 하든지 했어야 지금까지 방치하다가 이런 상황을 초래하게 되다니 안타깝습니다. 한동훈 위원장이 슬기롭게 대처해 주기를 바랍니다.

2023. 12. 28.

▷ **매년** 청렴도 등급 최하위였던 대구시의 청렴도 등급을 올해는 최상위 등급으로 끌어올렸습니다. 경남지사 때도 최하위였던 경상남도 청렴도를 2년 만에 최상위 등급으로 끌어올린 일이 있었는데 그때의 경험을 바탕으로 대구시는 1년 만에 최하위의 청렴도 등급을 최상위 등급으로 끌어올렸네요. 임기 마칠 때까지 대구시를 정화하고 깨끗한 대구를 만들어 갈 것을 다짐합니다.

2023. 12. 29.

▽ 검사 11년 동안은 오로지 오기(傲氣) 하나로 버틴 세월이었습니다. 인맥도 없고 엘리트 출신도 아니다 보니 실력과 오기라도 가져야 당시 검찰 세계에서 버텨 나갈 수 있었기에 오기 하나로 검사 11년을 보냈습니다.

정치판에 들어와서 검사 시절 나를 지탱해 주었던 그 오기를 빼는 데는 8년이라는 시간이 걸렸습니다. 정치판은 오기로 하는 게 아니라 대화와 타협으로 하는 것을 배우는 데는 꽤 긴 시간이 걸렸습니다. 여야 소통이 사라지고 검투사 정치가 정치판 전체를 지배하는 작금의 혼란은 여야 모두 오기 정치를 하기 때문으로 보입니다. 걱정스럽고 혼란스럽습니다.

'네가 죽어야 내가 산다'는 식의 검투사 정치는 둘 다 공멸할 수도 있다는 것을 알아야 하는데 그걸 지적하는 언론도 없고 말하는 원로도 없습니다. 권위주의 정권 시절에도 나라의 어른은 있었는데 지금은 나라의 어른이 없는 천방지축 시대가 되어 버렸습니다. 새해에는 달라졌으면 좋으련만 그럴 기미가 전혀 보이지 않습니다.

2024. 01. 02.

▽ 신년 첫날부터 민주당 이재명 대표가 흉기에 찔려 상처를 입는 증오의 정치 시대를 열었습니다. 총선을 앞두고 진영 대결이 막 시작되는 시점에 발생한 이런 사태는 나라의 앞날을 어둡게 하는 신호탄 같습니다. 마치 2006. 5. 지방선거를 앞두고 박근혜 대표가 습격당한 사례를 연상시킵니다.

증오의 정치, 독점의 정치, 극단적인 진영 대결의 정치가 낳은 비극입니다. <u>우리 정치의 후진성을 극복하고 선진 대국으로 나아가기 위해서 남북 통합, 동서 통합, 좌우 통합의 정치를 추구해야 하는데 서로서로 증오하고 죽고 죽이는 검투사 정치는 인제 그만두어야 합니다.</u>
이재명 대표의 빠른 쾌유를 빕니다.

2024. 01. 04.

▷ 중앙은 여러 가지 난제로 시끄럽지만, 대구는 평온합니다. 2년 전 다음 총선에는 전쟁 같은 상황이 벌어질 것으로 보고 더는 말려들기 싫어 대구로 내려왔지만 내려오기 참 잘했다는 생각이 드는 요즘입니다.
대구 굴기 50년 사업은 작년 말로서 그 틀을 완성했고 올해부터는 그 내용물을 채우는 데 주력할 겁니다. 남은 임기 중 계획했던 대구 대전환, 대구 굴기 사업은 잘 마무리하겠습니다. 늘 하던 대로 현재 내가 담당한 이 자리에서 최선을 다하는 겁니다.
새해에는 국민 여러분이 정치판을 걱정하지 않는 바람직한 한 해가 되었으면 합니다. 국정 목표도 세계 7대 강국, 선진 대국시대가 되고 모든 갈등이 치유되는 통합(남북, 지역, 좌우), 미래, 청년의 시대가 되었으면 합니다. 새해 복 많이 받으십시오.

2024. 01. 05.

▽ **제1야당** 대표는 국가 의전 서열상 총리급에 해당하는 일곱 번째 서열인 것으로 알고 있습니다. 그런 사람이 흉기 습격을 당했다면 본인과 가족의 의사를 존중해서 헬기로 서울 이송도 할 수 있는 문제지 그걸 두고 진영 논리로 특혜 시비를 하는 것 자체 유치하기가 그지없습니다.
부산 의료를 멸시했다는 논리도 가당찮습니다. 서울 수서역 버스 정류장에 가보면 오늘도 삼성병원에 가기 위해 SRT 타고 전국 각지에서 올라와 셔틀버스 타려고 장사진을 이루고 있습니다. 그건 왜 비판하지 않습니까? 국민 의식 수준에 맞게 지방 의료의 수준을 높일 생각부터 해야 합니다. 의대 증원도 시급하지만, 지방 의료 수준을 국민이 신뢰하게끔 수도권 못지않게 높이는 것이 더 시급한 문제가 아닌가요? 사람 목숨도 정쟁거리가 되는 시대 참 안타까운 일입니다.

2024. 01. 08.

▽ **제1야당** 대표를 예우해 주자고 하는 것을 이재명 대표 편들었다고 비난하는 유튜버들이나 일부 우파 칼럼들을 보면 한국 일부 우파 진영이 이렇게까지 외곬으로 나가는 것이 이 나라 발전에 도움이 될 것인지에 대해 의문을 가지지 않을 수 없네요.
박근혜 탄핵 때는 좌파 진영과 합심해서 박근혜를 끌어 내리더니 그렇게 해서 나라가 바로잡혔습니까? 그때 박근혜를 위한 변명을 단 한마디라도 한 적

이 있습니까?

박근혜 탄핵이 잘못되었다고 탄핵 대선 때 시종일관 공개적으로 말한 사람은 나밖에 없었습니다. 그래서 우파는 비겁하고 좌파는 뻔뻔하다는 말이 나오는 겁니다.

그만 자중들 하세요. 부끄러움을 모르면 좌파와 똑같아집니다.

2024. 01. 12.

▷ 문재인 정부 때는 예비 타당성 조사 면제를 120조가량 했고 박근혜 정부 때는 예비 타당성 조사 면제를 25조, 이명박 정부 때는 61조를 예비 타당성 면제했는데 특이한 것은 문재인 정부 때는 퍼주기 복지 사업 예비 타당성 조사 면제가 많았다는 겁니다.

대부분 예비 타당성 조사 면제는 지방의 사회간접자본 설치의 경우가 많은데 그것은 수도권과 달리 지방은 경제성이 떨어지기 때문입니다. 그래서 국토 균형 발전이라는 대명제 때문에 예비 타당성 조사 면제하는 겁니다. 예비 타당성 조사 기준대로 하면 지방에 철도, 도로 등 사회간접자본을 거의 건설할 수가 없습니다.

김천에서 거제 가는 남부 내륙 철도도 예비 타당성 조사 면제되어 지금 건설하는데 유독 동서 혈맥을 잇는 달빛철도에 대해서만 집요하게 기재부가 예비 타당성 조사를 요구하는 의도를 이해하기 힘드네요. 대구 지역 지방신문 서울 주재 기자가 예비 타당성 조사 면제 삭제하고 달빛철도법 통과하자고 오늘 기사를 쓴 걸 봤습니다.

그 기자 그 법을 단 한 번만이라도 읽어 보고 그 기사를 썼는지 아니면 발의자가 기재부 반대로 기가 죽어 예비 타당성 조사 삭제하고 통과하자고 제의해서 그 기사를 쓴 것인지 알 수 없지만 기본 내용도 숙지하지 않고 핵심 내용을 빼고 껍데기만 통과시키자고 한 것은 참으로 유감입니다.

예비 타당성 조사 면제 빼면 그 법안은 의미 없는 법안입니다. 그럴 바엔 다음 국회 때 그 법안을 재추진하는 게 맞습니다. 그러나 그 법안을 대표 발의한 사람의 무책임은 이번 총선에서 물어야 할 겁니다.

 **홍준표**도 알고 보면 **" 따뜻한 사람 "**
꿈의 실현은 '따뜻함'에서 시작됩니다.

♡ 무주 덕유산 향적봉(1,614m) 정상

♡ 손자와 첫 나들이

4

내 것을
내주지 않고
싸움에 이길 수는
없습니다

한국 정치는 해방 이후 지금까지 대결 정치로 일관해 왔습니다.
그 속에서 이기려면 끝없는 싸움에서
상처를 입으면서도 살아남아야 합니다.
내 것을 내주지 않고 싸움에 이길 수는 없습니다.

👍❤️

2024. 01. 19.

 오늘 발표를 보니 한국은 세계 군사력 5위, 북은 36위라고 합니다. 그런데 우리가 왜 북의 위협에 가슴 졸여야 할까요? 그건 핵미사일 때문입니다. 이번 발표는 핵무기가 포함되지 않은 군사력 순위라고 보입니다. 핵무기는 비대칭 전력이기 때문에 모든 재래식 무기를 압도합니다.

우리가 핵전력을 강화해야 할 이유가 바로 여기에 있습니다. 즉시 전력화할 수 있도록 핵 잠재력부터 가져야 북의 핵 공갈로부터 해방이 됩니다. 트럼프 위험성이 다가오는데 마냥 손 놓고 있다가는 정말 북의 핵 노예가 되는 날이 머지않았습니다. 한미 원자력 협정부터 고쳐서 일본처럼 핵물질 재처리 권한부터 확보하는 것이 시급합니다.

2024. 01. 21.

▽ **문재인** 정부 시절 김정숙 여사가 나 홀로 대통령 전용기를 타고 시찰 명분으로 인도 타지마할을 다녀온 일이 있었던 것으로 알려져 있습니다. 그게 사실이라면 참으로 비상식적인 일이었지요. 그런데 그런 엄청난 국세 낭비도 쉬쉬하던 시절이 있었는데 참 세상 많이 변했네요. 열린 세상이 되었고 비밀 없는 세상이 되었네요. 국사를 담당하는 사람들은 위아래 없이 조신(操身)해야 하는 세상이 되었습니다.

2024. 01. 24.

▽ **영호남**의 동서 혈맥을 잇는 달빛철도법이 오늘 법사위를 통과하여 내일 본회의 통과를 앞두고 있습니다. 그간 예비 타당성 조사 면제를 두고 일부 수도권 논리로 법 통과를 반대한 것은 유감입니다만 다행히 오해가 풀려 이번 법사위에서 만장일치로 통과된 것은 여야 지도부의 도움이 컸습니다. 윤재옥 원내대표, 홍익표 원내대표에게 특별히 감사드립니다. 곧 광주시와 협의하여 달빛동맹 제3차 사업을 추진하도록 하겠습니다.

2024. 01. 26.

▽ **내가** 대학 시절 내내 부르던 노래 중 양희은 씨의 '서울로 가는 길'이라는

노래가 있었습니다. 그 노래처럼 모두 모두 서울로 서울로 모여들던 눈물겹던 시절이었는데 그때도 이미 서울은 만원이었습니다.

어제 정부는 서울을 중심으로 GTX 시대를 연다고 발표했습니다. 지방 시대를 외치면서 수도권 집적을 더욱 가속하는 수백조에 달하는 서울 중심 새로운 철도망 구축에는 아무런 언급도 하지 못하면서 국토 균형 발전과 동서 혈맥을 뚫는 10조 원도 안 되는 달빛철도는 만만하니까 시비를 겁니다.

철도 포퓰리즘이라는 겁니다. 민주주의 사회에서 표를 목표로 하지 않는 정책이 어디 있나요?

참 어이없는 사람들입니다. 그런 뱁새눈으로 보니 세상이 지금 어지러운 겁니다. 생각을 바꾸고 두 눈 크게 뜨면 더 큰 세상을 볼 겁니다. 지도자의 역량 중 가장 중요한 것이 인사이트(insight)와 포어사이트(foresight)라는 걸 명심했으면 합니다. 언론도 마찬가지입니다.

▷ 문재인 정권 시절 국정농단이라는 프레임을 씌워 보수층 인사 1,000여 명을 수사하고 수백 명을 구속 기소하였습니다. 대부분 직권남용, 권리행사 방해, 직무 강요 등 부패 사건이라기보다는 정치적인 판단으로 마구잡이 정치 수사를 하는 바람에 명예를 지키기 위해 자진한 사람도 여럿이 있었고 재판 결과 상당수가 무죄 판결을 받기도 했습니다.

오늘 무죄 선고된 양승태 대법원장과 두 대법관 사건도 그중 하나였습니다. 문재인 대통령의 주도로 보수 진영 궤멸을 목표로 자행되었던 그 정치 사건들의 대미를 장식한 사건이 오늘 무죄 선고된 양승태 대법원장 사건입니다. 1심 판결이지만 항소심, 대법원에 가도 그 결론은 바뀌지 않을 것으로 보입니다. 당시 야당 대표를 하면서 속만 끓이고 그분들을 도와주지 못한 것에 대해 나는 부끄럽기 한이 없고 뼈저리게 반성합니다. 실추된 그분들의 명예는 무엇으로 보상할 수 있을까요?
정의만 보고 가는 검찰이 아니라 정권만 보고 가는 정치 검찰이 남긴 폐해는 이처럼 무서운 것입니다.

2024. 01. 29.

▽ 검사는 다른 사람의 인생을 좌지우지하는 수사를 하는 사람으로 그 결과에 대해 직과 인생을 걸고 책임지는 수사를 해야 합니다. 나는 검사 11년 동안 중요 사건을 수사할 때는 무죄 나면 검사직 사퇴를 늘 염두에 두고 수사를 하였고 그렇게 하니까 재직기간 내내 중요 사건 무죄는 단 한 건도 받지 않았습니다.
유무죄는 법원의 판단이라고 방치하는 검사는 무책임하고 무능한 검사라고 보지 않을 수 없습니다. 최근 이러한 검사들이 많아지고 검사가 샐러리맨화되는 현상은 참으로 우려할 만한 일입니다. 그리고 요즘 검사들이 너도나도 출마하겠다고 정치판에 뛰어드는 것도 우려스러울 뿐만 아니라 검사가 정치에 맛 들이면 사법적 정의는 사라지고 세상은 어지러워진다는 것도 알아야 합니다.

2024. 01. 31.

▽ **총선** 앞두고 사이비 여론 조사 업체들이 기승을 부리고 있네요. 유력 후보자에게 연락해서 돈 3,000만 원을 요구하면서 여론 조사를 해 주겠다고 제의했는데 그 후보가 이를 거절하니 상대 후보에게 돈을 받았는지 일방적으로 상대 후보의 지지율을 여론과는 전혀 다르게 조사하고 이를 지역 언론과 방송에 내고 있네요.

그 업체는 지역에서 조작 여론 조사를 하는 것으로 이미 잘 알려져 있는데 해당 언론사들은 헐값에 여론 조사를 해 주니 거의 공짜로 기사를 만드는 부패 카르텔의 공범이 되는 악순환이 계속되고 있네요. 언론사에서는 헐값을 받는 대신 후보자들에게 돈을 뜯어냅니다.

각성하시기를 바랍니다. 선거 브로커에 놀아나는 언론은 언론이 아니고 지역 사회 여론을 오도하는 암적인 존재가 됩니다. 대구 지역은 유난히도 그런 사이비 여론 조사 업체들이 많았고 지금도 그렇습니다. 선거철이면 기승을 부리는 선거 브로커, 사이비 여론 조사 업체에게는 이제 철퇴를 가해야 합니다.

▽ **정치인들**을 대통령이 사면, 복권시키는 것은 계속 나라를 위해 일해 달라는 것인데 사면된 정치인을 공천에서 원천 배제하겠다는 것은 어이없는 결정입니다. 그건 본선에서 국민이 판단할 몫이지 공천관리위가 판단할 사항은 아닙니다. 꼭 특정 정치인을 염두에 두고 그를 배제하기 위해 만든 규정 같네요. 그러면 왜 대통령이 그 사람을 사면 지시하고 법무부 장관은 이에 따라 사면까지 했을까요?

그렇게 해 놓고 이제 와서 자신들이 사면한 사람을 공천까지 배제하는 것은 자기모순 아닌가요? 지난번 강서구청장 후보도 사면한 후 공천하지 않았던가요? 그때나 지금이나 법무부 장관은 지금 비대위원장입니다. 사심 없이 공천을 하지 않으면 본선이 어려워집니다. 정치판에는 부패로 단죄된 정치인들도 있지만 정치 보복으로 억울한 누명을 쓴 사람도 많습니다.

2024. 02. 08.

▷ 가십에 불과한 것을 초기에 적절히 대처하지 못하고 논란만 키우다가 국정이 되어 버렸습니다. 아무도 적극적으로 나서서 해명할 생각은 하지 않고 눈치를 보고 미루다가 커져 버렸습니다. 대통령 전용기를 나 홀로 타고 타지마할 관광 갔다 온 퍼스트레이디도 있었는데, 그 놀이 행사에 들어간 국민 세금이 수십억도 더 되었는데, 그건 당시 쉬쉬하며 그냥 묻었는데, 오랜 지인이 준 가방 하나가 나라를 뒤흔들고 있습니다. 이제 그만들 좀 했으면.

2024. 02. 09.

▷ 퍼스트레이디도 광역단체장 부인도 활동은 왕성하지만, 법적 지위가 모호해서 아무런 지원체계가 이루어지지 않고 있습니다. 법적 지위를 부여해서 준공무원 지위도 주고 아울러 그에 합당한 지원도 하고 그에 따른 법적 책임도 묻는 법 제정이 시급합니다.
이번 가방 스캔들을 계기로 여야가 합심하여 재발 방지를 위해 음성적으로 용인되던 퍼스트레이디, 광역단체장 부인들에 대해 새로운 법을 제정해서 더는 그런 물의로 국민이 걱정하지 않도록 해야 합니다.

2024. 02. 10.

▽ 이재명 대표 특혜 헬기 사건 때 한마디를 했다가 보수층들의 비난을 한 몸에 받았고 김건희 여사 가방 사건에 대해 한마디를 했더니 이번에는 진보층에서 아우성칩니다. 보편적인 상식으로 위 두 가지 경우 그 정도는 서로 이해하고 넘어가는 게 사람 사는 세상이 아닌가요?
진영 논리에 빠져 상대를 오로지 증오하는 외눈으로 세상을 보면 다들 그렇게 됩니다. 그보다 훨씬 다급한 국사가 얼마나 많은데 가방 하나에 나라가 양분되고 흔들립니까? 그만들 합시다.

2024. 02. 12.

▽ 클린스만의 행태는 국격과 나라의 자존심 문제입니다. 축구협회장과 개인적 친분으로 그런 무능한 감독을 선임했다면 그 축구협회장은 대한민국 축구협회장으로서 자격이 없습니다. 해임하면 외국 감독이 더는 오지 않을 것이라는 우려도 우리 자신을 비하하는 축구 후진국의 전형적인 행태입니다. 프로 감독은 성적 부진일 때는 언제나 중도 해임할 수가 있도록 계약해야 하고 해임하면 하는 일도 없는데 무슨 연봉을 줍니까?

무능한 감독을 계속 울며 겨자 먹기로 위약금 때문에 그대로 둔다면 축구할 때마다 생기는 국민적 공분을 어떻게 감당하려고 합니까? 그 국민적 에너지 손실은 위약금을 훨씬 초과할 겁니다. 다시 한번 촉구합니다. 보도를 보니 개인적인 안면으로 선임한 듯하니 국민을 인질로 삼지 말고 축구협회장 개인이 책임지고 해임 처리하세요.

▷ <u>짜인 각본</u>을 시스템 공천이라고 우기면 차후 당을 위해 희생과 헌신을 할 사람은 없어집니다. 민주당은 적격심사를 통해 걸러내는데 김성태 한 명 잡기 위해 시스템 공천 운운은 가당치 않습니다.
이의 신청 받아들이시고 <u>경선으로 후보 정하시는 게 당을 위해 헌신한 사람에 대한 예의</u>입니다. 지금 지도부에 이 당을 위해 김성태만큼 헌신과 희생을 한 사람 있습니까? 황교안 때도 굴러온 돌이 박힌 돌 빼내다가 참패를 당한 경험이 있습니다.

▷ <u>내가</u> 왜 1년 반 전에 대선 후보 경선에 실패하고 대구시장에 나오려고 내려오기로 결심했겠습니까? 2년 후 이 당은 황교안 때와 똑같이 또 외부 인사들이 들어와 당에 헌신한 사람들을 공천 가지고 농락할 것으로 보고 미리 그 수모를 당하지 않기 위해 내려온 겁니다.
이 당은 당을 위해 헌신한 사람들을 존중해 주지 않는 나쁜 전통이 있습니다. 민주당은 당내에서 커 올라간 사람들이 당을 운영하는 시스템이 되어 있지만 우리 당은 이미 외부에서 만들어진 셀럽을 데리고 와서 선거 때 적당히 써먹고 버리는 전통이 있습니다.
지난 대선에는 요행수로 성공하긴 했지만 앞으로 있을 총선도 그 요행수가 통할까요? 김성태를 저런 식으로 내버리면 앞으로 이 당을 위해 헌신과 희생을 할 사람은 없어집니다. <u>굴러온 돌이 완장을 차고 박힌 돌 빼내는 공천은 당의 결속력을 잃어버려 그래도 힘든 선거를 더 어렵게 할 겁니다.</u>

2024. 02. 13.

▷ <u>지난</u> 대선 후보 경선 때 김성태 중앙위의장은 나를 지원하지 않고 윤석열 후보를 지지했습니다. 나는 지지 후보를 선택하는 것은 각자 자유라고 생각하고 서운했지만, 이해했습니다.

그런 김성태였는데 이 정권에서 경선도 안 시켜주고 내쳐 버리니 얼마나 억울하고 분하겠습니까? <u>불합리한 공천에 대한 반감은 참 오래 갑니다.</u> 당을 위한 희생과 헌신을 생각해서라도 최소한 경선이라도 붙여 주는 것이 정치적 도리가 아닐까요? 마치 내가 김성태를 지원하는 게 내 편이라서 그렇게 하는 거로 오해할 수 있기에 내 편은 아니었다고 밝히는 겁니다. 김성태는 윤석열 경선 후보 진영에서 중앙위 대의원들의 지지를 끌어낸 윤 후보 경선 승리의 큰 유공자였지요.

2024. 02. 16.

▷ <u>정치권</u>에서 소위 싹수없다는 비판을 받으면 능력 여하를 불문하고 퇴출당하듯이 축구나 스포츠계에서도 그런 논리는 그대로 적용됩니다.

둘 다 국민 정서를 바탕으로 둔 세계이기 때문입니다. 정치 잘하고 공 잘 차기에 앞서 선후배는 서로 존중해야 하는데 잠깐 떴다고 싹수없이 행동하는 사람은 팀워크를 해치게 되어 대표팀의 경기력을 저하합니다.

더구나 축구와 같은 단체경기에서는 팀워크가 중요하기 때문에 더더욱 그렇습니다. 이참에 대표선수도 싹수없는 사람, 겉멋에 취해 헛발질 일삼는 사람은 정리하십시오. 국민적 행사인 대표팀 경기를 축제로 즐길 수 있도록 그런 사람은 퇴출하십시오.

2024. 02. 20.

▷ **개혁신당** 파탄을 보면서 빙탄불상용(氷炭不相容)이란 고사성어가 떠올랐네요. 각자의 길이 다른 세력들이 함께 가기에는 서로 융합할 시간이 너무 없었지요. 각자의 생존을 위한 합당이 아니라 지향점이 같아야 했는데 아무튼 재미있는 총선입니다.

2024. 02. 21.

▷ **의료 대란**을 보면서 의사들의 직역 수호 의지와 당국의 설득 부족이 충돌한 것을 참으로 우려합니다. 먼저 당국이 의과대학 증원을 종래 변호사 증원과 마찬가지로 단계적으로 추진했으면 하는 아쉬움이 있고 레지던트 파업도 좀 더 신중했으면 하는 아쉬움이 있습니다.

산부인과, 소아 청소년과 등에 의사들이 왜 지원하지 않는지 분석하여 대책을 세우는 것도 미흡할 뿐만 아니라 의료수가 현실화도 고려하지 않고 무조건 의사들의 희생만 강요하는 현실도 안타깝네요. 각 지역 사정에 따라서 시·도 지사들이 적절한 대책을 세울 수 있도록 당국과 협력을 했으면 합니다.

대구의료원의 경우 레지던트 5명 중 4명이 사직서를 내었는데 모두 수리해도 환자 진료에 큰 지장이 없다 하니 본인들의 의사를 존중해서 사직서를 수리했으면 합니다.

복지부와 사직서 수리는 각 의료기관 사정에 따라서 할 수 있도록 협의해 보라고 아침에 지시했습니다.

2024. 02. 23.

▽ **요즘** 검찰은 눈치로 수사하는지 기관 고발을 한 지 6개월이 넘었는데도 고발인 조사조차 하지 않고 있네요. 대구 MBC 허위 보도 사건, 대구 경찰청장 특수 공무집행방해 사건, 시민단체 대구로 관련 무고 사건 등은 사흘만 하면 기록, 자료 검토가 끝날 텐데 보완 자료 제출을 한 지 6개월이 지나도 수사 착수조차 하지 않고 있습니다.

때를 놓치는 늑장 수사는 아무리 잘해도 수긍하기 어렵고 눈치 보기 수사는 더더욱 수긍하기 어렵습니다. 곧 인사이동이 있다 하니 새로 부임한 사람은 부디 미루기, 책임 떠넘기기 수사는 하지 말고 신속한 수사를 해주기를 바랍니다.

수사 정의는 정확성 못지않게 신속성도 포함되는 것입니다. 눈치를 보지 않고 신속하고 정확하게 옳고 그름을 판단하는 것이 정의로운 검찰입니다. 요즘 검찰은 3개월 장기 미제사건을 중점 관리하지 않는지 우리 때는 3개월 장기 미제사건이 있으면 잠을 못 잤는데 3개월 장기 미제는 검사장이 직접 관리하는 거 아닌가요? 일주일이면 끝날 산격청사 불법점거 사건도 1년이 훨씬 지나서야 처분 통지서가 오고 있으니 말입니다.

▽ **안 그래도** 어려운 수도권인데 당선 유력한 김성태는 주홍 글씨 박아 찍어내고 그와 경쟁하던 한국노총 출신 후보는 사퇴하고 강서을 지역구는 포기하나요?
애초에 경선 붙였으면 아무런 말썽도 없었을 터인데 대안도 없이 특정인 배제에만 열중하다가 한 석이 아쉬운 판에 참 안타깝습니다. 서울 서남부 지역 판세를 좌우하는 곳인데 선거를 모르는 사람들이 공천을 좌지우지하면서 용산 출신 배제만 하면 선거 이기는 듯 착각하고 컷오프되어야 할 사람도 무조건 경선만 붙이니 무감흥 공천이고 무쇄신 공천입니다.
나아가 위성정당 대표도 이름 모를 당료를 임명해 한 사람이 두 당 대표를 겸직하려고 하니 그렇게 해서 민심을 얻을 수 있겠나요? TK 지역이야 괜찮겠지만 다른 지역도 과연 그럴까요?

2024. 02. 25.

▽ **나는** 김어준, 진중권 교수, 유시민 전 장관은 진성 좌파 출신이라도 토론해 보면 당당한 점에 있어서 서로 견해가 달라도 말이 통할 수 있어 나쁘게

생각하지 않습니다.

그러나 얼치기 좌파 출신이 전향했다고 하면서 우파 행세하는 자들은 아무리 우리 편에 왔더라도 좋아하지 않습니다. 그건 언젠가 또 본색을 드러내기 때문입니다.

좌파를 하더라도 우파를 하더라도 좀 당당하게 살았으면 합니다. 한세상 살면서 당당하게 살지 못하면 만년에 자식들 볼 면목이 있습니까? 총선을 앞두고 이합집산하는 모습들 보니 참 딱하게 보입니다.

2024. 02. 27.

▷ 전자공학이 최고 인기과였던 70년대는 30년 후에 대한민국을 전자, 반도체 세계 최강국으로 이끄는 원동력이 되었는데, 뜻 모를 의대 열풍이 나라 전체를 뒤흔드는 지금 대한민국의 30년 후에는 과연 어떤 모습으로 우리에게 다가올까요?

의사들의 직역 지키기가 도를 넘으면 의사들도 국민에게 외면받는 직종이 될 수도 있습니다. 한때 법조인 전성시대가 이제 한물간 시대가 되었듯이 앞으로 의사들도 똑같아질 것입니다. 너무 집착하지 않았으면 합니다. 당국도 변호사 수 늘리듯이 순차적 증원으로 서로 타협했으면 합니다. 정책은 상대를 굴복시키는 것이 아니라 타협입니다.

2024. 03. 01.

▷ <u>달빛철도</u> 축하 행사차 광주를 가보니 김대중 전 대통령의 업적 흔적이 곳곳에 스며 있었습니다. 대구로 다시 돌아와 대구시를 돌아보니 <u>대구에는 대구·경북을 대표하는 박정희 전 대통령의 업적 흔적이 보이지 않아 참 유감스러웠습니다.</u> 대구·광주가 달빛동맹으로 서로 힘을 합치는 마당에 대구·광주를 대표하는 두 정치 거목의 역사적 화해도 있어야 하지 않겠느냐는 의견도 참 많습니다.

그래서 대구에서도 대구를 대표하는 박정희 전 대통령의 업적을 기리는 사업을 할 때가 되었다는 생각을 지울 수 없네요. 예컨대 동대구역 광장을 박정희 광장으로 명명하고 그 앞에 박정희 전 대통령의 동상을 건립하는 방안은 어떠할지 검토하고 있습니다.

시민들의 의견을 수렴해 보겠습니다.

2024. 03. 04.

▷ <u>의사</u>가 환자를 기다려야지 환자는 의사를 기다려 주지 않습니다.
'고스트 닥터' 드라마에 나오는 명대사입니다.

2년 전 tvN에서 방영한 메디컬 드라마 '고스트 닥터'는 지금 의료 개혁이라는 시대적 과제를 풀어 나가는 데 많은 시사점을 주는 드라마입니다. 의사들이 이 드라마를 보면 바람직한 의사상을 정립하는 데 큰 도움도 될 겁니다.

성형외과, 안과, 피부과에만 몰리고 우리의 생명과 직결되는 전통적인 필수

의료과를 피하는 오늘의 세태를 통렬히 비판하는 장면들도 감흥이 컸습니다. 의사가 존경받는 가장 큰 이유란 의사는 생명을 살리는 고귀한 직종이기 때문입니다. 거리로 뛰쳐나가는 의사보다 수술실을 지키는 의사가 진정한 의사입니다. 정부도 좀 더 세밀하게 의료 개혁 대책을 세워 주시기를 바랍니다.

2024. 03. 07.

▽ 자진 월북 인사인 정율성 동상, 공원도 국비, 지방비 500억 원이나 들여 만드는 나라입니다. 거기에는 아무 말도 못 하는 일부 단체들이 박정희 전 대통령 기념 사업에는 온갖 음해와 시비를 걸고 있네요. 입만 열면 반대나 하고 시장을 무고 고발이나 하는 그런 좀비 같은 단체 눈치나 보면서 시정 운영을 하지는 않습니다. 그럴 때 하는 적절한 말이 있습니다.
개가 짖어도 기차는 간다.

2024. 03. 08.

▽ 좌파가 집권할 때는 대한민국에 적대적이었던 자진 월북 인사 정율성 동상과 공원도 국민 세금으로 500억 원이나 들여 조성했는데 우파가 집권했는데도 건국 대통령 이승만 기념 사업이나 산업화 대통령 박정희 기념 사업은 좌파들 눈치나 보면서 망설이고 있네요.
그래서 내가 좌파는 뻔뻔하고 우파는 비겁하다고 했지요.

국비 지원받으려면 국회에 손 내밀어야 하는데 국회로 가면 좌우 논쟁이 극렬해져서 국비 지원 받기가 힘들기 때문에 대구 시비로 추진하는 것이고, 우후죽순 난립한 민간 단체와 섞이면 그 취지가 몰각되기 때문에 대구시 사업으로 추진하는 겁니다.

최소한의 예산으로 추진할 겁니다. 이러다가 다시 좌파가 집권하면 이번에는 제주 양민 희생을 추모하는 4·3 평화공원에 북한 애국 열사릉에 묻힌 김달삼 동상도 세우려고 시도할 수도 있겠네요. <u>외눈으로 세상을 보지 말고 두 눈으로 세상을 보면 세상이 평온해집니다.</u>

▷ 후쿠시마 오염수 난리 때 그 엄중한 상황에서 노량진 수산시장에 가서 낄낄거리며 수조에 있는 바닷물 떠먹던 국회의원들을 보았습니다. 그 수조에 있는 바닷물을 먹는 것은 멍게나 해삼이나 할 짓이지 국회의원이 할 짓은 아니라고 질타한 일이 있었는데, 이번 공천에서 그 사람들 모두 컷오프되었네요. 국회의원은 국사(國事)를 보는 직업입니다.

이번에는 제발 국회의원다운 국회의원을 뽑읍시다.

2024. 03. 11.

▷ 자유민주 정당에서 경선으로 공천 확정된 사람을 과거 개인 생각을 이유로 공천 취소한다면 그건 자유민주 정당이 아닙니다. 민주당에 있으면서 우리를 온갖 비난과 비방까지 한 사람들도 단수 공천하고 좌파 출신 인사도 영입하여 공천해 주면서 이념적 스펙트럼을 넓힌다고 하지 않았나요? 세월호

막말했다고 공천 취소했으나 법원 가처분으로 공천취소가 취소되며 선거망치고 후보자 망친 일을 벌써 잊었나요?

그건 이미 시민과 당원의 선택으로 끝난 사안입니다. 경선은 경선 결과 발표로 후보자가 확정되었고 최고위 의결은 확인행위에 불과하다는 걸 법조인 출신이 모르는 바가 아닐 텐데요. 그럴 바엔 애초부터 경선에서 탈락시켰어야지요.

2024. 03. 13.

▽ **또다시** 도심 집회 시위 제한 구역에서 동성애자 축제하겠다고 설치는 시간이 다가왔는데 그 축제 여파로 발생한 고소, 고발 사건은 1여 년간 잠자고 있네요. 법적 분쟁을 정리해 주어야 올해부터는 논쟁이 없을 건데 검찰이 경찰 눈치를 보며 수사를 뭉개는 세상이 되었네요. 검경 수사권 독립이 이렇게 경찰 눈치나 보는 검찰을 낳게 될 줄 누가 알았겠습니까?

2024. 03. 14.

▽ **시민단체**가 대구시장을 무고한 사건도 조사치 않고 방치한 지가 6개월이 넘었고 대구 MBC가 대구시장 명예를 훼손한 이의 신청 사건도 기록이라도 보는지 감감무소식입니다. 퀴어 축제가 또 다가오는데 이것도 법적 쟁점을 해결해야 할 검찰이 1년이 가깝도록 미루고 있네요. 사건을 회피하는지 몰

라서 처리 안 하는지 검사답게 좀 처신했으면 합니다.
성완종 사건 때는 검사가 SNS에 업무상 비밀인 재판 상황을 자랑하고 증거 조작까지 하더니 이젠 법적 분쟁을 정리해야 할 검사가 사건을 무기한 미제 사건으로 방치하는 건 검사답지 않지요.

2024. 03. 15.

▷ **경선**으로 후보 됐으면 다음 판단은 본선에서 국민에게 맡겨야지 무슨 공당의 공천이 호떡 뒤집기 판도 아니고 이랬다저랬다 합니까? 의료 대란 등 중요 국가정책 대안 발표는 하나도 없고 새털처럼 가볍게 처신하면서 매일 하는 쇼는 셀카 찍는 일뿐이니 그래서 선거 되겠나요?.
일부 영입 좌파들에 얹혀서 우왕좌왕하는 정당이 되어 버렸는데 우리가 투표할 맛 나겠나요? 추가로 확인되었다고 한 것은 문재인 정권 때 모두 눈치 보는데, 거리에 나가 대여 투쟁한 거였습니다. 그때 너희들은 어디에 있었나요? 주객전도(主客顚倒)가 따로 없습니다. 또 가처분 파동 일어나겠네요.

▷ **나는** 5·18을 군부 독재 저항운동으로 높이 사고 그 정신을 늘 존중해 왔지만 그렇지 않다는 의견도 있었습니다. 그런데 지금은 그런 의견도 사라지고 5·18 정신에 대한 이견은 없습니다. 과거 제 생각이 잘못되었다고 반성까지 하는데 그걸 꼬투리 삼아 문재인 정권 때 거리 투쟁까지 싸잡아 막말로 몰아가는 건 옳지 않습니다. 그때 지금 지도부는 무얼 했습니까?
아무리 선거를 앞두고 있다지만 그 당시 자신들은 무얼 했는지 돌아보지 않고 거리 투쟁하면서 내뱉은 다소 거친 언사를 꼬투리 삼아 공천 취소한다는 건 자유민주 정당이 할 짓은 아니지요. 좌파 정권 시절 눈치 보면서 부역했던 사람들이 그 당시 우파 아스팔트 투쟁을 비난하는 것은 더더욱 옳지 않습니다. 우리 당에는 좌파도 있고 우파도 있는 자유민주 정당입니다. 그런데 당이 어쩌다가 이렇게 되어 버렸는지 공천에 목매어 아무도 말 안 하는 공동묘지의 평화 같습니다.

2024. 03. 20.

▷ 오늘 정부에서 의과대학 정원을 증원하는 발표를 한다고 합니다. 그간 한국 사회는 문과는 법대, 이과는 의대로 집중되는 바람에 인재 수급의 불균형을 초래해 왔습니다.

그러나 변호사 대폭 증원으로 법대 쏠림현상이 완화되어 문과 인재의 불균형은 해소되었고 이번에 의대 증원 확대로 의사가 대폭 많아지면 의대 쏠림현상도 완화되어 이과 인재의 불균형도 해소될 것으로 기대합니다.

일단 의사 증원 발표는 예정대로 하고 세부적인 사항은 의협과 논의하여 잘 마무리하시기를 바랍니다. 의사가 환자를 떠나면 그건 이미 의사가 아니지요. 정부도 밀어붙이기식 의료 개혁은 하지 마시도록 부탁합니다.

2024. 03. 21.

▽ 조국 혁신당의 등장으로 빛이 바랜 건 한동훈과 이준석이고, 득을 본 건 민주당이네요.

지민 비조(지역구 민주당, 비례대표 조국혁신당)이라는 프레임이 먹히면서 민주당은 지역구에서 약진하고 있고 정권 심판론에 편승해서 비례대표는 조국 신당이 국민의힘과 대등한 수준으로 치솟고 있네요. 이게 정치적인 시각과 법 조작 시각의 차이입니다.

법조는 증거로 유무죄만 다투지만, 정치는 유무죄를 넘어서 국민 감성이 더 우선되니까요. 조국 혁신당의 돌풍을 법 조작 시각으로 대응해 본들 단기간에 그 기세를 꺾을 수 없을 겁니다.

DJ는 천억대 비자금 파동에도 대통령이 되었고, 온갖 비리에 얼룩진 트럼프도 돌풍을 일으키고 있고, 마찬가지로 온갖 비리에 얼룩진 이재명 대표가 건재할 수 있는 것도 바로 그런 이유입니다.

선거가 윤석열 대 조국 2차전 양상으로 가면 지금은 우리가 불리합니다.

이런 사태가 오기 전에 좀 더 빨리 정무적 대처를 해야 했는데 내부 주도권 갈등만 드러나니 참 안타깝네요. 총선이 잘되어야 할 텐데요.

2024. 03. 23.

▽ 페이스북 구호를 대구 굴기에서 선진 대국 시대로 바꾸었습니다. 대구 굴기는 이제 골격을 다 갖추었고 집행만 남았기 때문입니다. 우리나라는

GDP 상으로 이미 선진국 시대로 진입하였지만 정치, 경제, 사회, 문화, 교육, 외교, 국방은 아직 개발도상국에 머물러 있습니다.

나라가 이제 각 분야 갈등을 청산하고 선진 대국 시대로 가야 합니다. 갈등 청산의 기본 정신은 각자에게 그의 것을 주는 배분적 정의가 살아 있어야 합니다. 국민소득에 걸맞은 나라를 만들어야 합니다. 산업화 시대를 넘어 민주화 시대를 건너 이젠 선진 대국 시대로 가야 할 때입니다.

2024. 03. 27.

▽ 남아공은 수도가 3개 있습니다. 여러 종족이 합쳐 나라를 세운 관계로 입법 수도, 사법 수도, 행정수도가 각각 있습니다. 우리도 어차피 세종시를 되돌리지 못할 바엔 세종시를 입법 수도로 하고 국회를 모두 이전하는 게 맞는 결정일 수도 있지요. 아울러 이참에 대법원을 지방 이전하여 옮기는 게 국토 균형 발전에 도움이 되겠지요. 청와대를 지방 이전하는 것은 수도방위를 포기하는 것이기 때문에 불가하지만 남아공과 다른 이유로 입법 수도, 사법 수도, 행정수도를 각각 다른 곳에 두는 것은 국토 균형 발전을 위해 검토해 볼 만합니다.

2024. 03. 29.

🚩 **작년** 11월경인가 이준석 대표에게 해 준 말입니다.
"내년 선거는 극단적인 좌우 대결이 되기 때문에 제삼지대가 설 자리가 없습니다. 어차피 연동형 비례대표제는 그대로 갈 수밖에 없을 터이니 비례대표 정당으로 가십시오. 그러면 7~8석은 최소한 할 것이고 이 대표도 국회에 수월하게 등원하고 차기 대선의 캐스팅보트도 쥘 수 있을 겁니다. 전국 어디에도 지역구는 이 대표뿐만 아니라 이 대표 정당 후보들이 당선될 곳은 없습니다." 그런데 이 대표는 그 조언을 무시했는데 그걸 지금 조국 혁신당이 실행하면서 지민 비조로 민주당의 파이를 키우고 있네요. 그 바람에 빛이 바랜 건 한동훈과 이준석입니다. 아직 속단은 이르지만 이준석 대표의 판단은 참 애석합니다. 우리가 그걸 할 수 있었는데 조국 혁신당에 그걸 가로채기 당했네요.

2024. 03. 31.

🚩 **오늘**은 부활절입니다. 주님의 사랑이 온 누리에 가득하기를 기원합니다. 선거철이 되니 온 세상이 분노와 증오로 가득한 것 같네요. 선거는 국민의 축제인데 더 원숙한 자세로 차분하게 나라의 미래를 논하는 자리가 되었으면 합니다.

2024. 04. 01.

▷ **오늘** 의료 개혁에 관한 대통령의 담화는 충분히 설득력이 있다고 보입니다. 의사분들께서는 직역 지키기 위한 기득권 카르텔을 고수하기보다는 당국과 대화에 나서서 국민의 건강권을 보호하는 데 앞장서 주시기를 바랍니다. <u>현재의 불편보다 행복한 미래를 위한 선택이라면 정부의 의료 개혁 정책에 허심탄회한 협조가 오늘을 살아가는 지성인들의 올바른 자세라고 보입니다.</u> 선거를 앞둔 야당이 강 건너 불 보듯 하는 정부의 의료 개혁 정책을 보면 정부의 의료 개혁 정책 방향이 맞다는 것을 짐작할 수 있지 않습니까? 의사단체도 그간 국민의 건강권을 인질로 삼아 너무 나갔습니다만 정부도 유연성을 갖고 상대를 굴복시키기보다 타협하는 자세가 필요할 겁니다.

▷ **대선**도 아닌데 들어온 지 며칠 되었다고 감히 우리가 만든 대통령 당적 이탈을 요구하나요? 근본 없이 흘러 다니다가 이 당에 들어와서 주인 행세하는 것도 모자라 이제 우리가 만든 대통령에게 탈당 요구하나요?
능력이 안 되어 선거에 밀리면 동네 구석구석 돌아다니면서 하소연이라도 해야지요. 대통령 탓하며 선거하는 여당 후보치고 당선되는 거 못 봤습니다. 선거 지면 모두 보따리 싸야 할 사람들이 선거 이길 생각은 되지 않고 대통령 탓할 생각으로 선거하면 그 선거는 절대 이길 수 없습니다.
2018. 6. 지방선거 때 나는 국민의 역풍을 예측하면서도 위장평화 회담이라고 맹공하고 패퇴했습니다. 그리고 그 말은 1년도 지나지 않아 사실로 밝혀지면서 재기했습니다. 지더라도 명분을 갖고 져야 합니다. 이미 윤석열 내세워 두 번 이겼지 않았나요? <u>역풍에 고개 숙여본들 사는 게 아닙니다.</u> 뿌리가 깊은

나무는 바람에 흔들리지 않습니다.

▽ **박근혜** 탄핵 때 힘 모아 헤쳐 나갈 생각은 하지 않고 난파선의 쥐새끼들처럼 홀로 살겠다고 뛰쳐나가던 무리가 생각납니다. 얼마 전까지 하늘처럼 떠받치던 대통령을 이제 와서 자기가 낙선하게 생기니 자기 역량은 탓하지 않고 대통령을 비난하면서 탈당을 요구하고 있습니다.
너희들은 감탄고토(甘呑苦吐) 정치 스타일인가요? 대통령 덕에 국회의원 거저 먹겠다고 설칠 때가 불과 몇 달 전인데 이제 와서 벼락치기 선거가 안 되니 그게 대통령 탓인가요?
2년도 안 된 대통령을 제쳐 두고 총선이 아니라 대선 놀이 하면서 셀카나 찍는 선거 전략으로 총선을 돌파할 수 있었다고 믿었나요?
YS는 총선 2년 전부터 치밀하게 선거 준비를 해서 수도권 압승을 이끌었습니다. 뿌린 대로 거두는 선거입니다. 선거는 막연한 바람이 아니고 과학입니다. 제발 남은 기간만이라도 남 탓하지 말고 지역구 구석구석 돌아다니며 읍소하십시오.

2024. 04. 02.

▽ **흔들리지 맙시다.** 선거가 이번뿐만이 아니잖습니까? 벌써 핑계나 댈 생각 말고 끝까지 최선을 다합시다. 다 하고도 지면 깨끗이 승복하고 남 탓 말고 책임질 사람은 책임 집시다. 그사이 각종 사건, 사고에도 책임진 사람이 없지 않았습니까?

대선 놀이하지 마시고 총선에 집중하십시오. <u>셀카 찍는 시간에 국민에게 담대한 메시지나 던지세요. 셀카 쇼만이 정치의 전부가 아닙니다. 정치는 진심(眞心)과 진심(盡心)으로 하는 겁니다.</u>

2024. 04. 03.

▷ **얼치기 좌파**들이 들어와 당을 망치고 있네요. 내가 한동훈 위원장을 대권 경쟁자로 여겨 꼬투리 잡는다고 하는데 윤 대통령 임기가 2년도 되지 않았습니다. 그런데도 셀카나 찍으면서 대권 놀이나 하는 것이 어처구니없어서 참다 참다 못해 충고한 겁니다. 지금은 그 사람들 시간이고 내 시간은 2년 뒤에나 오기 때문에 묵묵히 보고만 있으려고 했는데 중차대한 총선 국면에 그 사람들의 철없는 칼춤 놀이가 한심해서 몇 마디 한 겁니다.

근본 없이 떠돌다 우리 당에 들어와 자기 전공인 조국 저격에만 집중하네요. 얼마 전에는 퍼스트레이디를 마리 앙투아네트에 비유도 하더니 당원 가입이나 했는지 모르겠네요.

선거를 단 한 번도 해 보지 않은 초보 대표에 초선 사무총장, 정치도 모르는 공관위원장까지 모여서 하는 짓들이 한심해서 그래요. 하나도 당에 도움도 안 되는 사람들이 왜 당에 들어와 이간질만 하는지 어이가 없네요. 이번 총선 끝나면 사라질 사람들이 천방지축 날뛸 날도 며칠 남지 않았습니다. 분탕질 치지 말고 이왕 들어 왔으면 총선에만 집중하세요.

2024. 04. 04.

▽ **총선** 이기면 탄탄대로의 길을 걷게 되겠지만 총선에서 제1당이 못 되면 그건 황교안 시즌 2로 전락할 것입니다. 선거에 졌지만 잘 싸웠다가 있나요? 총선 참패하면 용산과 갈등이 있을 거라고 하는데 그거 무슨 얼토당토않은 말인가요?

총선은 당 비대위원장이 주도해서 한 겁니다. 공천 제멋대로 하고 비례대표까지 독식하지 않았나요? 2년 나라 운영을 했으니 정권 심판론은 당연한 것으로 받아들이고 대처해야 했습니다. 그게 정치판입니다. 공천해 주었다고 다 내 편 되는 거 아닙니다.

선거 끝나면 내 편이 없습니다. 3김 시대처럼 정치판의 의리, 명분이 사라진 지 오래되었습니다. 국회의원은 모두 당선 즉시 자기가 잘나서 당선된 것으로 압니다. 심지어 비례대표도 마찬가지입니다. 지난 총선 끝나고 난 뒤 황교안의 공천받고 당선된 사람 중에 황교안을 따라가는 사람이 있습니까? 국민 앞에 엎드려 절하는 게 무엇이 어렵나요? 아직도 검사 근성이 남아 항일 독립투쟁도 아닌데 이육사 선생처럼 꼿꼿이 서서 죽겠다는 건가요? 사즉생의 각오로 화난 국민에게 마지막까지 읍소하십시오. 그게 사는 길입니다.

2024. 04. 09.

▽ **권력**에 굴하지 않고 돈에 매수되지 않고 정의의 사도인 검사로서 자존심을 지킨 마지막 대한민국 검사는 함승희, 홍준표라고 나는 늘 생각하고 있습

니다. 그런 검사로 인생을 끝냈어야 하는데 내부 수사를 빌미로 미운털이 박혀 검찰에서 배제된 후 조폭들의 협박을 피하려고 정치판에 뛰어들었지만, 한국 정치판은 편 싸움판이었습니다.

내가 있을 자리가 아니라고 생각했는데 어느덧 30여 년이 훌쩍 갔네요.

그런데 나는 요즘 검사들을 보면 분노가 치밀어 오릅니다. 그 대단한 자리를 그렇게 값싸게 만들어 버리고 수사지휘권 받는 경찰에게도 경멸당하는 검사 신세들이 된 것을 자기들만 모르고 있다는 겁니다. 그런 검사는 이미 검사로서 존재가치가 없어진 겁니다.

검사가 정치권에 줄을 대며 편 가르기로 세상 눈치나 보는 수사나 하고도, 여의도에 들어가는 염량세태(炎凉世態)가 세상을 혼란케 하고 어지럽힙니다. 검사 출신이라고 한 묶음으로 매도되는 세태가 부끄럽고 억울한 요즘 나는 참 바보처럼 살았다는 생각도 들고 있습니다.

이과 출신인 내가 의대를 지망하다가 본고사 한 달 앞두고 법대로 가게 되었는데 그때 의대로 갔으면 지금보다 훨씬 갈등 없는 세상에 살았을지도 모르고, 가끔 잘못 선택한 게 아니었는지 후회할 때가 있습니다.

2024. 04. 10.

▷ **나는** 대한민국 1%들이 서민들 위에 군림하면서 세상을 농단하는 게 참 싫습니다. 기득권의 틀 속에서 모든 것을 누리며 살아온 사람들이 서민들의 분노와 애환을 알 리가 있겠습니까? 검사로 있을 때도 1%들의 농단으로 변방에서 막 검사만 했고 정치를 하면서도 1%들의 농단 속에서 그들과 타협하

지 않고 지금까지 왔습니다.

2017. 7. 탄핵 대선 후 만난 어느 언론사 간부가 '될 판이었으면 당신을 후보로 했겠냐? 어차피 안 될 판이니, 당신이라도 내세워 패전처리 투수하는 거지.' 그 말을 듣고 피가 거꾸로 솟는 분노를 느꼈습니다. 아하 이게 대한민국 1%들의 생각이구나, 정치를 하다 보니 부득이하게 그들과 마주치지 않을 수 없지만 나는 그들이 참 싫습니다. 더는 이 나라가 대한민국 1%에 농단되는 일이 없었으면 합니다.

2024. 04. 11.

▽ 4월은 가장 잔인한 달!
죽은 대지 위에 라일락꽃은 피고, 역대급 참패를 우리는 겸허히 받아들이고, 당정(黨政)에서 책임질 사람들은 모두 신속히 정리합시다. 폐허의 대지 위에서 다시 시작합시다. 내일은 내일의 태양이 다시 뜹니다. DJ는 79석으로 정권 교체를 한 일도 있습니다. 다행히 당을 이끌어 갈 중진들이 다수 당선된 다행입니다. 흩어지지 말고 힘 모아 다시 일어섭시다.

▽ 2017. 3. 탄핵 대선을 앞두고 당이 지지율 4%로 폭삭 망하여 당의 존폐가 걸렸을 때 대선 출마해 살려 달라며 창원까지 내려온 인명진 비대위원장님의 손길을 뿌리치지 못하고 당을 살리겠다는 일념으로 경남지사 사퇴하고 탄핵 대선에 나갔습니다. 대표 직무 대행하던 사람은 선거비용 환수 못 받는다고 TV 법정공고 44회를 11회로 줄이고 그것도 모두 잠자는 심야 시간대에

값싸게 방영하여 선거비용을 문재인, 안철수의 절반 정도밖에 쓰지 않았고, 대선자금 빌려준 은행은 돈 못 받을까 봐 항상 여의도연구원에 와서 지지율 체크를 하였습니다. 패배할 것이 뻔해 사무처 당직자들은 대부분 6시만 되면 퇴근해 버리고 TV 토론 잘할 때마다 열린우리당을 뛰쳐나가 출마한 후보는 문재인 공격은 하지 않고 나만 물고 늘어졌습니다. 그 TV 토론도 도와주는 사람이 없어서 원고 없이 현장에서 즉흥적으로 처리하였습니다. 홍보기획사도 가장 싼 곳을 골라 선거 공보물을 만드는 바람에 정장수 보좌관이 직접 이를 받아 수정하기도 했고 탄핵으로 연설 내용을 귀담아듣는 사람이 없어 연설 시작 전에 유세장에서 트로트 한 곡 하면서 집중토록 하고 유세를 했습니다. 경기도 어느 연설회장에서는 개천가 다리 밑에 30여 명 모아놓고 연설하라고 했고 조선일보를 비롯한 주요 일간지들은 기사를 문재인, 안철수 위주로 작성하고 나는 군소정당 후보들과 같이 일단기사로 취급되었습니다.

선거기간 내내 15%만 득표하여 선거비용 보전만 받게 해달라고 빌었는데 24.1%를 받아 안철수를 제치고 2등 하여 당 재정 파탄은 면했기에 나는 국민에게 참 고마워했습니다. 그렇게 해서 살린 당입니다. 후회되는 것은 그때 이 당을 보수언론에서도 주장하듯이 없어지도록 그냥 두었으면 지금처럼 무기력한 참살이 정당화되지 않았을 건데 돌아보면 참 후회되는 일입니다.

2024. 04. 12.

▷ **천신만고** 끝에 탄핵의 강을 건너 살아난 이 당을 깜냥도 안 되는 황교안이 들어와 대표놀이하다가 말아 먹었고 더 깜냥도 안 되는 한동훈이 들어와

대권 놀이하면서 정치 아이돌로 착각하고 셀카만 찍다가 말아 먹었습니다. 이 당 안에서 인물을 키우거나 찾을 생각은 하지 않고 당 밖에서 셀럽을 찾아 자신들을 위탁하는 비겁함으로 당은 명줄을 이어간 겁니다. 우리가 야심 차게 키운 이준석도 성 상납이란 어처구니없는 누명을 씌워 쫓아내고 용산만 목매어 바라보는 해바라기 정당이 되었습니다.

이제 70대가 넘는 노년층 지지에만 걸구(乞求)하는 정당이 미래가 있을까요? 청년 정치를 외치면서 들어온 그 애들은 과연 그 역할을 해 왔을까요? 이번 총선을 바라보면서 내가 30여 년 보낸 이 정당이 날지 못하는 새로 또 전락하는 게 아닌지 참 안타깝습니다.

▷ **문재인** 믿고 그 사냥개가 되어 우리를 그렇게 모질게 짓밟던 사람 데리고 왔는데 배알도 없이 그 밑에서 박수 치는 게 그렇게도 좋더냐고요? 그런 노예 근성으로 어떻게 이 험한 세상을 살아갈 수 있겠나요?

자립, 자강할 생각은 털끝만치도 안 하고 새털같이 가벼운 세론(世論) 따라 셀럽이 된 대한민국 특권층 1% 밑에서 찬양하며 사는 게 그렇게도 좋더냐고요? 나는 그렇게는 살지 않습니다.

내 힘으로 삽니다. 내 힘으로 살다가 안 되면 그건 내 숙명입니다. 호랑이는 굶주려도 풀은 먹지 않고 선비는 아무리 추워도 곁불은 쬐지 않습니다.

2024. 04. 13.

▽ 108석 주었다는 건 국민이 명줄만 붙여 놓은 겁니다. 바닥을 쳤다고들 하는데 지하실도 있습니다. 박근혜 탄핵 때 지하실까지 내려 가보지 않았나요? 책임질 사람들이 나갔으니 이젠 네 탓 내 탓 하지 말자고요. 다 우리 탓입니다.
더는 그때 상황 재현하지 말자고요. 다시 일어나자고요. 불난 집에 콩이나 줍는 짓은 하지 말고 하나가 되어 다시 일어서자고요. 자립, 자강의 길로 가자고요. 폐허의 대지 위에서 스칼렛 오하라는 '내일은 내일의 해가 다시 뜬다'고 외쳤습니다.

▽ 선거는 당이 주도하여 치릅니다. 대통령은 선거 중립의무가 있어서 선거를 도울 수가 없습니다. 그런데 선거가 참패하고 난 뒤 그걸 당의 책임이 아닌 대통령 책임으로 돌리면 이 정권은 그야말로 대혼란을 초래하고 범여권 전체가 수렁에 빠집니다.
이번 선거는 자기 선거를 한번도 치러본 일이 없는 사람들이 주도하여 그 막중한 총선을 치른 겁니다. 전략도 없고 메시지도 없고 오로지 철부지 정치 초년생 하나가 셀카나 찍으면서 나 홀로 대권 놀이나 한 겁니다.
총 한 번 쏴본 일 없는 병사를 전쟁터의 사령관으로 임명한 겁니다. 그런 전쟁에 이길 수 있다고 본 사람들이 바보인 겁니다. 그런데 수준 낮은 일부 당원들은 여당 지도부 책임을 묻는 나에게 내부 총질 운운하면서 욕설 문자를 보냅니다. 심지어 선거 관여가 금지된 단체장에게 너는 이번 총선에서 뭐 했냐고 질책하기도 합니다. 참 무식하고 맹목적인 사람들입니다.

참 간 큰 사람들일 뿐만 아니라 무지한 사람들입니다. 여당이 총선 패하면 당연히 그 여당 지도부 탓이지 그걸 회피하려고 대통령 탓을 한다면 대통령만 질책의 대상이 되고 여당 지도부는 책임 회피를 하는 겁니다. 그렇게 되는 게 앞으로 정국을 헤쳐 나가는 데 무슨 도움이 되겠습니까?

나는 문재인 정권 때 야당 대표를 하면서 우리 측 인사들 수백 명이 터무니없는 이유로 줄줄이 조사받고 자살하고 구속되는 망나니 칼춤을, 피를 토하는 심정으로 지켜본 일이 있습니다.

그 문재인 정권하에서 그것을 주도한 사람을 비대위원장으로 들인 것 자체가 배알도 없는 정당이고 집단입니다. 도대체 우리에게 지옥을 맛보게 해 준 한동훈이 무슨 염치로 이 당 비대위원장이 된다는 겁니까?

출발부터 잘못된 겁니다. 내가 이 당에 있는 한, 그를 용납하지 않을 겁니다. 삼류 유튜버들이야 고려의 가치가 없지만 그걸 두고 대선 경쟁자 운운하는 일부 무식한 기자들의 어처구니없는 망발도 가관입니다. 배알도 없는 맹종은 이제 그 정도만 하시고 최소한의 자존심은 가집시다. 생각 좀 하고 삽시다.

2024. 04. 15.

▽ **요즘** 대세 배우로 떠오른 분을 대구 어느 골프장에서 만났을 때 그분의 셀카 찍자는 요청을 나는 정중히 사양한 바가 있었습니다. 좌우가 없는 연예인 판에 나하고 사진 찍었다는 것 때문에 대세로 떠오르는 국민 배우를 반대편에서 비난하는 일이 생겨 그분에게 피해가 갈까 봐 사양했는데 요즘 계양을에서 이천수 선수가 하는 모습을 보고 손뼉을 쳐주었습니다. 손해 볼 것을

뻔히 감수하면서도 일종의 연예인이 된 사람이 우리 편에 나서서 그렇게 행동하기가 쉽지 않았을 터입니다. 더구나 좌파 성향 연예인들은 대놓고 나대는 이 판에서 우리 쪽의 선거 운동을 하기가 쉽지 않았을 터인데 아무튼 김흥국 씨, 이천수 씨 감사드립니다.

2024. 04. 16.

▽ **싸움의 정석**은 육참골단(肉斬骨斷)입니다. 내 것을 내주지 않고 싸움에 이길 수는 없습니다.

한국 정치는 해방 이후 지금까지 대결 정치로 일관해 왔고 그 속에서 이기려면 끝없는 싸움에서 상처를 입으면서도 살아남는 겁니다. 민주당은 이 세계에 익숙한 사람들이지만 우리 당 사람들은 제 살기 바빠 몸을 사리기로 비겁한 생존을 이어왔습니다.

이젠 그럴 때가 아니지요. 전사(戰士)만이 생존하는 형국이 되었습니다. 바닥까지 왔다고 자위하지만, 지하실도 있다는 걸 알아야 합니다. 어차피 가야 할 사람들은 미련 없이 보내고 남은 사람들만이라도 뭉쳐야 합니다. 내일은 내일의 해가 다시 뜹니다.

▽ **봄날**은 간다.

    이 잔인한 봄날이 간다.

2024. 04. 17.

▷ 당 대표를 선출하는 규정을 여론 조사 30%, 당원 70%로 바꾼 것은 제가 한나라당 혁신위원장을 할 때인 2006년이었습니다. 그전에는 당 대표뿐만 아니라 광역단체장 이상 대선 후보도 당원 100%로 선출했지요.

그런데 제가 혁신위원장을 할 때 그 규정을 당 대표는 3대 7로 바꾸고 광역단체장 이상 대선 후보는 5대 5로 바꾸었는데 실시해 보니 국민 대상으로 하는 본선거는 이대로 진행해도 무리가 없지만 당 대표 선거는 타당 지지하는 사람도 우리 당 선거에 투표권을 행사하는 불합리가 속출하여 역선택 방지 조항을 넣자는 주장도 제기되었습니다.

당 대표는 당원을 대표하는 사람이기 때문에 당원들만 선거권을 갖는 잔치가 되어야 하는 게 맞지 않나요? <u>제가 만든 규정이지만 당 대표 선거는 당원 100%로 하는 게 맞다고 보입니다.</u> 그 규정은 바꿀 필요가 있어 보이네요.

2024. 04. 18.

▷ 참 소설도 잘 쓰고 있네요. 한동훈 전 위원장은 윤석열 정권 황태자 행세로 윤 대통령 극렬 지지 세력 중 일부가 지지한 윤 대통령의 그림자였지 독립변수가 아니었습니다.

황태자가 그것도 모르고 자기 주군에게 대들다가 폐세자가 되었을 뿐이고 당내외 독자 세력은 전혀 없습니다. 황교안이 총선 말아 먹고 퇴출당하였을 때 그는 당을 1년 이상 지배했어도 뿌리가 없어 돌아오지 못하는데 집권당 총선을 사상 유례없이 말아 먹은 그를 당이 다시 받아들일 공간이 있을까요? 이제 소설들 그만 쓰시고 앞으로 우리가 전열을 재정비하고 다시 일어설 수 있도록 도와주십시오. 그게 한국 보수 우파가 살아날 길입니다.

2024. 04. 19.

▽ 자기 것을 내주지 않고 이기려는 심보는 놀부 심보입니다. 이미지나 가꾸고 현실을 눈감는 비겁한 정치는 하지 않습니다. 정치 투쟁은 언제나 진흙탕 싸움이고 그 싸움에서 나 홀로 고상한 척하는 것은 역겨운 위선입니다. 모든 것을 감안하고 싸워야 하는 순간이 다가오면 주저함이 없어야 하고 이해득실을 떠나 옳고 그름을 기준으로 싸워야지 나중에 그 명분으로 후일을 기약할 수 있습니다. 잡새들의 시기(猜忌)는 고려할 필요가 없지요. 나는 언제나 그랬고 그 생각으로 지난 30여 년을 이 아수라판에서 살아온 겁니다.

2024. 04. 21.

▽ 장면 1

2004. 3. 국회 전경

노무현 대통령 탄핵 표결 때 정동영, 천정배 등 열린우리당 의원들은 한나라당을 중심으로 한 노무현 대통령 탄핵 추진을 온몸으로 저항하며 막았고, 이를 사흘 동안 방송 3사 화면에 24시간 방영되어 한나라당에 대해 국민적 반감을 사게 하고 총선에서 압승하였습니다.

▽ 장면 2

2016. 12. 국회 전경

박근혜 대통령 탄핵 표결 때 새누리당 의원들은 아무런 저항 없이 질서 정연하게 표결에 순응하였고 그중 상당수는 찬성표까지 던져 제 살기 바빴습니다. 이게 민주당과 우리 당의 차이입니다. 민주당은 위기가 닥치면 뭉치고 우리 당은 제 살기 바쁩니다.

총선 패배를 대통령 탓으로 돌리면 임기 3년이나 남은 대통령이 어떻게 정국 운영을 해 나가겠습니까? 선거 지면 그것은 다 내가 못난 탓이고 당 지도부가 무능한 탓입니다. 정부 정비는 대통령실에 맡기고 빨리 당부터 재정비합시다. DJ는 79석으로 정권을 잡았고 2년 뒤 총선에서 제2당으로 패배하고도 국정 운영을 성공적으로 하였으며 정권 재창출도 했습니다.

2024. 04. 22.

▽ 나는 친박이 아니어도 박근혜 탄핵을 반대했고 박근혜 탄핵 인용 헌재 심판도 비판했던 사람입니다. 그건 헌정 중단이어서 나라의 안정을 위해 반대했던 거지 친박이어서 반대한 건 아닙니다. 나는 친윤이 아니어도 나라의 안정을 위해서 대통령을 흔드는 건 반대합니다. 잡새들은 이를 두고 친윤 운운하지만, 나를 계파 구도에 넣는 것은 참으로 모욕적입니다.

나는 30여 년 정치 역정에 단 한 번도 계파 정치를 한 일이 없습니다. 내가 꿈꾸는 세상은 따로 있습니다. 삼류 평론가들은 이를 두고 누구와 경쟁구조 운운하기도 하지만 아직 대선은 3년이나 남았고 지금은 윤 정부에 협조하고 바른 조언을 해야 나라가 안정적으로 됩니다.
일부 잡설(雜說)로 국민을 혼란케 하는 것은 나라를 위해 바람직하지 않습니다.

▷ 국회와 소통되고 충직한 분으로 정진석 비서실장 임명을 환영합니다. 앞으로 2년 동안 선거도 없으니 대 국회 관계를 원만히 추진하여 정국의 안정과 나라의 발전을 기해 주시기를 바랍니다. 거듭 정진석 비서실장 취임을 축하드립니다.

2024. 04. 25.

▷ 이미 구미, 경주 등지에는 박정희 전 대통령의 동상이 건립되어 있고 대구시가 처음으로 건립하는 것이 아님에도 일부 단체를 중심으로 이를 반대하는 건 유감입니다. 역사적인 인물을 평가할 때는 늘 공과가 있는 것인데 과만 들추어내어 반대하는 것도 유감입니다. 박정희 전 대통령을 우상화하자는 것도 아니고 대한민국 산업화의 출발인 대구에 그분의 산업화 정신을 기리자는 이번 동상 건립 추진은 대구시민들의 뜻도 아마 저와 다를 바 없을 겁니다. 늘 반대만 일삼는 그들의 억지를 받아 준다면 이것이야말로 대구시민들의 뜻에 역행하는 처사가 될 겁니다. 개인적으로 나는 유신 반대운동으로 1974. 10. 중앙정보부에 끌려가 곤욕을 치른 적도 있지만 우리 민족을 5천 년 가난에서 벗어나게 해 준 박정희 전 대통령의 산업화 정신은 존중합니다. 그 정신

을 기리고자 동상을 추진하는 겁니다. 정치적인 뜻도 없는데 정치적인 이유로만 반대하는 것도 옳지 않습니다.

2024. 04. 27.

🚩 장면 1
항성(恒星)과 행성(行星)의 차이도 모르고 설치면 큰 낭패를 당합니다. 행성이 자기 주제를 모르고 항성으로부터 이탈하면 우주 미아가 될 뿐입니다.

🚩 장면 2
중국 악극 '변검'을 보면서 나는 한국 정치인들을 떠 올립니다. 하루에도 몇 번씩 얼굴을 바꾸는 그들을 생각하면서 이번 총선에서 참 많이 퇴출당하였지만 그래도 한국 정치는 아직도 변검의 무대입니다.

2024. 04. 29.

🚩 **불난 집**에 콩 줍기로 하듯이 이 사품에 패장(敗將)이 나와서 원내대표 한다고 설치는 건 정치도의도 아니고 예의도 아닙니다. 우파가 좌파보다 더 나은 건 뻔뻔하지 않다는 건데 그것조차도 잊어 버리면 보수 우파는 재기하기 어렵습니다.

2024. 04. 30.

▽ **들러리** 세워 원내대표 노리고 있나요? 주축이 영남인데 영남만 배제하고 정당이 되겠나요? 도대체 사람이 그리 없나요? 초짜 내세워 선거 망치더니 패장(敗將)을 내세워 또 한 번 망쳐야 하겠나요? 에이 가만 두고 보려니 해도 해도 너무합니다. 좌시천리(坐視千里), 입시만리(立視萬里)라는 말이 있습니다. 대구에 앉아서도 뻔히 보이는데, 서울에 있는 너희들은 언어장애에 걸렸나요?

▽ **나는** 매달 당비를 국회의원 30만 원보다 20만 원이나 더 내는 사람입니다. 당연히 당무에 관여할 자격이 있지요. 대구시정은 누구보다도 잘하고 있으니, 누구처럼 시정에만 전념하라는 모욕성 발언은 하지 마시기를 바랍니다. 제 분수 모르고 그 말 했다가 쫓겨난 사람도 있습니다. 중앙에서 잘하면 조언할 일이 있겠습니까? 보다못해 관여하는 겁니다. 좀 잘해 주세요. 지방에서도 편하게 뉴스 볼 수 있게.

2024. 05. 02.

▽ **박정희** 전 대통령 기념 사업 조례가 시의회를 통과하여 박정희 광장사업, 박정희 공원사업, 박정희 동상 건립 사업이 순조롭게 추진될 예정입니다. 우리 역사에 굴곡은 있었지만, <u>우리 국민을 5천 년 가난에서 벗어나게 해 준 박정희 전 대통령의 산업화 추진 정신은 우리가 반드시 기려야 할 위대한 업적입니다.</u>

대구시는 우리나라 산업화의 출발인 섬유 산업 도시로서 박정희 전 대통령의 업적을 기리고 5대 신산업 추진으로 대구 미래 100년을 준비하기 위해 일로 매진하고 있습니다. 대구시민 70% 찬성과 97% 압도적인 시의원님들의 찬성으로 출발하는 박정희 전 대통령의 기념 사업을 대구시민과 함께 반깁니다.

2024. 05. 03.

▷ 현재 범인으로 지목되어 재판을 받는 사람이 현직 대통령을 범인 취급하는 건 난센스가 아닌가요? 이때 하는 적절한 말이 적반하장(賊反荷杖)이라고 합니다. 영수 회담한 지 며칠 되었다고 그러십니까? 국민이 야당에 표를 몰아준 것은 협치해서 나라를 안정시키라는 것인데 벌써부터 그렇게 몰아붙이면 국민이 얼마나 불안하겠습니까?
차근차근하시지요. 아직 3년이란 세월이 남았습니다.

2024. 05. 03.

▷ 의료 대란은 이제 그만 타협했으면 합니다. 국민 80%가 의대 증원을 찬성하는데 유독 의사분들만 집요하게 증원 반대를 하면서 아예 공론의 장에 들어오지 않고 거부하는 것은 의사 될 때 하는 히포크라테스 선서와도 맞지 않습니다. 생명을 다루는 직업답게 경건하게 국민 앞에 서 주시기를 거듭 부탁드립니다. 의사는 개인도 아니고 투사도 아닙니다. 공인이지요. 국민의 생명

을 담보로 파업하는 건 아무리 생각해도 과한 처사입니다. 공론의 장으로 돌아와서 허심탄회하게 대화와 타협으로 의료 대란을 풀도록 하십시오.

2024. 05. 04.

▽ 젊은 해병이 수해 현장에서 홍수로 떠내려간 이재민을 수색하면서 익사한 채상병 사건은 우리 국민 모두의 가슴을 아프게 했습니다. 그런데 그 사건을 두고 지난 10개월 동안 한국 사회는 몸살을 앓고 있습니다.
채상병 순직 과정을 두고 해병대 수사단장과 군 수뇌부의 갈등이 여과 없이 표출되어 여의도 정치의 중심에 섰기 때문입니다. 급기야 야당 주도로 특검법까지 통과되고 대통령의 거부권과 대치하는 상황에서 우리는 상황을 더 냉정하게 볼 필요가 있다는 겁니다. 그 사건의 본질은 채상병 순직의 업무상 과실치사 책임이 과연 사단장까지 져야 하느냐에 있습니다. 본래 업무상 과실치사에서 업무상 주의의무는 구체적인 주의의무를 뜻하지, 추상적인 주의의무까지 요구하는 건 아닙니다.
지난 이태원 참사 때 경찰청장이 입건되지 않은 이유도 바로 그것 때문입니다. 만약 추상적 주의의무까지 처벌 대상으로 하면 대한민국 모든 사건, 사고의 법적책임은 대통령이 져야 합니다. 결론적으로 그러한 구체적인 주의의무는 현장 지휘관에게 있고 현장에서 떨어진 본부에서 보고받는 사단장에까지 있다고 보기는 어렵다는 겁니다. 그런데 헌병 수사단장은 사단장에게까지 무리하게 그걸 적용하려고 했고 수뇌부는 그건 안 된다고 한 것이 이 사건의 본질입니다.

군대에는 특과병들이 있습니다. 법무관, 군의관, 헌병대, 기무사 등이 그들인데 그중 헌병대, 기무사 등은 사병도 사복을 입고 비교적 자유롭게 근무하면서 훈련도 열외이고 사단장 이하 예하 장병들을 감시, 감독하고 있습니다. 그들은 대단한 자부심으로 복무하면서 독자성을 갖고 업무를 수행하기 때문에 사단장도 함부로 할 수 없는 갈등 관계에 있기도 합니다. 계급사회인 군대에 있는 독특한 제도입니다.

감성으로 접근하면 특검을 받아들여 또 한 번 세상을 흔드는 게 맞을지 모르나 이성으로 접근하면 공수처와 다른 수사기관의 결론을 보고 미흡하면 특검으로 가는 게 맞을 겁니다.

사건을 냉정하게 분석하는 사설 하나 없네요. 사안의 본질을 검토해 보지도 않고 감성의 여론에 휩쓸려 특검법 찬성 운운하는 정치인들도 참 딱하네요. 안타깝네요.

2024. 05. 05.

▷ **핵심 현안을** 피해 가는 것은 책임 있는 정치인의 자세가 아니지요. 논란이 있을 때 침묵하는 것도 책임 있는 정치인의 자세가 아닙니다. 나는 언제나 논란이 있는 핵심 현안에 대해서는 의견을 결정하곤 합니다. 그렇게 해야 언제 어디서든지 현안에 관한 질문에 즉답할 수 있기 때문입니다. 논리에서 밀리면 음해로 인신공격하는 것은 저열한 인성을 가진 사람들이나 하는 못된 짓입니다. 의사 정도 되는 사람이 그런 짓 하는 것은 그 수준을 의심케 하는 시정잡배나 다를 바 없습니다.

또 그런 사람에게 흔들리는 집단이 있다면 그것도 한국 사회를 위해 바람직하지 않습니다. <u>야당 대표도 동의하여 국민적 합의가 된 의사 증원을 나 홀로 독단으로 무력화해지게 하는 것은 당랑거철</u>(螳螂拒轍)<u>에 불과합니다. 모든 것은 공론의 장에서 국민적 합의를 끌어내야 합니다.</u> 국민의 생명과 건강을 인질로 파업하는 것은 지성인이 할 짓은 아닙니다.

2024. 05. 06.

▽ <u>50여 년 전</u>에 내가 한 것도 아닌 하숙집 동료가 한 일을 묵과하고 말리지 못한 것을 후회한다는 고백을 공범으로 몰아 파렴치범으로 모함하는 그 지능으로 의사라는 지성인 집단을 이끌 수 있겠나요? 히포크라테스의 선서도 모르냐는 말이 그렇게 아팠나요? 의사가 힘들어 용접공으로 직업전환하는 사람도 있다? 그게 말이 되는 소리인가요?
의사 증원에 찬성한 이재명 대표는 겁이 나서 인신공격 못하고 내가 그렇게 만만한가요? 막가는 사람이라고 듣긴 했다만 파업 교사로도 발전되어 조사 중이라는데 그냥 집어넣었으면 세상 조용해지겠네요.

2024. 05. 08.

▽ <u>무슨</u> 여당이 2년도 안 됐는데 비대위를 3번씩이나 하냐고요? 그만큼 당내 혼란상이 심각하다는 거 아닌가요? 전당대회 관리위원장에 불과한 이번 비대

위원장은 그냥 조속히 전당대회 열어 당권 넘겨주고 나가면 되는데 무슨 당 대표나 된 듯 새롭게 비대위원 임명하고 당 대표 행세하면서 전당대회를 연기하려고 하니 참 가관입니다.

그렇게 한가로운가요? 이번 비대위원장은 역할이 전당대회 관리뿐입니다. 당 혁신은 다음 정식으로 선출된 당 대표가 할 일입니다. 원내대표가 직무대행자가 되어 전당대회를 주관해야 했는데 굳이 또 비대위를 만든 것도 코미디입니다. 선수들끼리 하는 전당대회는 한 달이면 충분 합니다. 안분지족(安分知足)하시고 빨리 전당대회 열어 당 대표나 선출하세요.

▽ **선출**되지 않고 임명직에 불과한 전당대회 관리위원장인 비대위원장이 당헌·당규에 손대는 건 월권입니다. 그냥 욕심부리지 마시고 그건 선출된 당 대표에게 맡기고 정해진 당헌·당규대로 전당대회 관리만 신속히 하십시오. 심성이 고우신 분이 말년에 욕 되이 끝날까 저어되어 한말씀 드립니다.

▽ **이번** 당 대표는 2026. 6. 지방선거를 책임질 사람을 뽑는 선거입니다. 대선 경선 출마 예정자는 당권·대권 분리 당헌상 2025. 9. 8. 사퇴해야 해서 이번 당 대표 선거에 출마 자체가 부적절하고 광역단체장 출마 예정자도 2026. 6. 지방선거전에 사퇴해야 해서 지방선거를 책임져야 할 당 대표로서는 부적절합니다.

대선, 지선에 출마하지 않고 오로지 대야 전선 투쟁과 당 혁신, 지방선거에만 집중할 사람을 뽑는 것이 이번 당 대표 선거인데 현재 언론에서는 일부 정치부 기자분들이 연조가 얼마 되지 않아서 그런지 그것도 간과하고 소설을 쓰고 있네요. 잘 살펴보십시오. 그런 당 대표에 헌신할 분이 누가 있는지.

2024. 05. 10.

▷ 어제 다시 본 대통령 기자회견은 겸손했지만 그래도 국민 기대에 못 미치는 건 집권 2년간 검찰식 정치에 쌓였던 불만 때문일 겁니다. 한 나라의 대통령은 적어도 2~30년간 사회 각 분야의 다양한 경험을 쌓고 여야를 조율할 정치력을 겸비해야 하는데 검찰총장 퇴임 후 급박하게 정치권에 들어와 대통령이 되었으니 아무래도 지난 2년 동안 많은 실수도 있었을 겁니다.

이제부터는 잘할 거로 기대합니다.

내가 최근 한동훈 비대위원장의 잘못을 계속 지적하는 것은 지난 윤석열 후보와의 경선 때 저질렀던 잘못을 되풀이하지 않기 위함입니다. 그 당시 민심에서는 10% 이상 앞섰으나 당심에서 참패하는 바람에 후보 자리를 내줬던 것인데, 또다시 갑툭튀로 나타나 대한민국을 다시 혼란스럽게 하면 안 된다는 판단에 따라 그의 잘못과 무능을 미리 국민과 당원들에게 알리고 있지만 그에 따라 내가 받을 오해와 상처는 감안하고 지적하는 겁니다.

그뿐만 아니라 한동훈 위원장이 문 전 대통령 지시로 우리를 궤멸시킨 국정농단 사건의 참상을 지금도 잊지 않고 있습니다. 그때 나는 야당 대표를 하고 있었습니다.

윤 대통령은 부득이하게 받아들이지만 한동훈은 용서하기 어렵습니다. 더는 배알도 없는 정당, 그렇게 모질게 당하고도 속도 없이 레밍처럼 맹종하는 정당이 되어선 안 됩니다. 그러면 그 정당은 존립 가치를 상실하고 소멸합니다.

2024. 05. 11.

▷ 해방 후 좌우 극심한 대립 속에서 대한민국을 건국한 세력은 보수 우파들입니다. 건국 후 피폐해지고 6·25 전쟁으로 폐허가 된 대한민국을 5천 년 가난에서 벗어나 산업화를 이룬 세력도 보수 우파들입니다.

그러나 그 후 이루어진 87 체제로 우리는 민주화를 이루었고 그 세력의 중심은 진보 좌파들이었습니다. 그리하여 우리는 지구상에서 보기 드문 산업화와 민주화를 동시에 이루고 GDP 상으로는 선진국 시대를 열었지만, 아직도 대한민국은 보수 우파와 진보 좌파의 극심한 대립 구조가 해소되지 않고 지난 20여 년간 이어져 내려오고 있습니다.

그러나 노무현 대통령 시절부터 본격화된 이런 극단적인 대립구조를 타파하지 않고는 진정한 선진국 시대를 열기 어렵습니다. 그래서 나는 이러한 대립구조를 탈피하고 통합하는 상위 개념으로 국익(國益)을 내고자 10여 년이 된 것 같네요.

국익을 위해서라면 좌파 정책도 받아들이고 국익을 위해서라면 우파 정책도 받아들여 좌우가 공존하는 선진 대국시대(先進大國時代)를 만들어 가고자 하는 게 내 마지막 꿈일지도 모릅니다.

사회 양극화가 날로 심화하여 가는 지금 진영 논리만 득세하는 좌우 논쟁보다 각자에게 그의 것을 골고루 주는 배분적 정의를 기초로 하는 국익 우선주의를 나라의 기본 이념으로 하는 게 옳지 않을까요? 그것은 헌법 46조 제2항에도 명시되어 있습니다. 주말 아침이 혼란한 시대상이 안타까워서 한마디 적었습니다.

2024. 05. 14.

▷ **자기** 여자 하나 보호 못 하는 사람이 5천만 국민의 생명과 재산을 지킬 수 있겠습니까? 당신이라면 범법 여부를 수사 중이고 불명확한데 자기 여자를 제자리 유지하겠다고 하이에나 떼들에게 내던져 주겠습니까? 역지사지(易地思之)해 보십시오.

노무현 전 대통령 후보 시절, 장인의 좌익 경력이 문제가 되었을 때 어떻게 대처했는지 한번 보세요. 그건 방탄이 아니라 최소한 상남자의 도리입니다. 비난을 듣더라도 사내답게 처신해야 합니다. 누구는 대통령 전용기까지 내줘가며 나 홀로 인도 타지마할 관광까지 시켜주면서 수십억 국고를 손실케 해도 처벌 안 받고 멀쩡하게 잘 살아 있습니다.

2024. 05. 16.

▷ **나는** 2017년 박근혜 탄핵 때 우리 당 의원들이 취했던 나만 살겠다는 그 비겁한 행태를 잊을 수가 없습니다. 그때 보수언론들조차 앞장서 탄핵으로 몰고 가던 그 모습을 잊을 수가 없습니다. 궤멸한 당을 이끌고 희망이 없던 탄핵 대선을 치를 때 보여줬던 보수언론들, 유세 현장에서 갖가지 모욕과 수모를 받았던 일도 잊을 수 없습니다. 2017. 5. 문재인 정권이 들어서고 난 뒤 자행되었던 보수 궤멸을 위한 무자비한 국정농단 정치 수사도 잊을 수도 없고 용서할 수도 없습니다.

2018. 6. 지방선거를 앞두고 남북 위장평화 회담으로 전 국민을 속일 때 그때

보여줬던 우리 당 의원들의 비겁한 문재인 동조도 잊을 수 없습니다. 보수 우파라는 사람들의 행태가 이럴진대 또다시 그런 사태가 오지 말라는 법이 있나요? 벌써 균열의 조짐을 보이지 않습니까?

나만 살겠다고 윤 대통령 탓하는 그런 비겁한 생각으로 6월 난장판 국회를 어떻게 대처하겠다는 건가요? 당 대표를 하나 맡겠다는 중진 없이 또다시 총선 말아 먹은 이한테 기대겠다는 당의 미래가 있겠나요?

문재인의 사냥개 되어 우리를 지옥으로 몰고 간 애 밑에서 배알도 없이 또 정치하겠다는 건가요? 내가 윤 대통령을 옹호하는 건 그의 정책이 좋아서가 아니라 2017. 사태 재발을 막자는 겁니다. 제발 부끄러움을 알고 제 역할을 다합시다. 선거 때 되면 내가 잘나서 된 것이고 떨어지면 내가 못나서 떨어진 겁니다. 선거 떨어지고 언론에 나와서 윤 대통령 탓하며 조잘거리는 것도 보기 딱합니다. 나는 노무현 탄핵 때인 2004. 4. 17대 총선에서 서울 동북부 17개 선거구에서 유일하게 나 홀로 내 힘으로 당선된 일도 있습니다. 하루를 하더라도 국회의원답게 정치인답게 처신합시다.

▽ **검찰 인사**를 두고도 정치적인 해석이 난무하는 건 아무래도 과잉 반응인 거 같네요. 전주지검장이 중앙지검장 된 것을 두고 말이 많은데 문재인 정권 때는 부장검사를 중앙지검장으로 파격적으로 임명을 하면서 고검장급인 서울 중앙지검장을 지검장급으로 낮춘 일도 있었습니다. 그때는 왜 침묵하고 말하지 않았던가요?

검찰 인사를 한다고 그 수사가 없어지나요? 그 수사가 잘못되면 그때 압도적 다수로 특검하면 될 것을 왜 이리 사사건건 시비를 거는지 알 수 없네요. 또 내가 검찰 인사를 상남자와 결부시킨 것도 아닌데 일부 연조 짧은 기자의 소설은 지나치네요. 어떤 여권 인사는 국정과 가정사를 분리해야 한다고 하는데 이번 검찰 인사가 가정사와 무슨 관련이 있습니까?

그러는 본인은 정치하면서 그렇게 해왔는지 자문해 보세요. 오늘 결정해 놓고 집에서 자고 오면 결정이 바뀐다는 소문은 거짓이었던가요? 이제 모든 것을 지켜보면 될 일을 여야 할 것 없이 걸고 넘어지네요.

2024. 05. 17.

▽ 5·18을 맞아 광주 북구 운정동 국립묘지 참배를 다녀왔습니다.
5·18 영령들의 명복을 빕니다.

2024. 05. 18.

▽ 대구·경북이 통합하여 500만의 대구광역시가 되면 대구는 한반도 제2의 도시가 됩니다. 도(道)를 없애고 광역시와 국가가 바로 연결되는 2단계 행정체계가 되면 중복 기능의 기관들도 통폐합되고 복잡한 행정체계도 단순화되어 행정의 효율성이 극대화됩니다.
이철우 경북지사도 이에 적극 호응하고 있으므로 통합이 성사되면 2년 후 지방선거에서는 통합된 대구경북특별시장 1명만 선출하게 됩니다. 대구·경북에서 촉발되는 행정 체제 개편 작업은 타 시·도에서도 참고가 될 것이고 대한민국 전체의 행정체계 개편의 신호탄이 될 수도 있습니다. 사실 3단계 행정체

계 중에서 도(道)는 이제 필요가 없는 시대가 되었지요.

지방자치단체와 국가 이렇게 2단계로 개편하면 되는데 지금 추진하는 경기도 분도는 시대에 역행하는 거 아닌가요? 경기도는 도(道)를 없애고 인근 자치단체끼리 통폐합하여 2단계 행정체계를 만드는 게 맞지 않을까요? 그냥 불쑥 던진 화두가 아니고 오래전부터 생각해 오던 행정체계 개편안입니다.

2024. 05. 20.

▷ 지난번 대구·경북 통합 추진은 양적 통합에 불과했고 이번에 시도하는 대구·경북 통합은 질적 통합입니다. 3단계 행정체계를 100년만의 2단계 행정체계로 만드는 첫 시도입니다. 도(道)를 없애고 국가와 지방자치단체 이렇게 2단계 행정체계로 바뀌면 급증하는 행정수요를 신속하게 처리할 수가 있고 중복되는 기관도 통폐합하게 되어 예산 절감은 물론 행정서비스 질도 향상 됩니다.

오늘 대통령께서 행안부 장관에게 특별 지시도 했습니다. 조속히 통합 완료하도록 중앙정부에서 지원하고 통합 대구광역시가 되면 연방정부에 준하는 독립성을 보장하겠다고 합니다. 곧 행안부 장관, 지방시대 위원장, 경북지사와 4자 회동을 할 예정입니다. 새로운 대구 굴기의 출발점이 될 겁니다.

2024. 05. 21.

▷ **나를** 버리면 더 큰 세상이 보입니다.
소아(小我)에 집착하지 않으면 더 큰 세계가 보입니다.
정치는 풍부한 상상력과 역발상이 뒷받침되어야 세상을 바꿀 수 있습니다.
너와 나의 이익이 아닌 국익(國益)을 생각해야 선진 대국시대를 열 수가 있습니다. 이 찬란한 봄날이 가고 있습니다. 여름이 시작되는 첫날까지 매듭 지을 건 지어야겠습니다.

▷ **언론**이 나라와 국민의 이익을 위한 진실 보도는 외면하고 오로지 자사의 이익만을 위해 보도를 할 때 나라는 혼란스러워집니다. 나는 30여 년 정치를 하면서 이런 파행적인 보도 행태를 수없이 겪었습니다.
최근에 와서는 가짜 뉴스 전문 유튜버들이 활개를 치고 한물간 종편 패널까지 매일 방송에 나와 어쭙잖은 말로 세상을 어지럽히는 것을 보고 이명박 정부 때 MBC의 보도 편향성에 맞서기 위해 만들었던 종편을 괜히 했다는 자괴감이 들기도 합니다. 진실 보도의 언론 사명보다 자사 이익이 우선되는 그런 언론의 자유가 횡행하는 사회가 되면 선진 대국시대는 요원해집니다. 걱정스럽네요.

▷ **지난** 대선 경선 때 민심에서 이기고 당심에서 졌을 때부터 정나미가 떨어지기 시작했습니다. 그나마 마지막 한가락 기대를 걸었는데 우리를 지옥으로 몰고 간 애 앞에서 모두 굽실거리며 떠받드는 거 보고 더더욱 배알도 없는 당이라고 느꼈습니다. 더 기가 막힌 것은 총선을 말아 먹은 애한테 또 기웃거리

는 당내 일부 세력들을 보고 이 당은 가망이 없다고 보았습니다.
당이 자생력이 있어야 일어설 힘이 생기는데 소위 중진이라는 사람들이 너도 나도 애 눈치나 보는 당이 되어서야 이 당이 살아나겠나요? 검찰 정치로 2년 동안 혼란이 있었는데 또 검찰에 기대어 연명하기를 바라나요?
부끄러움을 아십시오. 박근혜 탄핵할 때 없어졌어야 할 당을 살려다 놓으니, 지금도 정신 못 차리고 허우적거리고 있습니다.

2024. 05. 22.

▽ **내가** 지난 30여 년간 이 당을 지키고 살려온 뿌리인데 탈당 운운은 가당치 않습니다. 내가 탈당할 때는 정계 은퇴할 때나 하는 겁니다. 이리저리 흘러 다니다가 한자리 꿰차고 이 당으로 흘러 들어와 주인인 양 행세하는 자들은 오래가지 않을 겁니다. 소위 언론에서 말하는 핵심 친윤이라는 사람들은 진드기처럼 윤에 기생하는 진드기란 뜻으로 언론에서 붙인 말인데 정작 본인들만 그 뜻을 모르고 있습니다. 지난번 황교안의 허튼짓으로 무소속 출마하여 국회로 다시 갔을 때 초선의원들과 식사하면서 딱 두 사람 지목하여 정치 오래 못 할 거라고 했는데 정확히 그 두 사람은 이번에 퇴출당하였습니다. 윤석열 후보에게 당이 한번 점령당했으면 됐지, 문재인 믿고 우리를 그렇게 못살게 괴롭힌 어린애에게 또다시 점령당하란 말인가요? 그런 배알도 없는 당이라면 해체하고 다시 시작하는 게 한국 정통 보수정당을 살리는 길이라는 걸 내가 지적하는 겁니다. 단순한 문장 하나 해독 못 하는 사람들이 많아 참 아쉽습니다.

▷ **낙천,** 낙선자들은 자숙해야지 자기 지역 군수가 공천헌금 파동으로 자살한 사람이나, 김종인 비대위에서 호가호위하던 임명직도 벼슬했다고 떠드는 사람이지만 이리저리 흘러 다니다가 진드기처럼 윤 대통령에게 붙어서 정치 연명하는 사람이나, 문제가 많아 낙천한 사람이나, 모두 모두 입 닫고 자숙했으면 합니다. 당이 정상화되도록 힘쓰기보다 자기 살길만 찾으려고 몸부림치는 군상들을 보면 참 보기 딱하네요. 하루를 해도 저렇게 정치해선 안 되지요.

▷ **나는** 논쟁을 두려워하지 않습니다. 누구라도 논쟁 가치가 있다고 판단되면 응해 줍니다. 많은 분이 상처 입을까 걱정하면서 무시하라고 하지만 요즘 세상은 반론을 펴지 않으면 기정사실로 되는 경우가 대부분이기에 가능하면 시시비비를 가리고 넘어갑니다.

정치는 반대가 없으면 정치가 아니지요. 그러나 그 반대란 논거를 제시 못할 때는 그냥 해 보는 반대에 불과하지요. <u>내가 제기하는 논쟁들은 대부분 사실에 근거해서 주장을 합니다. 장삼이사처럼 뜬소문을 근거로 말하진 않습니다. 여느 정치인처럼 견강부회하지도 않습니다. 논쟁을 두려워하면 정치할 자격이 없지요. 그래서 나는 논쟁을 즐깁니다.</u>

2024. 05. 23.

▷ **이번 주**는 5월 축제 행사가 겹치는 게 많네요. 토요일 낮에는 군위 오펠CC에서 대구시 공무원 골프대회를 열어 공무원들의 사기 북돋게 합니다. 5급 이하 젊은 공무원들이 참가하는, 고위직의 잔치가 아니라 공무원들의 70% 이

상인 하위직들의 잔치입니다. 비용은 모두 자비 부담입니다. 밤에는 대구 스타디움에서 3만 대구시민들을 모시고 5월 축제 마지막 행사인 K 트로트 페스티벌을 엽니다. 정상급 트로트 가수 이찬원, 장윤정, 영탁, 박서진, 양지원, 진성, 김용임 등 7명을 초청하여 대구시민 위안잔치를 하는 겁니다.

대구시는 공무원 사기를 북돋우려고 봄축제 때는 골프대회를 열고 가을 축제 때는 공무원 노래자랑대회를 엽니다. 공무원 사회 활력을 불어넣기 위한 획기적인 조치들입니다. 대구시 공무원들이 참 좋아합니다.

▽ 정계 퇴출당한 자들의 넋두리나 듣고 있을 시간이 있나요? 퇴출당한 자들은 자숙해야지요. 아직도 얼치기 삼류 유튜브 보고 정치하냐고요? 아직도 진드기 정치하냐고요?

2018. 6. 지방선거는 트럼프까지 가세한 희대의 위장평화 쇼로 국민을 속인 선거 사기가 아니었나요? 그때 나는 나 홀로 위장평화 쇼라고 바른말하다가 막말, 악담한다고 보수언론, 당원, 국민의 비난을 한 몸에 받았던 피해자 아닌가요? 불과 6년 전에 있었던 사기 지방선거조차 기억 못 하는 그 머리로 무슨 정치를 한다는 거냐고요? 그거랑 170석 운운하다가 폭삭 망한 이번 총선과 어찌 비교 하는가요? 내 말이 틀렸던가요? 그 말이 틀렸다면 내가 지방선거 참패 후 정계 복귀할 수 있었겠나요? 바른말하면 귀 기울일 줄 아십시오.

2024. 05. 24.

▷ **내가** 최근 특정인을 연일 비판하는 것은 대선을 의식해서 그러는 게 아니라 또다시 생길 수 있는 갑툭튀를 막자는 겁니다. 지난 대선을 앞두고 윤석열 후보의 경우는 정권교체를 위한 대의 명분상 불가피했는지 모르나 정체불명의 갑툭튀가 또다시 당을 장악한다면 이 당은 미래가 없습니다.

민주당의 경우는 내부에서 커 올라간 인사들이 언제나 당 대표가 되고 대통령 후보가 되는데 우리 당은 그렇지 못하고 모두 비겁하게 몸 사리다가 갑툭튀로 나타나 대표나 대통령 후보가 된 적이 간혹 있었습니다. 당 내부에 대표감이 없다면 모르되 당내에도 당을 대표할 만한 사람이 즐비한데 한번 임명직으로 당을 지휘하다가 그 밑천이 드러나 정권 2년 차 중차대한 총선거를 망친 사람을 또다시 선출직으로 맞아들인다면 이 당의 미래는 없습니다.

자생력을 길러야 합니다. 6월 국회가 개원되면 난장판 국회가 될 겁니다. 또다시 정치력 없는 당 대표 뒤에 숨어 그의 가벼운 말에 마냥 끌려다니는 집권 당이 되면 우리 당만 망하는 게 아니라 나라가 망합니다. 보수 우파 진영 국민과 당원 동지들이 그걸 먼저 알아야 합니다.

2024. 05. 25.

▷ **채상병** 순직 사고의 본질은 무리한 군작전 여부에 있습니다. 군 내부에서 감찰로 끝나야 할 사건을 무리하게 업무상 과실치사죄 책임까지 묻고 구체적 주의의무가 없는 사단장의 책임까지 물려고 하고 나아가 대통령까지

끌고 들어가는 정치 사건으로 변질시킨 건 정무적 대처를 잘못한 탓입니다. 이렇게 되면 앞으로 군사 작전 중에 일어나는 모든 사건 사고는 예외없이 감찰이 아닌 형사사건이 되고 현장 지휘관들뿐만 아니라 군은 모두 위축되어 소극적인 군사 작전 지휘를 할 수밖에 없을 겁니다. 채상병의 순직은 가슴 아프고 유족들의 슬픔은 국민 누구나 공감하지만 그걸 대통령까지 끌고 들어가 탄핵 운운하는 특검 시도는 과도한 정치공세로 보입니다.

그걸 또 국민감정에 편승하여 재의 표결 때 찬성 운운하는 우리 당 일부 의원들도 참 한심합니다. 사감(私感)이 있더라도 참으시고 낙천에 대한 감정으로 마지막까지 몽니 부리지 마시고 조용히 물러가 다음을 기약하십시오. 여론에 춤추는 정치보다 여론을 선도하는 정치가 참된 지도자의 도리입니다.

2024. 05. 26.

▽ 여당이 대통령을 보호하지 못하고 지리멸렬하면 윤 대통령은 중대 결심을 하지 않을 수 없을 겁니다. 6월 국회가 개원되면 압도적 다수의 야당 의원과 강성 야당들이 윤 정권을 표적으로 집중적으로 공격할 건데 여당으로서 국민의힘이 윤 대통령과 한 몸이 되어 윤 대통령을 보호하지 못하고 중구난방으로 제각각일 때 윤 대통령은 선택의 여지가 없을 겁니다.

그렇게 되면 국민의힘은 여당조차 되지 못하고 소수당으로 전락하고 잡동사니 정당이 될 수도 있습니다. 정치는 상상력의 게임입니다. 눈앞에 이익만 보고 사익만 쫓는 그런 사람들이 주도하는 정당은 소멸의 길로 걸을 수밖에 없을 겁니다.

내가 30여 년 몸담은 이 당이 몇몇 외부에서 들어온 정체불명의 사람으로 인해 혼란으로 가는 것은 가당치 않습니다. 자생력을 기르십시오. 그것만이 살 길입니다.

2024. 05. 27.

▽ 장면 1

추미애 의원이 대세라고 누구도 의심치 않았지만, 민주당 당선인들은 우원식 의원을 선택했습니다. 여러 가지 이유가 있었겠지만, 강성 일변도만으로는 국민의 마음을 계속 얻지 못한다는 고도의 정치적 판단을 한 것으로 보입니다. 참 신선하고 깜찍한 역발상입니다.

▽ 장면 2

채상병 특검법 재의요구를 당론과는 달리 퇴출당한 의원들 일부가 찬성 쪽으로 기우는 것은 소신이라기보다 몽니로 보입니다. 또 총선참패 책임이 있는 사람을 다시 당 대표로 불러드리려는 것은 당의 앞날보다 사익을 우선시키는 대세 추종주의, 레밍주의로 보입니다. 최근 보이는 이러한 양당의 모습이 앞으로의 양당 미래를 가늠하는 시금석이 될 수도 있다는 느낌을 지울 수 없습니다.

2024. 05. 28.

▽ **대구** 일부 시민단체 사람들의 하는 일이 시장을 무고(誣告) 하는 거밖에 없네요. 지난번 대구로 특혜 사건은 내가 취임하기 전에 이루어진 사건이고 특혜도 없는데도 나를 고발하여 검찰수사 과정에서 잘못 고발했다고 해놓고 단지 고의만 없다고 변명을 한 것으로 알고 있습니다. 이것은 검찰이 무고 고의에 대한 법리를 오해한 것으로 항고하여 고검에서 재수사 중인데도 내가 지시한 바도 없는 대구 MBC 취재 불응 사건을 또 고발하여 무고로 역고발 준비 중입니다.

이번에는 경찰은 이 무고 단체에서 고발한 홍카콜라 운영과 관련한 사건이 무혐의 처분되었는데도 공수처에 수사 요청한다고 합니다. 이것도 무고로 고발할 예정입니다. 홍카콜라는 2018. 10. 설립 당시부터 별개의 법인으로 설립하여 그 사람들이 독자적으로 운영하고 나는 단지 출연자일 뿐이고 그때부터 지금까지 홍카콜라 유튜브 운영에 일절 관여하지 않고 수익금은 단돈 1원도 받지 않습니다. 권력을 견제하는 게 시민단체의 업무인데 밤낮없이 시장 무고만 일삼는 이런 무고 단체는 해산하는 게 맞지 않을까요?

이번이 세 번째입니다. 대구 발전에는 아무런 도움도 되지 않고 시정을 트집 잡고 시장을 협박만 하는 이런 단체는 그냥 넘어갈 수 없지요. 40여 년 공직 생활을 처염상정(處染常淨)으로 살아온 사람을 이렇게 집요하게 무고 잘하는 자칭 시민단체를 처음 봤습니다. 상습적으로 무고, 고소, 고발만 일삼는 이런 단체는 엄하게 벌해야 합니다.

▽ **거부권**이 거부되는 사상 초유의 사태가 왔다면 윤 정권은 바로 레임덕 사태가 초래되었을 것이고 정국은 대혼란이 왔을 겁니다. 마지막까지 윤 정권을 지켜준 우리 당 21대 국회의원 여러분 감사합니다.

정권이야 어찌 되든 말든 자신의 이미지 정치에만 몰두해 온 일부 의원은 반성하시고 퇴출당하면서까지 몽니 부린 사람들은 이제 이 당으로 돌아오기 어려울 겁니다.

다행입니다. 공수처와 경찰의 수사 결과를 지켜봅시다.

2024. 05. 29.

▽ **대구** 참여연대인지 무고 연대인지 벌써 세 번째 고발입니다. 시민단체가 권력기관이 된 지 오래되었습니다. 권력을 견제하는 게 시민단체인데 자기들 뜻에 맞지 않으면 터무니없는 고발만 해 대고 조사 결과 사실무근이면 고의가 없었다고 변명하니 이번에는 이런 상습 무고 단체를 반드시 엄하게 벌하도록 하겠습니다. 나는 권력(權力)을 가진 게 아니라 대구시정을 혁신하는 권한(權限)을 가지고 있을 뿐입니다.

▽ **세상**이 나를 어떻게 평가하는지는 중요치 않습니다. 내가 어떻게 세상을 사는가가 중요할 뿐입니다. 공직 입문 후 40여 년 동안 내 방식대로 살아왔기에 아직도 건재한 겁니다. 비루하게 살지 않고 할 말은 하고 문제가 생기면 언제나 정면을 돌파합니다. 빙빙 돌리려는 책임 회피성 말은 하지 않고 직설 화법을 주로 쓰고 그 말에 대한 책임을 집니다.

잘못된 여론에 아부하는 것보다 여론을 바로잡고 옳은 방향으로 끌고 가려고 노력합니다. 그게 홍준표답게 사는 겁니다.

2024. 05. 30.

▽ 최근 미 공화당과 트럼프 군사 측근들이 다투어 북핵 대책을 내놓으면서 핵 공유, 전술핵 한반도 재배치 전략을 내놓고 있습니다. 2017. 10 워싱턴 당국을 방문해서 야당 대표로서 제가 요구했던 전술핵 재배치에 대한 답이 이제야 나오고 있네요.

북핵 대책의 유일한 길은 남북 핵 균형 정책밖에 없고 그게 안 된다면 우리도 독자적인 핵무장을 할 수밖에 없을 거라고 주장한 지 7년 만에 나온 미국 측 공식 반응입니다. 트럼프 공화당의 북핵 전략이 공식화되면 바이든 민주당도 따라갈 수밖에 없을 건데 문제는 우리 내부의 종북좌파들이 또 얼마나 광화문에서 촛불 들고 날뛸지 걱정입니다.

남북 핵 균형 정책을 통해 우리 국민이 김정은의 핵 인질이 되지 않도록 힘을 모아야 할 때입니다. 1994. 12. 우크라이나가 미국·영국·러시아의 부다페스트 안전 보장 각서를 믿고 핵 폐기를 한 대가가 러시아 침공을 불러왔다는 것을 다시 상기해 볼 필요가 절실한 요즘입니다.

2024. 05. 31.

▽ **지구당** 폐지는 정치부패의 온상으로 지목된 지구당을 정치개혁의 하나로 여야가 합의하여 2004. 2. 일명 오세훈법으로 국회를 통과한 겁니다. 그 폐지의 정당성은 헌법재판소까지 가서 확정되기도 했습니다. 그 후부터 지금까지 국회의원은 지역구에서 국회의원 사무실을 두어 지역구를 관리하고 있고 낙선자들은 당원협의회를 만들어 사무실을 설치하지 못하고 당원협의회 위원장이라는 직함으로 지역구를 관리하고 있습니다. 그런데 지금 벌어지는 지구당 부활 논쟁은 반개혁일 뿐만 아니라 여야의 정략적인 접근에서 나온 말입니다.

결국 정치부패의 제도적인 틀을 다시 마련하자는 겁니다. 민주당은 천방지축인 개딸 정치를 강화하려는 목적이 있고, 우리 당은 전당대회 원외위원장들의 표심을 노린 얄팍한 술책에 불과합니다. 정치가 앞으로 나가는 정치가 되지 않고 부패로 퇴보하는 정치로 가려고 시도하는 건 큰 유감입니다.

2024. 06. 01.

▽ **대구·경북** 행정통합은 지난 100년간 대한민국의 바탕을 이루어 왔던 시·군·도, 국가 3단계 지방 행정조직을 지방자치단체, 국가 2단계 행정 체제로 앞당기는 지방행정조직 대혁신의 출발이 될 겁니다.

도(道)의 기능은 시·군의 지원, 감독 기능인데 전국이 반나절 시대로 접어들었고 실시간 소통이 가능해진 지금 도를 폐지하고 전국을 통폐합해서 40여개 크고 작은 지방자치단체로 만들어 국가와 2단계 행정조직으로 만드는 시범사업이 대구·경북 통합 특별시 구상입니다.

그렇게 되면 대구·경북 특별시는 한반도 제2의 도시가 되고 대한민국은 서울과 대구를 중심축으로 발전하게 됩니다. 이에 자극받아 광주·전남, 대전·충남 충북·세종, 부산·경남 울산도 통합추진하여 각 지방의 거점 메가시티로 발전하게 만들 수 있을 겁니다.

그 결과 국토 균형 발전과 지방분권이 강화되고 수도권 1극 체제도 극복되어 골고루 잘사는 대한민국을 만들 수 있습니다. 올해 안으로 시·도의회 승인을 받고 통합 특별법도 통과되도록 추진하여 2026. 6. 지방선거에서는 대구·경북 특별시장 1명만 선출할 수 있도록 추진하겠습니다.

2024. 06. 02.

▽ **2017년** 탄핵 대선 때 선거 1주일 전까지 내 지지율은 7~8%로 늘 한 자리 숫자로 발표되었습니다. 최종 발표 때도 유일하게 득표수보다 10% 이하로 발표되었지만 당시 문재인, 안철수 후보는 근사치로 발표되었습니다.

그게 한국에서 제일 신뢰성 있다는 여론 조사 기관의 발표였습니다. 유독 그 기관이 당시 그렇게 발표한 것은 정상적인 여론 조사였다기보다 특정 후보의 대세론을 만들어 주기 위한 작위적인 여론 조작으로 보았습니다. 이번 총선 여론 조사도 그런 경향성을 보았고 최근 여론 조사에서도 그런 것을 봅니다. 여론 조사 무용론을 내가 제기하는 이유도 그런 것에 기인합니다. 응답률 15% 이하는 발표를 금지하고 이른바 보정은 하지 말아야 합니다 응답률 10%

도 안 되는 여론 조사는 설계하기 따라서 얼마든지 조작할 수 있습니다. 2011. 7. 전당대회 때 3억을 주면 10%는 더 만들어 주겠다고 제의한 어느 여론 조사 기관이 다시금 생각납니다.

2024. 06. 03.

▽ 2017. 5. 탄핵 대선은 문재인만을 위한 대선이었습니다. 우리는 지지율 4%에서 출발한 패망한 당이었고 안철수당은 국민의 눈에 차지 않았습니다. 무너진 당을 안고 고군분투했으나 우리는 궤멸한 당을 재건하는 데 만족해야 했습니다.
또다시 그런 대선이 있어서는 안 됩니다. 헌정 중단도 불행한 일이거니와 절대적으로 불공정한 대선을 만들어서도 안 됩니다. 그때 있었던 보수 우파 진영의 분열상을 다시 생기게 해서도 안 됩니다. 우리가 합심하여 윤 정권을 지켜야 하는 가장 큰 이유가 바로 그것입니다. 좌파들은 우리와 달리 갈라치기와 선동에 능합니다.

2024. 06. 04.

▽ 문재인 대통령은 2018년 아르헨티나 G20 회의에 참석하면서 지구 한바퀴 도는 지구 일주 항로를 택했는데, 아르헨티나와 반대로 체코로 가서 프라하성, 비투스 성당 등 부부 관광으로 일정을 채웠습니다. 특히 비투스 성당에

서는 부부가 따로 관광하다가 서로 떨어져 김정숙 여사가 내 남편 어디 갔나 하고 찾다가 뒤늦게 혼자 뛰어오는 장면이 TV 화면에 그대로 노출되었던 일도 있었습니다.

마치 부부가 버킷리스트 여행하는 모습을 보였습니다. 재임 중 부부 관광성 외유가 이것뿐만이 아닙니다. 당시 체코 방문 목적을 원전 판매라고 했으나 탈원전을 부르짖던 문재인 정권이 뜬금없는 변명을 한 꼴이 되었고 뒤늦게 중간 급유라고 정정하기도 했습니다.

당시 북한 체코대사는 김정은의 삼촌인 김평일이었던 것으로 기억되는데 거기서 무슨 밀약이 있었는지 당시 내가 유튜브에서 의혹을 제기한 일도 있었습니다. 제주도에서 군용기에 귤을 실어 북한에 직송한 그속에 귤만 보냈는지 대북 제재를 피해 딴 것도 보냈는지, 판문점회담 때 김정은에게 건넨 USB에 무엇이 들어 있었는지도 밝혀야 합니다. 핵심 인물이 당시 대통령 비서실장인데 그가 정치 전면에서 사라졌으니 유감입니다.

지난번 내가 제기했던 타지마할 관광 외유와 함께 모두가 잊었던 이 세 가지 의혹도 명명백백히 밝혔으면 합니다. 자기가 대통령일 때는 상대 진영을 온갖 수단 동원해서 수사시키고 뒷조사를 다 했는데 재임 중 터무니없는 짓을 한 사람이 엉터리 회고록으로 또다시 세상을 농단하게 해서 되겠나요?

▽ **오늘 15시** 정부종합청사 19층 회의실에서 대구·경북 통합추진을 위해 이철우 경북지사, 이상민 행안부 장관, 우동기 지방시대위원장과 4자 회동했습니다. 통합시 직·간접 통합비용은 정부에서 부담하기로 했고 정부의 행·재정적 특례를 대구·경북이 합의해 오면 적극적으로 검토하기로 했습니다. 아울러 올해 안으로 시·도의회 승인과 통합특례법 국회 통과를 추진하기로

했습니다. 대구·경북이 통합 특별시가 되면 서울시 면적의 33배, 경기도 면적의 2배가 되는 대한민국 최대 거대도시가 탄생하고 행정통합으로 행정서비스의 효율 극대화, 지역 균형 발전, 수도권 1극 주의 타파, 본격 지방화 시대를 선도하는 대구·경북 특별시가 될 겁니다.

2024. 06. 09.

▷ **한때** 문과에서 공부 잘하면 법대 가서 사법시험 합격하여 평생 잘 먹고 잘살았고, 이과에서 공부 잘하면 의대에 가서 의사 되어 평생 잘 먹고 잘살았습니다. 그러나 변호사가 대폭 증원되면서 이제 법조인이 최고인 시대는 갔고 지금은 사무실 유지조차 안 되는 변호사가 대부분인 시대가 되었는데, 변호사 대폭 증원 때는 변호사 단체들은 특권 유지를 위해 항거할 아무런 수단이 없었습니다.

그런데 의사들은 다릅니다. 국민의 생명과 건강을 담보로 의사 증원을 저항할 수단이 있다는 겁니다. 변호사와는 달리 의사들이 집단으로 저항하면 그 피해는 고스란히 국민에게 돌아갑니다. 지금 의사단체를 대표하는 사람이 막말 수준으로 아무한테나 욕질하고 대들어도 아무런 제재를 못 하는 것은 바로 그것 때문입니다. 파업보다는 정부와 협상해서 국민의 생명과 건강을 인질로 잡는 일은 없었으면 합니다. 의사들은 한국의 최고 지성인들이기 때문에 더욱 그렇게 해야 합니다.

2024. 06. 11.

▷ 의사들의 파업 추진에도 대구의료원은 정상 진료합니다. 전공의 3명의 사표를 수리하여 자르고도 아무런 의료 공백이 없습니다. 차제에 대구의료원을 더욱 업그레이드시켜 대구·경북 지역의 최상급병원으로 거듭날 수 있도록 도약하는 계기로 삼도록 하겠습니다. 지금은 고난도 뇌수술도 할 정도로 대구의료원이 업그레이드되었고 나도 며칠 전 대구의료원에서 MRI를 찍었습니다.

2024. 06. 13.

▷ 과거 우리가 검찰에 있을 때는 검찰은 권력에 굴하지 않고 실체적 진실을 찾아가는 정의의 기수였는데, 요즘 검찰은 문재인 정권의 국정농단 수사를 정점으로 목표를 정해 놓고 증거를 꿰맞추는 짜깁기 수사를 흔치 않게 보입니다.

검찰은 증거를 수집해 그 증거를 통해서 실체적 진실을 규명해야 하는데 목표를 정해 놓고 증거를 거기에 꿰어 맞추는 짜깁기 수사는 본말이 전도된 사건 조작입니다. 문재인 정권 이후 간혹 보이는 이런 검찰의 행태는 참으로 유감스러운 일입니다. 최근 이재명 대표가 대북 송금 사건으로 기소되면서 이 대표 관련사건이 4건으로 늘어났습니다.

이재명 대표 관련사건이 실체적 진실을 찾아간 수사라면 이재명 대표는 청와대가 아닌 감옥으로 갈 것이고 만약 그 사건들이 실체적 진실에 근거한 사건이 아니고 증거를 꿰맞춘 수사라면 앞으로 검찰 수사권은 없어지고 검찰조직 자체가 궤멸될 것입니다.

검찰로서는 양날의 칼이 된 그 사건들이 앞으로 법원에서 어떻게 결론 날지 주목됩니다만 법정이 아닌 정치인들의 아전인수격 장외 공방은 꼴사납기 그지없네요. 온갖 부정·비리에도 대선 출마를 강행한 트럼프의 심리도 대단하지만 이재명 대표의 트럼프 닮은 뻔뻔함도 대단한 심리입니다.

2024. 06. 17.

▷ 메신저가 망나니짓을 하면 아무리 좋은 메시지를 발표해도 국민은 이를 믿지 않습니다. 의사단체와 정부가 의료 개혁 본질과 상관없는 단순한 의대 증원을 두고 밥그릇 싸움으로 대립하는 모습을 보면서 국민은 누가 더 한심한가, 지금 우리는 시합을 보고 있습니다.

로스쿨 만들어 변호사 대폭 증원할 때도 변호사 파업은 없었고 이공계 인력 확충을 위해 이공계 대폭 증원할 때도 기술자 파업은 없었습니다. 그런데 유독 의사단체만 국민의 생명과 건강을 인질로 파업하고 있네요. 간호사 단체도 반대하고 보건의료 노조도 반대하는데 일부 의사단체의 선동으로 일부 의사들만 집회하고 파업하고 있네요.

더구나 서울대 의대는 단 한 명도 증원하지 않는데도 서울대 병원은 파업하고 있습니다. 합리적인 협의를 통해 합의하라는 정치인을 조롱이나 하고 의료과실 유죄 판결한 여판사를 향해 여성비하 막말이나 하는 그런 사람이 대국민 호소문을 발표해 본들 이에 동조할 국민은 아무도 없습니다. 그건 메신저가 이미 국민적 신뢰를 상실했기 때문입니다. 이제 그만들 하세요.
국민의 생명을 인질로 하는 의사 파업은 잘못입니다.

2024. 06. 18.

▷ 국회의원 구성은 의회의 자율권에 속한 문제이고 헌재의 권한쟁의 심판 대상이 아닙니다. 모든 문제를 사법부로 끌고 가는 것은 그만큼 정치력이 부재하다는 겁니다. 걸핏하면 법원이나 헌재에 제소하는 정치는 정치의 사법 예속화를 가져오고 나아가 국회 무용론도 야기될 수 있습니다.
정치는 대화와 타협이 기본입니다. 힘들더라도 대화와 타협으로 문제를 풀어 가십시오. 여야의 존경을 한 몸에 받았던 이만섭 국회의장 같은 분이 사라진 지금 헌정사상 첫 반쪽 국회의장도 그 부담이 클 겁니다. 광우병 파동이 극심했던 2008년 18대 국회는 그해 8월 하순에 개원 협상이 성사되어 국회 문을 연 적도 있었습니다. 여유를 가지고 차분하게 협상하십시오.

2024. 06. 19.

▷ 경기도의 차베스였는데 여의도에 가서 동탁이 되었네요. 여당이 싫어서 야당을 찍어준 것이지 야당이 좋아서 찍어준 거는 아닙니다.
민주당 지지율 지금 나오는 거 보면 뻔하지 않습니까?
민심은 총선 이겼다고 그렇게까지 독주하면 안 된다고 하는데 자기 뜻에 반하는 정치인, 판사, 검사, 공무원, 기자 모두를 타도의 대상으로 삼고 국회도 자기 마음대로 주무르는 현대판 여의도 동탁이 탄생했네요.
그렇게 하면 오래 가지 못합니다. 한(漢)나라를 농단하던 동탁도 여포의 칼날에 이슬처럼 사라졌지요. 동탁을 처단해 준 여포를 기다리는 사람들이 점점 늘어나고 있습니다.

2024. 06. 20.

▽ 6.25전쟁 74주년을 맞아 대구시는 6·25전쟁 당시 파병하여 우리를 지켜 준 에티오피아에 대해 그 은혜를 다소나마 갚고자 에티오피아 난민 돕기에 나섭니다. 행정절차를 거쳐 1억 원을 에티오피아 난민 구호 기금으로 보낼 생각입니다. 6·25전쟁 당시 마지막 보루였던 대구시가 아프리카의 혈맹 에티오피아에 그 은혜를 갚는 첫 출발이 되었으면 합니다. 정부 차원에서도 에티오피아 재건에 나서 주면 좋겠네요. 지금의 우리나라를 있게 해 준 아프리카의 혈맹입니다.

2024. 06. 21.

▽ 내가 애라고 말하는 것은 나이를 기준으로 하는 게 아니고 정치적 미성숙을 지칭하는 겁니다. 이준석 대표에게는 나이가 더 어려도 그런 표현을 나는 사용하지 않습니다. 난장판 국회를 만들어 나라를 혼란으로 몰아넣어 놓

고 석고대죄해도 모자랄 판에 총선참패 주범들이 두 달도 안 돼서 또 무리를 지어 나서는 것은 정치적 미숙아를 넘어 이재명 대표 못지않은 상식을 벗어난 뻔뻔함을 그대로 보여 주는 겁니다.
국민과 당원들은 바보가 아닙니다. 혹독한 심판을 당하고 퇴출당할 겁니다.
문재인 사냥개 노릇하던 얼치기 검사 출신이 더는 우리 당을 농락하는 일이 없었으면 합니다. 지명직은 어쩔 수 없었지만 선출직은 불가합니다.

2024. 06. 24.

▽ **현 정권**과 차별화는 대선 1년 전부터 시작되어야 하는데 얼치기 후보는 벌써부터 현 정권을 흔듭니다. 이미 총선 참패로 정권을 흔들어 놓고 당마저 정권을 흔들면 이 정권이 온전하겠나요?
채상병 특검 발의에 동참할 여당 의원이 있겠나요?
그건 원내대표 소관입니다. 원외가 당 대표되어 본들 원내 장악력은 전무합니다. 그건 경험으로 하는 말입니다. 이미 의원들은 4년 임기가 보장되어 있고 대표도 되지 않겠지만 가사 대표되어 본들 앞으로 선거도 없고 공천권도 없습니다. 그래서 허수아비가 된다는 겁니다. 본인 특검받을 준비나 하십시오. 그건 보수 정권의 궤멸한 정치 보복 수사에 대한 업보입니다.

2024. 06. 25.

▽ **김일성**이 스탈린에게 지원 약속받고 남침한 6·25처럼 김정은이 푸틴에게 지원 약속받고 무얼 하려고 하는 건지, 북핵 해법은 남북 핵 균형 정책뿐입니다. 다시는 이 땅에 6·25전쟁 같은 비극이 있어선 안 됩니다.

▽ **뉴욕**이 불바다 될 것을 각오하고 파리를 지켜줄 수 있는가요? 드골이 케네디를 향해 질타한 말입니다. 드골은 바로 나토를 탈퇴하고 핵무장에 들어가서 핵 개발 후 다시 나토로 복귀합니다. 똑같은 논리가 적용됩니다. 뉴욕이 불바다 될 것을 각오하고 서울을 지켜줄 수 있는가요?
NPT 10조 제1항은 자위를 위해서 탈퇴할 수 있도록 규정되어 있습니다. 이젠 드골과 같은 결단력이 필요할 때입니다.
우리는 똑똑하거나 얍삽한 지도자가 아닌 믿음직한 지도자를 원합니다. 핵무장 주장을 하면 좌파들에 의해 극우로 몰리는 게 두려워 좌파들 눈치나 보는 얍삽한 지도자는 필요 없습니다. 경제제재 운운하며 본질을 피해 가는 비겁함도 버려야 할 때입니다. 먹고 사는 문제가 아닌 5천 만 국민의 생명과 재산이 걸린 문제입니다. 조속히 한미 원자력 협정을 개정해서 일본처럼 핵물질 재처리 권한부터 얻어내야 합니다. 앞으로 동북아의 군사력 균형을 위해 미국도 한국의 방어적 핵무장을 용인하지 않을 수 없을 겁니다.

2024. 06. 26.

▷ **여당** 대표의 첫째 조건은 정권과의 동행이고 재집권의 기반을 마련하는 것인데, 출발부터 어설픈 판단으로 어깃장만 놓고 공천해 준 사람들만 윽박질러 줄 세우는 행태는 정치를 잘못 배워도 한참 잘못 배웠습니다. 총선 패배 책임지고 원내대표 나오지 말라고 소리 높여 외친 게 엊그제 같은데 그런 사람들이 총선 패배 주범에게 줄 서는 행태들은 참 가관입니다. 당원과 국민은 바보가 아닙니다. 오세훈 시장 같은 미남이 셀카 찍으면 이해가 가지만.

2024. 06. 27.

▷ **대구** 민선 8기 2년을 결산하는 <대구혁신 100 플러스 1>을 발간했습니다. 숨 가쁘게 달려온 지난 2년간의 성과집입니다. 대구혁신 100가지와 마지막 플러스 1은 대구·경북 행정통합추진입니다. 중앙정치에만 관여한다는 음해를 불식하고 한때 한반도 3대 도시였다가 쇠락한 대구를 다시 일으켜 세우는 대구 굴기 사업의 일환으로 추진한 대구 미래 100년을 준비하는 <대구혁신 100 플러스 1> 사업입니다.

기본 틀은 완성했고 이제 나머지 임기 동안 그 내용물을 차근차근 채우는 일만 남았습니다. 그간 대구혁신을 도와주신 250만 대구시민 여러분, 대구시의회 의장님을 비롯한 의원님들, 대구 지역 언론인 여러분께 감사드리고 같이 노력해 주신 대구시 공무원 여러분들께도 고맙다는 말씀드립니다.

처음에는 한반도 3대 도시의 명성을 되찾겠다고 약속했으나 이젠 그 목표를 상향 조정하여 대구·경북 통합으로 대구·경북 특별시로 만들어 서울과 경쟁하는 한반도 2대 도시로 우뚝 서도록 추진해 보겠습니다. 오늘 하루는 쉬어야 하겠네요.

▽ 그의 인생에 화양연화(花樣年華)는 문 정권 초기 검사 시절이었습니다. 국정농단 정치 수사로 한국 보수 우파 진영을 궤멸시키기 위해 무자비하게 망나니 칼날을 휘두르던 그 시절을 화양연화라고 막말하는 사람이 이 당의 대표를 하겠다고 억지 부리는 건 희대의 정치 코미디입니다.

또 그를 추종하는 보수 우파 레밍 집단도 어처구니없습니다. 내 말이 거짓인지 아래 뉴스를 참조해 보십시오. 채널A 2023. 2. 9.자 뉴스 라이브를 보십시오. 그때 소환된 보수 우파 진영 인사들이 1,000여 명에 달했고 수백 명이 구속되고 5명이 자살했습니다. 문재인을 등에 업은 철부지 정치 검사의 난동이었습니다. 혹자는 대선 경쟁자 비판 운운하면서 견강부회하지만 나는 이런 자는 용납하지 못합니다.

▽ 욕설과 막말을 표현의 자유라고 주장하는 의협회장의 국회 증언을 보고 아연실색했습니다.

표현의 자유는 욕설의 자유도 아니고 막말의 자유도 아닙니다. 욕설과 막말은 때에 따라서 명예훼손 또는 모욕죄가 되는 범죄입니다. 이런 지적 수준으로 지성인 집단인 의사단체를 대표한다는 것이 한국 의사들을 얼마나 욕되게 하는 것인가를 본인만 모르고 있습니다. 메신저가 신뢰를 상실하면 그가 내뱉는 메시지에 동의하는 국민은 아무도 없습니다. 의사들도 없습니다.

2024. 06. 30.

▷ 이회창이 YS를 버리면서 우리는 10년 야당의 길을 걸었습니다. 민주당이 노무현을 버리면서 똑같이 10년 야당의 길을 걸었습니다.

여당은 좋으나 싫으나 대통령을 안고 가지 않으면 안 되는데 총선 참패 주범이 또다시 얼치기 좌파들 데리고 대통령과 다른 길을 가려고 합니다. 덩달아 총선 참패 주범들이 러닝메이트라고 우르르 나와 당원과 국민을 현혹하면서 설치는 것도 가관입니다. 이번에 당 지도부 잘못 뽑으면 우리는 또 10년 야당의 길로 갈 것이 자명한데 더는 정치 미숙아한테 미혹되어 휘둘리지 말고 정신 차려야 합니다.

2024. 07. 02.

▷ 박진호 청년 최고위원 후보 파이팅! 갑자기 날아들어 온 사람보다 음지에서 말없이 당을 위해 일하는 사람이 지금 필요한 시점입니다.

▷ 이번 당 대표의 조건
1. 대통령과 동행할 수 있는 사람이어야 합니다. - 대립하면 정권도 망하고 당도 망합니다.
2. 원외 당 대표는 한계가 있습니다. - 그건 2017년 내가 절실히 경험했습니다.
3. 지방선거를 책임지고 치를 수 있는 역량이 있어야 합니다. - 전권을 쥐고도 총선 참패한 사람은 불가합니다.

4. 대선 출마를 위해 중도 사퇴해야 하는 후보도 안 됩니다. - 또 비대위 체제로 가야 해서 그런 후보는 선출되어선 안 됩니다.

2024. 07. 03.

▷ **아직도** 일제 강점기에 갇혀서 국제관계를 바로 못 보는 국회의원이 있다는 건 참으로 유감입니다. 나는 일제 강점기 때 징용 갔다가 살아서 돌아온 아버지를 둔 사람입니다. 내가 친일 세력일 수도 없고 친일파일 수도 없는데 북·중·러 사회주의 동맹에 맞서 한·미·일 자유주의 동맹을 주장했다고 해서 육군 대장까지 한 사람이 나를 친일파로 모는 것은 무지에서 비롯된 것인지 안보관이 원래 그런지 참 한심하네요.

베트남 전쟁에 참전했다고 베트남이 한국과 미국을 영원히 적으로 돌리고 있습니까? 독일과 프랑스가 세계대전을 두 번이나 치렀다고 서로 적성국 취급을 합니까? 참 무지하고 어리석네요. 4성 장군 출신도 정치판에 가면 저리 되네요. 변화무쌍한 국제관계에 적절히 대처하는 방법을 찾는 것이 지도자가 할 일입니다. 난장판 국회가 될 거라고 예측은 했지만, 출발부터 난장판으로 가네요. 나라가 걱정입니다.

2024. 07. 05.

▷ 박근혜 탄핵 전야제처럼 흘러가는 정국이 걱정스럽습니다. 거대 야당의 폭주, 일부 당 대표 후보의 동조, 얼치기 여당 중진의 부화뇌동, 야권 성향 언론의 극성, 탄핵 청원의 시작들로 이어지는 일련의 사태가 또다시 광화문 촛불로 가는 서막 같네요.

또다시 2017년 사태가 재발하면 나라만 불행해지는 게 아니라 이 나라를 지켜온 한쪽 날개인 보수 우파 진영은 궤멸됩니다. 2017년에는 화양연화 한동훈이 수사로 우리를 궤멸시키려고 했지만, 이제는 정치판에서 우리 스스로 궤멸당할 위기에 처해 있습니다. 모두 정신 차려야 합니다.

2024. 07. 06.

▷ 갤럽 조사를 보면 민선 8기 광역 지방자치단체장들의 2년 성과가 대부분 50% 지지율을 넘는 것은 참으로 대단한 일입니다. 더구나 대도시 광역단체장들의 지지도가 50%가 넘는다는 건 고무적인 일이고 그만큼 열심히 일했다는 징표일 겁니다.

그중 우리 당 지지세가 강한 영남 지역 외에서 우리 당 단체장들이 50%가 넘는 지지율을 보였다는 것은 대단한 일이 아닐 수 없습니다. 모두 수고하셨습니다. 여론 조사 수치를 전적으로 믿지는 않지만 앞으로 국정 지지도 회복되어 50%를 넘었으면 참 좋겠습니다.

2024. 07. 07.

▽ 한동훈이 화양연화였다는 문재인 정부 초기는 우리한테는 지옥과 같았던 시절이었습니다. 자고 일어나면 검찰소환으로 보수 우파 인사들이 검찰청에 줄을 잇던 그때 나는 야당 대표를 하면서 피눈물을 흘렸던 시절이었습니다. 주변 사람 천여 명이 정치적인 이유로 불려 가고 수백 명은 직권남용 등 정치 사건으로 구속되고 우리가 배출한 두 대통령도 정치적인 이유로 구속되어 징역 35년이라는 중형을 구형하며 유죄로 만들었습니다.

수사받다가 자살도 5명이나 했습니다. 그때는 판사들도 100여 명이나 조사를 받아 계엄 아래의 군사정권일 때보다 사법부도 벌벌 떨던 시절이어서 구속영장 기각이나 무죄를 선고하지 못했던 시절이었습니다.

야당 대표인 나도 1년 6개월이나 뒷조사를 받았습니다. 그걸 내가 어찌 잊을 수 있겠나요?

범죄 수사라면 이해합니다. 그러나 그건 범죄 수사가 아니고 국정농단이라는 정치 프레임을 씌워 자행한 문재인 정권 사냥개들의 광란하는 정치 수사였습니다. 실체적 진실 발견이 아니라 목표를 정해 놓고 증거를 꿰맞춘 짜깁기 정치 수사였습니다. 그걸 조작 제일 검이 아닌 조선 제일 검이라고 치켜세운 일부 언론도 당시는 한 패거리였습니다. 내가 제대로 된 검사를 해 봤기에 한동훈 아류의 정치 검사들의 행태를 누구보다도 더 잘 압니다. 더는 그런 정치 검사들이 세상을 농단하는 일이 있으면 안 됩니다. 역사를 잊은 민족에게는 미래가 없다고 했습니다. 그런데 그걸 잊으면 우리 당 당원들에게 미래가 있겠나요? 정신들 차려야 합니다.

▽ 지난 총선 때 한동훈이 당내 지도부는 제쳐두고 데려 온 얼치기 좌파들과 진중권 교수의 조언만 들었다는데 헛소문이 아니었나 보네요. 진중권 교수가 한동훈의 편을 들어 전당대회 개입까지 하는 걸 보니 그게 사실인가 보네요. 핸드폰 비밀번호가 27자리라서 알 수는 없지만, 참 당 꼴이 말이 아닙니다. 그런 얼치기들에게 총선 때부터 당이 휘둘리고 있었다니 가당치도 않습니다. 모두 정신 차리세요.

2024. 07. 08.

▽ 한동훈은 지금 유승민의 길로 가고 있습니다. 그게 성공한다면 윤 정권은 박근혜 정권처럼 무너질 것이고 실패한다면 한동훈은 영원히 정치권에서 사라질 것입니다. 배신의 정치에 당해 본 우리 당원들이 또 당할까요?

2024. 07. 09.

▽ 뻐꾸기도 아닌데 정치인이 둥지를 옮겨 다니면 그 말로가 비참해집니다. 박근혜 탄핵 이후 여의도 정치는 의리의 시대는 가고 배신이 판치는 시대가 되었습니다. 나라와 국민을 위한 정치보다는 나 자신의 출세와 안위를 위해 정치하는 탐욕의 시대가 되었습니다. 다행스럽게 그 판에서 나는 비켜나 있지만 오늘도 뻘밭 속에서 이전투구(泥田鬪狗)하는 모습들이 참 안타깝습니다.

2024. 07. 10.

▽ **한동훈**의 배신을 지적하면서 유승민 전 의원의 배신을 인용했더니 유 전 의원이 단단히 화가 난 모양이지만 그건 본인이 선택한 숙명입니다.
그거 벗어나려고 지난 탄핵 대선 때 얼마나 나를 비방했습니까? 바른정당 창당하고 또 얼마나 집요하게 나를 비방했습니까? 이미 그 말에 대한 대답은 제가 2023. 8. 9. 페이스북에 쓴 글과 기사를 참조하십시오.(https://naver.me/FoHB6Rg8) 해묵은 논쟁은 그 정도만 합시다. 해 본들 그건 유 전의원의 자해행위에 불과합니다.

▽ **온 힘**을 다해 우파로 정권 교체했는데 얼치기 좌파를 데려와 금감원장을 시키려고 집권 초에 시도했다니 아연실색할 일입니다. 또 그걸 색깔 씌우기로 반문하는 거 보니 김경율이 좌파라고 인정하기는 하는 모양입니다.
그런데 왜 그런 사람을 영입하여 측근으로 삼았을까요? 그런 사람이 당 대표가 되겠다고 저리 설치고 다니고 있고 일부 사람들도 러닝메이트라고 부화뇌동하니 이 당이 얼마나 우습게 보이겠나요? 제발 정신들 좀 차립시다.

 홍준표도 알고 보면 "**따뜻한 사람**"
꿈의 실현은 '따뜻함'에서 시작됩니다.

♡ 3만 명이 참가한 대구 마라톤 대회

♡ 중국 쓰촨성 청두 두보 초당

♡ 중국 청두에서 본 판다

5

꿈꾸는
사람만이
꿈을 이룰 수
있습니다

꿈을 현실로 만들려면
현재는 냉철한 통찰력(insight)으로 보고
미래는 예지력(foresight)으로 봐야 합니다.
꿈꾸는 사람만이 꿈을 이룰 수 있습니다.
나는 늘 꿈꾸는 인생을 살고 있습니다.

2024. 07. 15.

🚩 여론 조사를 전적으로 믿지는 않지만, 최근 갤럽 조사에서 대구시정 지지도가 20대에서 60%가 넘고 30대에서는 70%가 넘는다는 발표는 참 고무적인 일입니다. 그간 대구 20~30대들이 대구시를 고담 시티라고 부르면서 대구를 떠나는 일이 수십 년간 계속되었습니다. 민선 8기에 들어와서 대구가 청년들에게 꿈과 희망을 주는 청년들의 도시가 되어간다는 점에서 참으로 바람직하지 않을 수 없습니다.

앞으로 2년만 더 열심히 하면 청년들에게 꿈과 희망을 주는 기회의 도시로 대구를 만들 수 있겠다는 생각이 들었습니다. 이 나라 청년들도 꿈과 희망이 넘치는 청년 대한민국이 되었으면 참 좋겠네요.

2024. 07. 16.

▽ **민주당**이 총선에 압도적 승리를 하고도 일부 여론 조사에서 우리 당에 뒤지는 결과가 나오는 것은 이재명 대표 방탄 정당이라는 오명(汚名)을 뒤집어쓰고 있기 때문입니다. 그런데 우리 당도 특정 후보의 방탄을 위한 정당이 되어야겠습니까?

그런 의미에서 나경원 후보의 오늘 페이스북 내용을 나는 적극 지지합니다. 당정이 하나가 되어 야당의 폭거에 대항해도 돌파하기 어려울 건데 당정을 파탄 낼 후보가 당 대표 되어선 안 되지요. 당원들의 냉정한 선택이 필요한 때입니다.

▽ **민주당** 양문석 의원의 폭로가 사실이라면 그건 드루킹 사건과 맞먹는 대형 여론 조작 사건입니다. 그냥 넘어갈 문제가 아니지요. 우리 당 대통령뿐만 아니라 여권 주요 인사들에 대해 차마 입에 담지 못할 욕설로 저주하는 세력이 우리 내부에도 있다면 이건 능지처참해야 할 일입니다.

<u>여야를 떠나서 이런 여론 조작 세력들은 정치권에서 박멸해야 합니다.</u> 특검이라도 도입해서 두 번 다시 이 땅에 여론 조작 세력이 발을 붙이지 못하도록 해야 할 것입니다.

2024. 07. 17.

▽ **한 조직**의 수장이 되려면 던지는 메시지가 있어야 하고 말의 무게감

이 있어야 하는데, 즉흥적으로 던지는 말마다 분쟁거리만 생산한다면 그건 chatter에 불과합니다. <u>거대 담론이나 핵심을 찌르는 화두가 아니라 재잘거림으로 정치를 한다면 그건 수다쟁이에 불과하고 정치 지도자감은 안 되지요.</u> 설사 당 대표되어 본들 그 역량으로 집권당을 끌고 갈 수 있을까요? 우리 당에는 지도자감이 많은데 어쩌다가 수다쟁이가 저리 설치는지 참 안타깝네요.

▷ 나경원 의원이 공소 취소를 요청했다는 패스트트랙 사건은 문재인 정권의 전형적인 정치 수사 사건이고 정치재판 사건입니다. 그 사건으로 탄생한 법이 현재 무용지물로 전락한 공수처이고 기괴한 연동형 비례대표제였습니다.

우리가 집권했으니 당연히 그건 공소 취소를 법무부 장관은 했어야지요. 나아가 아무리 다급해도 그건 폭로할 대상이 아닙니다. 오히려 집권당 법무부 장관으로서 직무를 방기한 잘못이 더 크지요. 그런 사람에게 법무행정을 맡겼다는 게 윤 대통령의 실책입니다. YS 집권 후 포철 회장 박태준 씨의 조세 포탈 사건도 공소 취소한 전례가 있습니다.

앞으로 자기가 불리하면 무엇을 더 까발릴지 걱정입니다. 공직자가 직무상 지득(知得)한 비밀을 자기 필요에 의해서 상대방을 공격하는 자료로 악용한다는 것은 참으로 비열한 짓입니다.

2024. 07. 18.

▷ 자기가 구속한 박근혜 전 대통령에게 미안하다고 하면서 박근혜처럼 큰

정치하겠다고 했는데 박근혜가 망한 것은 배신자들 때문입니다.
박근혜 팔아서 정치생명 연장하던 일부 친박들이 배신하고 탄핵에 가담하면서 박근혜가 몰락한 겁니다. 윤 대통령과 20년 우정을 배신한 사람이 할 말은 아니지요. 아무리 정치판에 도의가 사라지고 의리와 신의가 파탄이 난 시대에 살지만 배신과 음모가 판치고 여론 조작에 동료의원끼리 전화도 녹취해서 폭로하고 사이비 유튜브 동영상 제공자 건달 앞세워 당원 폭행하는 막장 정치는 단죄받아야 합니다.
한번 배신자 낙인이 찍히면 살아날 수 없는 게 한국의 정치판입니다. 이번 전당대회에서 정치적 정의가 작동하는지 한번 지켜보겠습니다. 이런 사람을 찍어주면 당 망하라고 하는 것밖에 되지 않습니다.

▷ **해괴한** 법 논리 내세웠다가 하루 만에 사과하고, 징역 35년 구형해 놓고 미안하다고 사과하고 20년 따라다니다가 한순간에 등 돌려 배신하고 법무부 장관 하면서 유튜브 동영상 제공자들에게 지지 방송 부탁하고 댓글 부대 동원해 드루킹처럼 여론 조작하고, 이거 소시오패스 아닌가요?

2024. 07. 19.

▷ **내가** 연일 한동훈에 대해 지적하는 것은 모두 사실에 기반한 것이고 그가 문 정권 초기 화양연화 시절에 우리에게 자행했던 정치 검사의 공작 수사 작폐에 비하면 그 강도가 10분의 1도 되지 않습니다.
나는 그런 아류의 사람이 화양연화 시절을 다 보내고 정권이 바뀌었는데도 중국 악극처럼 변검하여 또다시 화양연화 시절을 맞이하려는 것은 용납할 수가 없습니다. 이것은 당 대표 선거와 상관없이 끝까지 응징되어야 정치적 정의가 살아 있다는 것을 국민에게 보여 주는 것입니다. 특검에서 똑같이 조사당해 보십시오. 그래야 그때 조사받다가 자진(自盡)한 5명의 심정을 조금이라도 이해할 겁니다.

▽ **법무부** 장관은 검찰 사건에 일반적인 지휘권이 있고 구체적인 사건에 관해서는 검찰총장을 통해서 지휘합니다. 패스트트랙 사건은 문재인 정권이 저지른 전형적인 정치 사건이고 정권이 바뀌었으면 법무부 장관은 당연히 검찰총장에게 공소 취소 지시를 해야 했음에도 이를 방기(放棄)했습니다.
이제 와서 당 대표 되면 법률 지원을 강화하겠다는 건 전형적인 소시오패스의 사고방식입니다. 당시 원내대표로서 투쟁을 지휘한 나경원 의원에게 개인 차원의 부탁에 불과했다는 말도 어처구니없는 망발입니다.
재잘대는 말 속에 들을 것은 하나도 없는 빈 수레 토론이었습니다. 이런 사람이 당 대표를 하겠다고 나온 이번 우리 당 전당대회는 사상 최악의 전당대회입니다. 전당대회 후폭풍을 어떻게 감당하려고 저러는지 걱정입니다.

2024. 07. 20.

▽ **철없는** 정치 검사의 난동이 이번 전당대회에서 종식되었으면 합니다. 당원들의 정치의식을 믿습니다. 일부 언론의 공작과 댓글 부대의 여론 조작으로 왜곡된 여론도 당원들이 바로잡았으면 합니다. 지켜보겠습니다.

2024. 07. 22.

▷ 대구에는 3대 정신이 있습니다. 구한말 국채보상운동으로 구국운동의 출발이 되었던 구국운동 정신이 있고, 1960. 2. 28. 자유당 독재에 최초로 항거한 2. 28. 자유정신이 있고, 1960년대 초에 이 땅 근대화의 시발점인 섬유공업이 일어난 박정희의 산업화 정신이 바로 그것입니다.

국채보상운동이나 2. 28. 자유정신을 기리는 시설이나 공원 등은 있지만 그동안 정치적인 논란으로 주춤거리며 시행하지 못했던 박정희의 산업화 정신 사업은 지금 잘 추진되고 있습니다.

지난번 5월 지방의회에서도 박정희 기념 사업 조례가 통과되었고 박정희 공원, 박정희 광장, 박정희 동상 건립 사업도 순조롭게 진행되고 있습니다. 아직도 반대파들이 있긴 하지만 박정희 기념 사업은 정치적 논란을 떠나서 우리 대구가 해야 할 최소한의 기념 사업들입니다.

연말까지 동대구역 광장을 박정희 광장으로 바꾸고 그곳에 동상도 세웁니다. 내년 말까지는 박정희 공원도 개방하고 그곳에도 동상을 세울 겁니다. 그러면 대구의 근대 3대 정신이 완성되는 겁니다.

2024. 07. 23.

▷ 1997. 8. YS 아들 김현철을 구속한 검찰총장 김기수는 자기를 임명해 준 대통령에 죄송하다고 바로 사표를 제출하였습니다. 영부인을 제삼의 장소에서 비공개 조사를 했다고 퇴임을 앞둔 이원석 검찰총장은 대국민 사과를 하고

감찰 지시를 하였습니다. 무엇이 검찰 조직의 수장으로서 맞는 행동인가요? 꼭 영부인을 포토 라인에 세워 창피를 주면서 분풀이해야 올바른 검찰권 행사인가요? 실체적 진실 발견이 중요하지 않은 수사 장소가 중요한가요? 문재인 정권 때는 비공개 수사가 없었나요?

<u>법 이전에 최소한 예의를 갖출 줄 아는 법조인이 되어야 하고 검찰조직의 수장으로서 그러한 내부 문제는 비공개로 수습하는 게 맞지 않았나요?</u> 모르는 척하고 넘어갔으면 총장 배제라는 오명을 뒤집어서 쓰지 않아도 되었을 텐데 조직보다 자신의 이미지 관리가 더 우선한 건가요?

꼭 하는 짓이 문재인 정권 때 검찰 내부 충돌 같습니다. 그러다 검찰이 수사권 다 빼앗기고 망하지 않았나요?

▽ **총장**의 원칙은 훼손하지 말아야 하는데 수사는 해야겠고 부득이하게 보고하지 않고 수사를 했는데 그걸 수고했다고 대범하게 어깨 툭툭 치고 지나갔으면 얼마나 큰 그릇의 존경받는 총장이었겠나요? 간장 종지 같은 그릇으로 그걸 질책하고 감찰 지시를 하니 꼭 하는 모양이 조직보다 자기 이미지만 내세우는 한동훈이 같습니다.

▽ **당분간** 당무에는 관여하지 않아야겠네요. 당원들의 선택이 그렇다면 어쩔 수 없지만 실망입니다. 황교안 때부터 저러더니 누가 이 당을 지키고 오래오래 이 당에서 정치하려고 하겠습니까? 떴다방에 휩쓸려 다니는 것도 한두 번이지 단합해서 이 난국을 잘 헤쳐 나가기를 바랍니다.

2024. 07. 25.

▽ **나는** 곡선주로는 달리지 않습니다. 언제나 직선주로만 달립니다. 나는 감정을 숨기지 않습니다. 있는 그대로 스트레이트로 갑니다. 나는 위선적인 행동과 말은 하지 않습니다. 언제나 진심을 담아서 말이나 행동을 합니다. 그렇게 살면서 공직 생활을 한 지 40여 년이 되었습니다.
주변에서 그거 고치라고 수없이 듣지만, 그거 고치면 내게 남는 게 뭐가 있나요? 그거로 40여 년 공직 생활을 했는데 그렇게 살아도 대한민국에서 할 만큼 하고 살았습니다.

2024. 07. 29.

▽ **이승만**의 건국 시대, 박정희의 조국 근대화 시대, YS·DJ의 민주화 시대를 넘어서 여기까지 왔는데 우리는 지금 무엇을 향해 가는가요? 진영 논리에 묻혀 무엇이 옳고 무엇이 그른지 분간치 못하고 패거리 지어 항상 서로 물어뜯는 일에만 집중하는 지금 이대로 가도 되는가요? 나라가 이래도 되는가요? 우크라이나 전쟁, 이스라엘 전쟁, 양안 사태에 북핵 위기까지 안보 문제는 날로 엄중해지고 미·중 패권 시대 암나사 크래커 되어 그 돌파구도 못 찾는데 나라 운영이 이래도 되는가요? 거대 담론이 사라진 시대, 오로지 소 패권주의만 판치는 시대, 이 암울한 이전투구(泥田鬪狗) 시대를 어찌 넘어가야 하는가요?

▽ **지난번** 내가 말한 건 당무 관여를 당분간 하지 않겠다는 겁니다. 지방정부가 잘되려면 중앙정치가 잘 돼야 하므로 나라의 걱정과 의견은 지속적으로 할 겁니다. 다만 한동훈 체제에 대한 당무 관여는 당분간 하지 않겠다는 것뿐입니다. 나는 총선 망친 한동훈 체제를 반대했지만 그런데도 당원들이 선택했기에 당원들 의사를 존중해서 한동훈 체제에 대한 당무 관여는 당분간 유보한다는 것뿐입니다. 마치 내가 나라에 대한 우려조차도 하지 않는다는 뜻도 아닌데 6일 만에 이를 번복한 듯한 기사를 쓰는 것은 유감입니다.

2024. 08. 05.

▽ **아무것도** 되지 않는 정치판에 오로지 파리 올림픽 소식만 이 나라를 희망에 부풀게 합니다. 어제 있었던 남자 개인 양궁 결승은 참으로 짜릿한 승부였습니다. 마지막 슛오프 때도 흔들림 없는 김우진 선수의 강철 생각은 우리를 감동케 했습니다. 모두가 한마음이 된 한국 양궁의 모든 종목 금메달 석권은 참으로 우리 국민을 감동케 했습니다.

정치도 제발 이랬으면 좋겠는데 단독 강행통과, 거부권 행사가 반복되고 대통령이 휴가 가는데도 증오 성명이 나오는 저주의 정치는 인제 그만둘 때가 되지 않았습니까?

우크라이나 전쟁, 이스라엘 전쟁, 양안 사태에 북핵 위기까지 극도의 안보 위기가 계속되고 미·중 패권 경쟁 속에 경제 안보도 시급한데 눈만 뜨면 서로 증오하는 말들만 쏟아내니 임진왜란 직전 동인 서인 당쟁이 재현된 것 같네요. 모든 것을 국익(國益)을 중심으로 판단하고 집행하면 될 텐데, 모든 것을 진영 논리를 중심으로 패거리 지어 몰려다니면서 나라를 어지럽히니 이 암울한 사태를 어떻게 돌파해야 할까요? 찜통더위보다 더 짜증이 나는 한국 정치 현실입니다.

2024. 08. 12.

▽ 드루킹 대선 여론 조작 사건의 최대 피해자는 당시 탄핵 대선에 출마했던 나와 안철수 의원인데 뜬금없이 사면해 준 당사자가 복권을 반대한다는 건 이치에 맞지 않습니다. 그런 엉뚱한 짓 하지 말고 야당이 폭주하는 국회 대책이나 세우는 급선무 아닌가요?

2024. 08. 15.

▽ 어제 동대구역 광장을 박정희 광장으로 명명하는 제막식을 가졌습니다. 대구의 근대 3대 정신은 구한말 국채보상운동으로 대표되는 구국 운동적인, 자유당 독재에 항거한 2. 28 자유적인, 그리고 5천 만 국민을 가난에서 벗어나게 해 준 박정희 대통령의 산업화 정신이 그것입니다. 대한민국 산업화의 출발은 대구의 섬유산업에서 시작된 겁니다.
대구에는 국채보상운동, 2. 28 자유정신을 기리는 조형물, 공원, 기념관은 많이 있습니다만 박정희 대통령의 산업화 정신을 기리는 흔적은 전혀 없어서 이번에 시의회 조례도 만들고 그 조례에 따라 대구의 관문인 동대구역 광장

을 박정희 광장으로 만들고 연말에는 그곳에 박정희 대통령의 동상도 세울 예정입니다. 아울러 남구에 박정희 공원도 만들고 그곳에도 박정희 대통령의 동상을 세울 겁니다.

목포나 광주에는 김대중 대통령의 동상과 공원, 기념관이 참 많습니다. 역사적 인물에 대한 공과를 논할 때 과만 들추어 내 반대만 하겠다고 할 것이 아니라 공도 기릴 줄 아는 그런 세상이 되었으면 합니다. 논란이 있지만 해야 할 일은 해야 합니다.

2024. 08. 18.

▽ 건국절 논란으로 혼란스럽기 거지가 없네요. 우리 헌법에 상해임시정부를 대한민국 법통으로 삼고 있으니 대한민국 건국은 1919. 4. 11.임은 자명하다고 할 것이고 그 법통을 이어받아 해방 후 영토를 회복해서 1948. 8. 15. 대한민국 정부를 다시 만들었다고 하면 될 것을 무슨 이유로 뜬금없이 건국절 논란을 일으켜서 국론분열로 나라가 소란스러운지 이해하기 어렵네요.

해방 후, 미 군정하에 임정 요인들이 귀국해서 정부를 다시 만들었으면 논란이 없었을 것을 해방 후 좌우익 혼란상에서 미군정이 임정을 인정 않는 바람에 문제가 생긴 거 아닌가요? 나라의 기본 요소는 주권, 영토, 국민이 있어야 하지만 상해임시정부는 망명정부이지만 우리 국민이 세웠고 주권도 갖추었고 영토만 일제에 침탈된 게 아니던가요? 그래서 영토 회복을 위해 우리 선열들은 몸 바쳐 독립운동했던 게 아니던가요?

티베트도 망명정부가 있고 팔레스타인도 망명정부가 있는데 상해임시정부를 망명정부로 보는 것은 당연한 거 아닌가요? 1948. 8. 15. 유엔에 인정받기 전에도 대한민국은 망명정부로 임시정부가 있었고 대한민국은 그때 건국된 겁니다.

2024. 08. 19.

▽ 임시정부를 망명정부로 인정하지 않으면 해방 후 우리하고 비슷한 시기에 김일성 정부를 세운 북한에 대해 민족사의 정통성 문제를 어떻게 설명할 것인지 논란도 일어날 수 있습니다. 임정의 법통을 이어받은 정부가 민족사의 정통성이 있는 정부가 아닌가요? 굳이 건국절을 하려면 임정 수립일인 1919. 4. 11.로 하고 1945. 8. 15.는 지금처럼 해방된 광복절로 하게 어떤지요? 그렇게 되면 1948. 8. 15.은 정부수립일로 하는 게 맞겠지요.
참고로 유엔이 1948. 8. 15. 정부 수립한 우리를 한반도 유일한 합법정부로 공인했지만 1991년에 가서는 북한도 유엔 가입이 되어 국제적으로 국가로 공인되었습니다. 내 생각이 지난번 자유한국당 때보다 달라졌습니다. 부질없는 논쟁은 인제 그 정도만 했으면 합니다.

2024. 08. 23.

▽ 국회의원은 국가 사무, 국가 위임 사무를 국정감사라는 기관이고, 지방 사무는 지방의원의 권한임이 헌법과 법률상 자명한데, 오늘 우리 당 수도권

어느 국회의원이 황당한 공문을 보내어 지난 일 년 반 동안 업무보고서, 성과보고서, 예산서, 결산서, 결제문서 목록 등 관련 결재 서류 일체를 보내라는 요구를 해 오니 어처구니없다는 생각을 지울 수가 없네요.

대구시는 올해 국정감사 대상도 아니고 지방 사무는 국정감사 대상이 아님에도 왜 그런 터무니없는 요구를 했는지 이해하기 어렵습니다. 무슨 이유로 그런 요청을 했는지는 묻지는 않겠습니다만 지방정부에 자료 요청할 때는 관련 규정을 찾아보고 하시기를 바랍니다. 지난해 국정감사 때도 대구시는 국가사무와 국가 위임 사무만 자료 제출했음을 양지하기 바랍니다. 민주당도 아니고 우리 당 의원이 그런 황당한 요구를 한다니 어처구니없네요.

2024. 08. 24.

▷ **광우병** 괴담으로 나라를 온통 혼란으로 몰아넣고 책임지는 정치인이 한 명도 없었습니다. 미국산 소고기 먹느니 청산가리 먹겠다던 그 개념 연예인은 개명하고 아직도 버젓이 활동하고 있습니다. 사드 괴담으로 노랑머리 가발 쓰고 내 몸 타들어 가고 심지어 성주 참외도 사드 참외라서 못 먹는다고 선동했던 사람들은 다 어디 갔나요?

후쿠시마 핵 오염수 괴담 선동도 1년이 되었는데 이젠 그 오염수가 5년, 10년 후 온다고 선동합니다. 괴담 정치로 국민을 선동해 나라의 혼란을 초래해서 무엇을 노리는 건가요? 꼭 그렇게 정치해야 하나요?

2024. 08. 27.

🚩 을사늑약은 원천 무효라고 국사책에 나와 있습니다. 이게 또 정부 입장입니다. 그렇다면 일제 강점기 때 강제 병합되었지만, 우리 국적은 일본이 아니고 1919. 4. 11. 이전은 대한제국 국민이었고 임시정부 수립 후는 대한민국 국민이어야 헌법 전문에 충실한 것이 아닌가요? 을사늑약을 원천 무효라고 해놓고 당시 우리 국민의 국적을 일본으로 인정한다면 을사늑약을 인정하고 상해임시정부는 부정하는 게 아닌가요? 손기정 선수가 일장기를 달고 마라톤 우승을 했지만 왜 고개 숙여 시상대 오르고 동아일보는 일장기를 말소했을까요? 독립운동의 본질은 빼앗긴 국권과 영토 회복 운동입니다.

2024. 08. 29.

🚩 대구·경북 통합은 졸속 추진이 아니라 3년 전부터 추진 해오던 해묵은 과제입니다. 그런데 민선 8기 들어와서 통합 논의가 중단된 것은 기존의 통합 논의가 도(道)의 존재를 전제로 한 논의였기 때문에 그런 통합은 계속할 필요가 없다고 본 겁니다. 100여 년 전 획정된 8도 체제는 교통수단의 발달과 소통 매체의 발달로 사실상 도(道)는 기능을 상실하고 기초단체의 지원기관으로 명맥을 유지하고 있을 뿐입니다. 그 체제를 허물어 특별시 체제로 전환하여 31개 기초자치단체가 각개 전투하는 모습보다는 통합 특별시장이 중심이 되어 대구·경북의 균형 발전을 이루도록 하는 혁신 체제를 갖추자는 데 목적이 있었습니다.

그런데 경북도는 생각이 달라 기존 체제를 그대로 두고 양적 통합만 하자고 주장하고 있어서 통합 논의를 더는 진전하기 어려워졌습니다. 그런 통합을 해 본들 내부 갈등만 증폭시키고 행정 낭비만 초래합니다. 유감입니다만 발상의 전환이 있지 않고는 통합이 어려워졌습니다. 나는 자리에는 관심이 없습니다. 대구·경북이 합심하여 한반도 3대 도시를 넘어 서울특별시와 견줄 수 있는 2대 도시로 우뚝 설 수 있게 하려고 했는데 그것이 무산되어서 유감입니다.

다시 한번 통합으로 한반도 2대 도시로 부상을 바라던 대구·경북 시·도민 여러분께 죄송하다는 말씀을 드리고 대구시 혁신 100 플러스 1 중 1은 삭제하고 100가지만 완성하는 데 전력을 다하겠습니다.

2024. 08. 31.

▽ 지난번 권영진 시장과 이철우 지사가 논의하던 통합 모델은 경상북도 특별자치도 안에 대구 특례시를 두는 기존의 도(道) 중이 통합 모델이었고, 지금 우리가 추진하는 행정 모델은 지원기관인 도를 폐지하고 대구·경북 특별시라는 집행기관으로 전환하는 행정 모델입니다. 최초로 도를 폐지하고 특·광역시 체제로 전환하는 혁신적인 행정 모델이지요.

그런데 그것을 인지하지 못하고 대구·경북 특별시로 합의해 놓고 뒤늦게 어깃장 놓는 것은 참으로 안타까운 일입니다. 통합 논의 초기에 내가 양적 통합이 아니라 질적 통합이라는 말의 뜻도 바로 그런 의미였습니다. 아무튼 이번 통합이 장기 과제로 넘어간 것은 아쉬운 점이 많습니다만 학계뿐만 아니라 정계에도 지방 행정 개혁의 새로운 모델을 제시한 것으로 우리는 만족할 수밖에 없네요.

▽ 문재인 대통령 당시 본인은 전직 대통령을 두 사람이나 정치 사건으로 구속하고 국정농단이라는 프레임을 씌워 보수 우파 진영 수백 명을 구속한 일이 있었습니다. 그런데 지금 와서 가족 비리 혐의로 본인의 가족들을 조사하니 측근들이 그걸 정치 보복이라고 항변하고 있네요. 참 아이러니하네요. 문 정권 초기 야당 대표를 했던 나를 1년 6개월 동안 계좌를 추적하고 통신 조회하고 내 아들, 며느리까지 내사하더니 이제 와서 자기 가족들 비리 조사한다고 측근들이 나서서 정치 보복 운운한다는 건 참 후안무치하기가 그지없네요. 지은 죄만큼 돌아가는 게 세상 이치입니다. 몰염치한 짓은 하지 맙시다.

2024. 09. 02.

▽ 정치는 말로 하는 거라지만 말만 번지르르하고 실천이 따르지 않으면 그건 정치가 아니고 국민 기만입니다. 지금의 의료 대란 사태를 해결하려면 양쪽이 조금씩 양보하는 타협책이 나와야지 일방적으로 한쪽만 양보하는 대책으로는 해결할 수 없습니다. 무책임한 말의 성찬이 나라를 망칩니다.
의사 증원 확대는 맞는 정책입니다. 그러나 시행 초기부터 단계적 증원을 하는 게 맞다고 말한 바 있습니다. 의사들의 집단행동에 굴복하는 의사 증원 유예는 또 다른 혼란을 초래할 겁니다. 의사들은 한국의 대표적인 지성인들인데 막무가내식 극언이나 내뱉는 저런 의협회장과는 타협이 안 될 겁니다.

2024. 09. 06.

▽ 의료 대란 대책 TF 구성을 조속히 해서 조정, 중재하라고 했더니 뒤늦게 의료대책 TF 보강한다고 부산떠는 건 이해하겠는데 야당도 아니고 여당이 보건복지부 장·차관을 문책하라고 떠드는 것은 본인들의 책무를 망각한 아이러니입니다. 그게 의료 대란 해법입니까? 그건 여태 의사들과 용산 눈치 보느라 조정, 중재에 나서지 않았던 여당의 책임이 아닙니까? 그러고도 여당이라고 할 수 있습니까? 정부와 의협 단체가 서로 양보해서 타협하고 물러설 명분을 주는 게 여당이 할 일입니다.

2024. 09. 11.

▽ 당단부단(當斷不斷) 반수기란(反受其亂)이라는 고사성어가 있습니다. 결단을 내려야 할 때 머뭇거리면 더 큰 혼란을 초래한다는 말입니다. 최근 대구시 각종 현안과 갈등을 처리해 가면서 이젠 결단을 내려야 할 때가 아닌가 하는 생각을 지울 수 없습니다.
통합 신공항 문제, 맑은 물 문제, 대구·경북 행정통합 문제, 대구 군부대 이전 문제, 신청사 문제 등 대구시의 숙원은 이익집단들의 억지와 떼쓰기에 밀려 질질 끌어서 해결될 문제는 아닙니다.
무엇이 옳은지 그른지 따지지 않고 무조건 대구시 정책에 반대만 하는 집단들의 억지와 떼쓰기에 흔들려서도 안 됩니다. 작금의 한국 사회에서 가장 강한 것은 떼법입니다. 그러나 옳은 것이 강한 것을 이깁니다. 억지와 떼쓰기가 통하지 않는다는 걸 보여 줘야 세상이 안정됩니다.

2024. 09. 12.

▽ **의사 출신** 안철수 의원의 의료 대란 해법은 윤 정부의 의료 개혁 정책을 무력화시키고 의사들의 손만 들어주는 것으로 의료 대란의 해법이 아닙니다. 국민 70%와 일부 야당 중진조차도 의대 증원에 찬성하는데 그걸 지금 와서 유예하자는 게 말이 되는 소리인가요? 의료 대란 초기에 적극적으로 나서서 이를 중재해 주기를 기대했는데 뒤늦게 나서서 오히려 혼란만 더 부채질하고 있습니다. 좀 더 사려 깊게 직역을 떠나 정치인으로서 국가정책 수립에 이바지해 주면 참으로 고맙겠습니다.

▽ **2018. 1. 19.** 동아일보 국제면 기사를 보면 프랑스 마크롱 정부가 50년 신공항 프로젝트를 극렬 환경단체 50여 명과 인근 주민 150~250여 명으로 구성된 떼법 단체들의 공항 예정 대지 점거 시위로 항복 선언하고 프랑스 50년 신공항 프로젝트를 포기했다고 합니다. 이는 떼법이 우리나라에만 국한된 것이 아니라 전 세계적으로 나타나는 님비 현상이라고 말하지 않을 수 없는 현실입니다.

작금의 의성군의 행태를 보면 화물터미널 문제가 극적으로 해결되더라도 공항 예정 대지 토지수용 때 보상가를 두고 또 집단 떼쓰기를 하지 않는다는 보장이 없습니다. 통합 신공항공사는 군사 공항뿐만 아니라 민간 공항 부분도 대구시가 수탁받아 통합하여 건설하기로 국토부와 합의가 되었습니다. 지금

통합신공항법 개정안이 국회에 계류되어 있고 그건 국토부 사업일 뿐만 아니라 대구시의 사업입니다.

지난 1년간 시간만 허비한 겁니다. 우리가 플랜 B를 추진할 수밖에 없는 것은 이러한 의성군의 행태로 보아 떼법이 또다시 발생하지 않는다는 보장이 없기 때문입니다. 대구·경북 100년 미래가 걸린 공항입니다. 다소 시간이 더 걸리더라도 철저하게 준비해서 완전한 대한민국 제2공항이 되도록 하겠습니다.

▷ **나는** 사실을 지적하는데 상대방들은 비이성적인 감정적 반응만 합니다. 신공항 장소에 관한 특별법 규정은 창설적 규정이 아니라 국방부 공모 심사에 통과한 결과를 적시한 확인행위 규정에 불과합니다. 그 법에 따라서 장소가 결정된 것이 아니고 장소가 결정된 것을 확인한 규정에 불과하다는 것입니다. 공동 신청한 두 자치단체 중 한 단체가 유치신청을 철회하면 차순위 신청지가 자동으로 결정되고 정해진 그 장소에 관한 조항은 사문화되는 조항이 될 뿐입니다. 굳이 그 조항을 개정하지 않더라도 문제가 되지 않습니다. 그건 왕조시대 법이 아니라 대한민국 현재 적용되는 법일 뿐입니다.

플랜 B도 적법절차에 따라 추진을 검토하고 있습니다. 그만 억지 부렸으면 합니다. 시행자인 대구광역시는 지금 합의문대로 하고 있습니다. 사업 시행 방법도 SPC로 하면 금융 이자만 14조 8천억 원이라는 천문학적인 숫자가 용역 결과 최근에 나와서 SPC가 아닌 대구광역시에 가장 이익이 되는 방안을 찾고 있을 뿐입니다.

2024. 09. 13.

▷ 듣기 좋은 말만 하면서 이미지 정치하면 지지율에는 도움이 될 수 있겠지만 지역과 나라는 서서히 황폐해집니다. 때로는 악역도 마다하지 않고 할 수 있어야 하고 욕먹을 각오도 해야 합니다. 박정희 대통령이 내 무덤에 침을 뱉으라고 일갈한 것도 바로 그런 뜻입니다.
잡새들의 시샘에 눈을 돌리지 않고 떼법에 휘둘리지 않고 삼류 언론의 악의적인 비방에 흔들리지 않고 늘 내가 현재 서 있는 이 자리에 충실히 하고자 합니다. 풀 수 없는 매듭은 잘라 내야 하고 곪은 종기는 터트려야 완치가 됩니다. 추석 민심이 사나워지니 나라가 걱정입니다.

2024. 09. 14.

▷ 어쩌다 엄마가 시골 장터에서 사 온 발보다 큰 운동화를 추석날 신으라고 하시길래 머리맡에 두고 몇 날 며칠 동안 가슴 두근거리며 기다리고 보낸 날들이 사각사각 떠오르는 추석날이 이틀 뒤로 다가왔네요. 어릴 때 추석은 그런 설렘이 있었는데 세상에 찌든 때가 묻으면서 우리들의 추석도 변했네요. 그래도 추석은 풍요롭고 즐거운 날입니다. 고향도 가고 해외여행도 가고 성묘도 가고 온 가족도 모이고 명절만큼은 의료 대란도 잊고 북핵도 잊고 명품 가방 선물 사건도 잊고 주가 조작 사건도 잊읍시다. 그냥 즐겁게 보냅시다.

2024. 09. 19.

▷ 지난 대선 후보 경선 때 조국 일가족 수사는 과잉수사라고 지적했다가 조국 수호 홍준표라고 극렬하게 비난받은 일이 있었습니다. 통상 가족 범죄 수사는 대표성이 있는 한두 사람만 수사하는 게 원칙인데 조국 수사는 일가족 몰살 수사였기에 그건 과잉수사라고 지적했더니 그걸 두고 일부에서 벌 떼처럼 달려들어 나를 비방했지요.

내가 조국 편을 들 이유도 없고 수사원칙을 말한 것인데 그걸 두고 일부 진영에서는 이성적 비판이 아닌 감정적 비방만을 하는 것을 보고 진영 논리가 도를 넘었다고 생각했습니다.

이번 문재인 수사도 똑같은 논리입니다. 전직 대통령 비리 수사라면 그에 걸맞은 수사를 하라는 겁니다. 판문점에서 김정은에게 넘겨준 USB 속에 국가기밀은 없었는지, 원전 폐기가 플루토늄 생산을 장래에 저지하고 북한을 이롭게 한 정책이 아니었는지, 그런 국사범에 가까운 이적 행위도 많은데 그런 것은 다 묻어버리고 딸네를 도와준 행위를 꼭 찍어 수사하는 건 수사비례의 원칙에 맞지 않는다는 거지요.

내가 문재인 전 대통령 편을 들 이유도 없고 나도 그가 감옥 갔으면 좋겠다는 태도지만 보낼 때 보내더라도 그에 걸맞은 혐의로 보내야 하지 않을까요? 국정농단 프레임 씌워 우리를 그렇게 모질게 탄압하던 사람이 편히 노후를 양산에서 보내는 건 사회적 정의에 맞지 않으니까요.

2024. 09. 22.

▽ 다음 주부터는 징검다리 휴일이 많습니다. 오랜만에 LA 교포 축제에 참여하고 샌프란시스코 첨단기업 방문을 위해서 미국 서부 지역을 방문합니다. 미국은 입출국 절차가 까다로워져 가기는 싫지만, 올봄에 예정된 행사라서 부득이하게 갑니다.

브라질 같은 경우는 룰라 대통령이 미국과 똑같은 엄격한 입출국 절차를 미국인에게는 요구하고 다른 나라 사람들은 비교적 자유롭게 입출국시킨다고 합니다. 그래서 브라질 입출 국장에는 USA ONLY와 THE OTHERS로 구분되어 있다고 하네요. 호혜·평등에 입각한 브라질의 입출국 정책이 부럽네요. 수해로 손해 입은 지역이 많아 마음이 무겁습니다. 조속히 복구되기를 기원합니다.

2024. 09. 28.

▽ 로마 철학자 울피아누스(Ulpianus)는 정의를 각자에게 그의 것을 주는 것이라고 설파한 바 있습니다. 이것은 요즘처럼 진영 논리가 판치는 정치판에 적용되어야 할 가장 중요한 지표이고 정국 안정의 요소라고 보입니다. 그런데 그간 정부 여당은 집권 이래 상대방인 야당의 존재를 인정하지 않고 검사 정치로 일관해 온 잘못이 오늘의 혼란을 초래하지 않았나 하는 반성이 있어야 하지 않을까 하는 생각을 지울 수가 없네요.

똑같은 논리로 정부·여당의 가장 약한 고리로 여겨지는 김 여사에 대한 야당의 집요한 공격도 우리가 자초하지 않았나 하는 반성도 해야 하지 않을까요? 국민을 안심시키는 정국 안정의 열쇠는 공존의 정치이고 공존은 각자에게 그의 몫을 주는 상생의 정치가 아닐까요? 늦었지만 지금부터라도 상생의 정치로 나가야 할 텐데 국정감사를 앞둔 정쟁의 격화로 나라의 혼란이 심화할까 봐 더없이 우려스럽네요.

2024. 09. 30.

▷ 일을 하다 보면 온갖 음해와 시기, 질투를 만납니다. 거기에 일일이 신경을 쓰다 보면 추진력도 떨어지고 잘하던 일도 주저합니다. 추진력 있게 일을 하다 보면 늘 따라붙는 게 독선이라는 비방이지만 괘념치 않겠습니다. 국책사업에는 늘 떼쓰기와 억지가 따라붙습니다.
풀 수 없는 매듭은 잘라 내어야 하고 곪은 종기는 짜내야 완치가 됩니다. 나랏일이나 지역 일이나 추진하는 과정은 똑같습니다. 대구 미래 100년 사업들은 좌고우면하지 않고 그렇게 힘차게 추진될 겁니다.

2024. 10. 02.

▷ 민주당은 용병 정치를 하지 않습니다. 그래서 위기 때마다 내부 결속력이 강하고 잘 뭉쳐서 위기 대응을 합니다. 반면 우리 당은 늘 용병 정치를 선호합니다. 그 바람에 위기 때마다 분열하고 결속력이 없습니다. 용병은 당에

충성하기보다 자기 이익을 위해서만 정치하기 때문입니다. 이회창 시절이 그랬고 윤석열 시절이 그렇게 흘러가고 있고 지금 한동훈 때가 그 정점에 와 있습니다. 내가 한동훈을 반대하는 이유도 여기에 있습니다. 성공한 용병 정책은 수용할 수밖에 없지만 실패할 것이 뻔한 자기 이익만 추구하는 용병은 갈등이 증폭되기 전에 애초부터 잘라 내어야 합니다. 레밍 정치는 이제 벗어나야 할 때입니다. 오늘 자 <스카이데일리> 오주한 정치 전문기자가 쓴 '마키아벨리는 왜 용병은 안 된다고 했을까?' 라는 글은 현 우리 당 상황을 극명하게 잘 설명해 주는 칼럼입니다. 당원들의 일독을 권합니다.

2024. 10. 03.

▽ 가십이 나라를 흔드는 세상! 참 아쉽네요. 나라의 명운을 좌우하는 일들도 참 많은데, 가십에 불과한 일들에 가려 국사가 흔들리네요. 여의도는 국사보다 가십에 집착하고 정작 나랏일은 뒷전이니 그리해서 나라가 안정되겠습니까? 총선 직후 사상 최악의 난장판 국회가 될 거라고 말했는데 실제로 그렇게 되어가고 있네요. 다가오는 국정감사를 어찌 봐야 할지 걱정입니다.

2024. 10. 06.

▽ 나는 정치 30여 년 동안 계파 활동을 해 본 일이 없습니다. 계파에 속하지도 않았고 계파를 만들지도 않았습니다. 국회의원은 헌법상 독립기관인데 계

파 졸개로 전락하는 것은 그 자체가 모욕이고 소위 계파 수장이 국회의원을 계파 졸개로 부리는 것도 헌법에 어긋나는 짓이기 때문입니다. 개인적인 친소 관계로 어울리는 것은 문제가 없지만 패거리 지어 계파를 만드는 것은 국회의원 스스로 자신을 비하하는 것이기 때문입니다.

이러한 패거리 정치 문화는 일본 정치계를 흉내 낸 잘못된 정치 풍토입니다. 오늘 우리 당 새로운 계파가 모여 회식한다는 뉴스를 보고 그 계파에 속하는 국회의원들이 문득 불쌍해집니다. 대선 후보 경선 때 자기가 지지하는 후보를 선택하면 될 것을 들어온 지 얼마 되지 않은 정치 초년생 밑에서 미리부터 무얼 하겠다고 무리를 지어 다니는지요. 박근혜 때처럼 바른정당 만들려고 하는지 아니면 몇몇을 무기로 대통령을 협박하려는 건지요. 묘한 시기에 묘한 모임이네요.

2024. 10. 08.

▷ 욕먹을 줄도 아는 지도력이 필요한 때인데 모양만 추구하고 이미지 정치만 난무하는 시대가 되었습니다. 얄팍한 짓만 골라 해도 레밍처럼 맹종하는 집단만 있으면 되는 팬덤 정치 시대가 되었습니다. 좌우 진영 논리의 폐해가 극에 달했고 갈등 정치가 세계 1위인 나라가 되었습니다.

국정감사장에는 국사(國事)는 간데없고 진영 대결만 난무하는 민생 실종 시대가 되었습니다. 대통령 가족 일이 가십에 그치지 않고 국사가 되는 희한한 나라가 되었습니다.

2024. 10. 10.

▽ **문제** 인물로 보고 애초부터 접근을 차단했던 인물이 여권을 뒤흔들고 있네요. 작업한 여론 조사를 들고 각종 선거캠프를 들락거리던 선거 브로커가 언젠가 일낼 줄은 알았지만 이렇게 파장이 클 줄은 예상 못 했네요. 연루된 여권 인사들 대부분이 선거 브로커에 당한 사람들입니다.
굳이 부인해서 일 크게 만들지 말고 솔직하게 인정하고 넘어가는 게 좋겠네요. 어차피 사법처리가 불가피한 사람이라 자기가 살기 위해서 사실 여부를 떠나 허위, 허풍 폭로전을 계속할 텐데 조속히 수사해서 진실을 규명하고 다시는 정치판에 이런 아류의 선거 브로커가 활개를 치는 것은 막아야 하지 않을까요? 대한민국 정치인 중 자신을 알아주지 않는 사람이 없는데 유독 홍대표 님만 자신을 인정하지 않고 무시한다고 투덜거리던 선거 브로커 명 씨가 이렇게 문제를 크게 만들 줄 몰랐네요. 검찰은 성역 없이 나온 의혹들 모두 수사하세요. 머뭇거리지 말고 수사하세요. 검찰은 아예 잔불도 남기지 말고 깨끗하게 정리하세요. 그게 검찰이 할 일입니다.

▽ **자신**이 법무부 장관 하는 동안 기소 여부를 결정했어야지 1년 6개월 동안 결정 않고 미적거리다가 이제 와서 검찰을 압박하는 게 맞는 처신인지 여론에 춤추는 지도자는 지도자가 아닙니다. 그건 국민 눈높이도 아니고 그냥 변검술일 뿐입니다.

2024. 10. 13.

▽ **뭐가 겁나서** 수사를 미적거립니까? 조속히 수사해서 엄정하게 처리하세요. 선거 브로커 허풍 하나가 나라를 뒤흔드는 모습은 눈 뜨고 볼 수가 없어 단호히 처단할 것을 검찰에 요구합니다. 성역 없이 수사해서 위법성 여부를 밝혀 관계자들을 엄벌하고 선거 브로커에게 당한 피해자들이 마치 공범인 양 취급되는 잘못된 현상을 바로잡아야 하지 않나요? 검찰이 바로서야 나라가 바로섭니다.

2024. 10. 14.

▽ **지난** 대선 후보 경선 때 명 씨가 운영하는 PNR에서 윤 후보 측에 붙어 여론 조작하는 걸 알고 있었지만 문제 삼지 않았습니다. 어차피 경선 여론 조사는 공정한 여론 조사로 이루어지기 때문에 명 씨가 조작해 본들 대세에 지장이 없다고 보았기 때문입니다. 그런데 그 조작된 여론 조사가 당원들 투표에 영향이 미칠 줄은 미처 계산하지 못했지요. 그러나 국민 일반 여론 조사에 10.27% 이기고도 당원 투표에 진 것은 국회의원, 당협 위원장 영향이 더 컸다고 보고 나는 결과에 승복한 겁니다. 더는 선거 브로커 명 씨가 날뛰는 것은 정의에 반하는 짓입니다. 검찰에서는 조속히 수사해서 관련자들을 엄중히 사법 처리해 주시기를 바랍니다.

▽ **대선** 경선 당시 각 후보에게 당원 명부를 건네주었고 각 후보는 그 당원 명부를 이용해 전화 홍보를 하고 여론 조사도 의뢰합니다. 그래서 그걸 두고 당원 명부 유출이라는 말은 어이없는 말이고 우리 대선 후보 캠프가 당원 여론 조사를 두 번 의뢰한 여론 조사 기관은 조원엔씨아이였습니다. 당시 명 씨는 윤 후보 측에서 일하고 있었고 명 씨 여론 조사 기관에 우리가 여론 조사를 의뢰한 일이 전혀 없었는데 느닷없이 명 씨가 우리 측 여론 조사를 했다고 주장하기에 알았습니다.

얼마 전까지 김영선 의원 보좌관을 하다가 그만두고 대구시 서울사무소에서 대외협력팀장으로 최근에 영입된 마산 출신 최모 씨가 지난 대선 경선 때 자발적으로 우리를 돕기 위해 자비로 우리 여론 조사를 했다는 것을 자복하여 즉각 사표를 받았습니다. 최모 씨는 같은 마산 출신인 명 씨와 잘 아는 사이였고 지난 대선 후보 경선 때는 우리 캠프 근처에도 오지 않았던 사람입니다. 선의로 그랬겠지만, 선거 브로커와 어울려 다니면서 결과적으로 우리 측이 오해받게 했기에 사표를 받은 겁니다. 본인도 우리 쪽으로부터 당원 명부를 받았는지 아닌지는 기억이 없다고 하고 있고 명 씨가 확보한 명단으로 당원 여론 조사를 했는지도 알 수 없다고 했습니다.

설사 백 보 양보하여 생각해 봐도 후보들에게 건네진 당원 명부는 이미 선거 홍보용으로 공개된 것이기 때문에 당원 명부 외부 유출 운운은 가당찮은 주장입니다. 그건 또 안심번호명부이고 경선 직후 바로 삭제되는 명부입니다. 아무런 위법 사실도 없는데 마치 우리 측이 위법행위를 한 것인 양 폭로하고 헛소리하는 선거 브로커 명 씨를 검찰은 조속히 구속해야 할 것입니다. 내 참 관재수가 들려니 별것이 다 귀찮게 하네요. 정치를 하다 보면 온갖 사람을 다 만나게 되지만 이런 자와 거론된다는 것 자체가 모욕입니다.

2024. 10. 15.

▽ 용병 정치는 우리 이제 그만합시다. 당에 아무런 도움도 되지 않고 사욕을 위해 당분열만 가속시키는 용병 정치는 이제 손절매해야 합니다. 일부 보수 언론도 마찬가지입니다. 박근혜 밀어서 세워 놓고 제일 먼저 나서서 박근혜 끌어 내리지 않았습니까? 지난번 대선 때도 용병을 옹위하여 세워 놓고 지금에 와서는 박근혜 때와 마찬가지로 또다시 제일 먼저 새로운 용병 내세워 윤석열 정권 끌어내리는 데 앞장서고 있지 않느냐고요?

굳이 마키아벨리의 말을 빌리지 않더라도 용병은 만 가지 악의 근원입니다. 이제 더 이상 용병에 현혹되지 맙시다. 이제 더 이상 일부 보수 언론에도 현혹되지 맙시다. 더 크게 세상을 보고 나갑시다. 풀 수 없는 매듭은 잘라 내고 종기는 터트려 짜내야 완치가 됩니다.

2024. 10. 16.

▽ 여론 조사 기관을 정비해야 합니다. ARS 기계 몇 대 설치해 놓고 청부, 표본 추출 조작, 주문 생산으로 국민 여론을 오도하고 응답률 2~3%가 마치 국민 전체 여론인 양 행세하는 잘못된 풍토도 바뀌어야 합니다. 여론 조사 브로커가 전국적으로 만연하고 있고 선거철이면 경선 조작으로 더욱 선거 사기꾼들이 난무하고 있습니다. 극단적인 찬반 파만 응답하는 ARS 여론 조사는 폐지되어야 하고 응답률 15% 미만은 공표가 금지되어야 합니다.

자유한국당 대표 시절 이러한 사이비 여론 조사 기관들의 정비를 강력히 추진했지만, 야당이고 소수당이라서 성과가 없었습니다. 이번 명태균 사기 여론 조작 사건을 계기로 민주당이 앞장서서 이 잘못된 여론 조작 기관들을 정비해 주기 바랍니다.

▽ **더 이상** 선거 브로커의 거짓말에 대응하지 않겠습니다. 내가 이런 자와 같이 거론되는 것 자체가 모욕이고 창피스럽습니다. 경선 당시부터 알고는 있었지만, 선거 당원과 국민이 속지 않을 것이라는 믿음으로 대응하지 않았습니다. 고소나 고발도 하지 않습니다. 이런 자와 엮여 사법절차에 얽매이는 것도 부끄럽고 창피한 일입니다. 더는 날 끌어들이지 말라고요. 혼자 헛소리 실컷 떠들다가 감옥에나 가라고요. 도대체 검찰은 이런 자를 즉각 구속하지 않고 뭐 하고 있는지요?

▽ **대선 후보** 경선 당시 윤 후보는 정치 신인이라서 정치판의 생리를 모르는 관계로 윤 후보 캠프에는 온갖 정치 브로커와 잡인들이 들끓고 있었고 명 씨도 그중 하나였습니다. 윤 후보나 김 여사께서 명 씨의 허무맹랑한 소리를 당시 분별하지 못한 이유도 거기에 연유한다고 봅니다.
국민과 당원들도 이러한 윤 후보의 처지를 이해해 주셨으면 합니다. 더는 선거 브로커가 자기가 살기 위해 지껄이는 허무맹랑한 헛소리에 국민과 당원들이 현혹되지 말았으면 합니다. 한국 정치판이 원래 그렇습니다. 너그럽게 양해해 주시기를 바랍니다.

▽ **선거 브로커**의 허무맹랑한 말을 듣고 당원 명부 유출이라는 해괴한 프레임을 짜서 마치 경선 때 우리 측이 당원 명부를 유출한 듯이 수사 의뢰한다

는 보도를 보고 참 기막힌 짓을 한다는 느낌을 지울 수가 없네요. 그 당원 명부는 후보자들에게 배부되는 그때부터 각 후보자 진영에서는 운동원들에게 나누어주고 전화 홍보, 여론 조사를 공개적으로 할 수가 있습니다. 그걸 두고 당원 명부 유출이라고 할 수 없습니다. 거듭 말하지만, 우리는 조원엔씨아이에만 두 번 여론 조사를 했을 뿐입니다. 그러면 그것도 당원 명부 유출이라고 뒤집어씌워 수사 의뢰하지 왜 하필 하지도 않은 명 씨 여론 조사 기관에 의뢰했다는 것만 유출이라고 합니까?

당에서 조사하려면 명 씨가 나보다 윤 후보를 2% 높게 여론 조작 의뢰한 것을 경선 부정으로 보고 수사 의뢰해야 하지 않나요? 뜬금없이 당원 명부 유출도 아닌 것을 마치 우리 측이 한 것처럼 여론몰이한다는 것은 참 어이없는 짓들입니다. 사무총장이 그것도 모르고 총장한다면 그건 자격이 없는 총장이고 물러나야 합니다. 그래 한번 해 보세요. 명 씨에 대해서는 당에서 한마디도 못하고 질질 끌려다니면서 아무런 문제도 없는 것을 가지고 장난질하네요. 요즘 한동훈과 아이들이 하는 짓은 당을 막장으로 몰고 가는 겁니다. 그리하면 얼마 가지 못할 겁니다.

2024. 10. 17.

▽ **원조** 김 여사 라인으로 벼락출세한 사람이 여사 라인 7인방을 제거하라는 요구는 참 어이없고 황당한 주장입니다. 서울의 소리 녹취록을 들어보면 원조 김 여사 라인은 바로 그대입니다. 카멜레온처럼 시시각각 변하는 게 소신인지 변절인지 묻고 싶네요. 주변에 도곡동 7상시부터 제거하는 게 순서가

아닌가요? 당정 일체로 난관을 돌파할 생각을 하지 않고 민주당 공격보다 용산 공격으로 내분을 일으켜 이 혼란한 상황을 수습하려 하나요?

2024. 10. 18.

▽ 지난 추석 CBS 특집방송에서 김 여사의 공개 활동 자제를 요청한 바 있었습니다. 노무현 대통령이 후보 시절 장인의 좌익 경력으로 곤욕을 치르고 대통령이 된 이후에 권양숙 여사는 5년 내내 공개 활동을 자제하고 언론에 나타나지 않았습니다. 보수 우파 진영에서도 노무현 대통령 임기 내내 권양숙 여사를 공격하지 않았던 이유도 거기에 기인합니다.
지금 대통령의 저조한 국민 지지가 퍼스트레이디의 처신이 그중 하나의 이유가 된다면 당연히 나라를 위해서 김 여사께서는 권양숙 여사같이 처신해야 한다고 봅니다. 진작 실행했으면 좋았을 것인데 늦었지만 지금이라도 그렇게 하면 나라 안정에 큰 도움이 될 겁니다.

2024. 10. 21.

▽ 김종인 씨가 내 복당 문제를 명태균이 이준석 대표에게 부탁해서 이루어졌다는 취지로 헛소리를 한 보도를 봤습니다. 나는 황교안 체제가 들어서고 견제를 당하다가 지난 20대 총선 때 이유 없이 컷오프된 후 대구 수성을에 총선 30일 전에 출마해서 무소속으로 당선된 이후 권성동, 김태호, 윤상현 의원

이 김종인 비대위 체제에 복당 신청할 때 나는 신청 자체를 하지 않았습니다. 1993. 4. 동화은행 비자금 사건 때 함승희 검사를 도와서 김종인 피의자의 뇌물 자백을 받은 바 있어서 아무리 정치판이지만 내가 뇌물 자백을 받은 범인에게 복당 심사를 받는 것은 가당치 않다고 보았기 때문입니다. 2012년 4월 총선 때도 박근혜 비대위에 김종인 씨가 있어서 뇌물 전과자에게 심사받기 싫어 공천신청 자체를 안 했는데 동대문을에 출마할 사람이 없어 공천신청조차 하지 않은 나를 전략적으로 공천한 일도 있었습니다.

김종인 비대위원장 퇴임 이후 비로소 복당 신청을 하였고 당시 당 대표로 출마했던 분들 전원의 복당 찬성으로 당 대표가 되었던 이준석 대표가 복당 승인을 한 것이 사실입니다. 명 씨 같은 선거 브로커와 작당하며 어울린 그것을 부끄러워해야 마땅한데 느닷없이 나까지 끌어들인 것은 유감입니다. 개차반처럼 행동하는 사람과 어울리면 똑같이 취급받습니다. 앞으로 주의하십시오.

2024. 10. 22.

▽ 오늘 민주당 중진의원인 김민석 최고위원이 2군사령부 국정감사에 참석한 김에 시간을 내어 대구시장실을 방문해 주셨습니다. 15대 국회의원 동기로 민주당에는 김민석 의원, 정동영 의원, 추미애 의원이 현역으로 활동하고 계시고 14대 의원 출신은 박지원 선배가 국회 최고 선임자이고, 우리 당에는 15대 출신으로 제가 유일한 최고 선임자입니다. 구내식당에서 같이 식사하면서 옛날이야기도 많이 했지만 정치가 실종된 지금의 현실을 참 안타까워했습니다.

여야가 극심히 대립하던 그때도 여야 막후 채널이 가동되고 중재하면서 현안을 풀어 나갔는데 진영 논리가 극에 달한 지금은 서로가 적개감만 남아 항상 대립과 투쟁으로 민생은 실종되고 무엇을 위해 서로 싸우는지도 모를 혼돈 지경에 와 있습니다. 각자에게 그의 것을 주는 것이 정의라고 로마 철학자 울피아누스가 말한 바도 있는데, 서로의 몫을 이제라도 인정하고 대국적인 견지에서 공존하면서 국민을 위해 정치를 복원하는 방안이 정말 없을까요?

2024. 10. 23.

▽ **나를** 한동훈 저격수라고 쓴 기자를 보면 참 무식하다는 생각을 지울 수 없네요. 요즘 깊이 있는 기사를 쓰는 기자는 보기 어렵고 얄팍한 가십만 주저리주저리 늘어놓는 기자들만 늘었습니다. 저격할 만한 대상이 되어야지 저격이라는 용어를 쓰지 내가 어떻게 새까만 후배를 저격하나요? DJ 저격수, 노무현 저격수를 끝으로 저격수 그만둔 지 20년이 넘었습니다.
그건 저격하는 게 아니라 엉뚱한 짓 하지 말라고 한 수 가르치는 것에 불과한 겁니다. 정치판을 잘 모르니 아직도 그런 기사를 막 쓰는 모양이네요.

2024. 10. 24.

▽ **정치적인** 해석이 분분하지만, 어제 용산대통령실 회동은 3주 전에 잡힌 지역 현안을 보고하고 논의하는 자리입니다. TK 백년 현안들을 해결하는 데

우리는 정부 지원이 절실하고 어제 면담자리에서 대통령께서는 비서실장, 정책실장까지 불러서 적극 지원을 지시했습니다.

대통령과의 면담은 현안을 해결하는 생산적인 자리가 되어야지 가십이나 잡설을 쏟아내는 갈등 양산의 자리가 되어선 안 됩니다. 김태흠 충남지사께서 적절히 지적했듯이 당의 지도부 일각은 지금이 비상시기라는 걸 깊이 자각하시고 신중한 처신을 하시기를 바랍니다. 졸랑대는 가벼움으로 나라를 운영하는 건 아니라는 걸 아셔야 나라가 안정됩니다.

▷ 당 대표, 원내대표 투톱 체제를 정치권에 도입한 것은 2006년 한나라당 혁신위원장을 할 때 제가 처음 도입한 제도입니다. 그전까지는 당 대표 아래 원내총무를 두고 당 대표가 원내를 지휘했으나 원내대표 도입 이후 그 위상이 강화되어 원내 사안은 원내대표가 지휘하도록 투톱 체제로 원내를 강화하고 오세훈법으로 지구당 제도를 폐지한 취지에 맞추어 미국식 원내정당화한 것이 바로 그겁니다.

당 대표 1인 시대는 그때 막을 내린 겁니다. 그 취지에 맞추어 2017년 제가 당 대표를 할 때는 원외 대표였던 저는 원내대표의 요청이 없으면 의원총회에도 들어가지 않았고 원내 문제는 정우택 원내대표가 전권을 갖고 처리했습니다. 원내 사안은 당무가 아니고 국회 사안입니다. 정치를 잘 모르니 원내대표 제도가 왜 생겼는지도 모르는 게 당연하지만, 원내 사안을 당 대표가 감독하는 건 몰라도 관여하는 건 월권입니다.

▷ 삼성가노(三姓家奴)라는 말이 있습니다. 정치판에서는 이준석 대표가 처음 쓴 말인데, <삼국지>에서 여포가 정원 밑에서 장수를 하다가 정원을 배신하

고 동탁에게 붙으며 생긴 말입니다. 여(呂) 씨에서 정(丁) 씨로 다시 동(董) 씨 양자가 되었다 해서 장비가 여포에게 붙여준 말입니다. 그런데 우리 정치판에도 삼성가노가 참 많습니다. 소신이라기보다 전형적인 해바라기지요. 국회의원이 뭐길래 삼성가노 짓까지 하면서 하는지 부끄러움을 알아야 하는데 수오지심(羞惡之心)도 없나 봅니다. 최근에 보면 그 가노들은 삼성가노가 아니라 앞으로 사성가노, 오성가노까지 할 사람들이 아닌지 의심할 정도로 변화무쌍하네요. 참 딱하고 측은합니다.

2024. 10. 26.

▷ **이재명** 대표와 대적하라고 뽑아 줬더니 야당에는 한마디도 안 하고 대통령 공격하고 여당 내 분란만 일으키네요. 철부지 난동도 정도 문제입니다. 천신만고 끝에 교체한 정권 망치려고 한 줌도 안 되는 레밍 데리고 도대체 지금 무슨 짓을 하고 있는가요?

▷ **배롱나무** 붉은 꽃이 지면서 우리들 꿈도 시들어 갑니다. 백날의 꿈에 불과한 그 꽃 피우려고 찬란한 봄날을 그렇게 분주히 보내셨나요? 한번 핀 꽃은 때가 되면 지는 것을 왜 몰랐을까요. 큰 권력은 모래성이라는 걸 뒤늦게 깨달을 때는 이미 늦었습니다. 모래는 움켜쥐면 쥘수록 더 빨리 빠져서 나갑니다. 공수래공수거라 했습니다. 무욕(無慾)이 대욕(大慾)이라고도 했습니다.

2024. 10. 27.

▽ 소수에 불과한 특정 집단의 가노(家奴)들이 준동하면 집안에 망조가 듭니다. 작금의 사태를 우려합니다. 레밍 같은 가노들이 설치면 그 당은 더는 존속하기 어렵습니다. 우리가 피눈물 흘리며 되찾은 정권입니다. 모두 한마음이 되십시오.

▽ 국회의원은 헌법상 독립기관이고 1인 성주(城主)입니다. 계파의 졸개가 될 수도 없고 되어서도 안 됩니다. 지난 30여 년 정치하면서 나는 계파에 들어간 일도 없고 계파를 만든 일도 없습니다. 나와 같이 일하는 사람들이나 의원들은 수평적 동지 관계이고 나는 언제나 각자의 뜻을 존중합니다. 그래서 같이 일하던 사람이 뜻이 맞지 않아 나갈 때는 잡지 않고 오는 사람 막지 않습니다. 얼마나 못났으면 3김 시대도 아닌데 국회의원이 줄 서서 계파 졸개 노릇이나 합니까? 그건 소신도 아니고 해바라기일 뿐이지요. 요즘 여의도 정치판을 보면 나라가 왜 혼란한지 그 이유를 알 수 있을 겁니다.

2024. 10. 28.

▽ 여당 지도부가 정책 추진할 때는 당내 의견을 수렴해 비공개로 대통령실과 조율하고 국민 앞에 발표를 합니다. 지금 지도부처럼 대통령 권위를 짓밟고 굴복을 강요하는 형식으로 정책 추진하는 것은 무모한 관종 정치입니다. 그건 자기만 돋보이는 정치를 하기 위해서 여권 전체를 위기에 빠트리는

철부지 불장난에 불과합니다.

되지도 않는 혼자만의 대권 놀이하는 겁니다. 박근혜 탄핵 전야가 그랬습니다. 대통령과 당 지도부의 오기 싸움이 정국을 파탄으로 몰고 간 겁니다. 국내외적으로 비상 국면입니다. 나보다 당, 당보다 나라를 생각해야 하는 비상시기입니다. 부디 자중하고 힘 합쳐 정상적인 여당, 정상적인 나라를 만드는 데 힘을 모아 주십시오. 배신자 프레임에 한 번 갇히면 그건 영원히 헤어날 길이 없다는 걸 알아야 합니다.

2024. 10. 29.

▽ 6공 시절 황태자로 불리던 박철언 특보는 월계수회를 이끌고 득세했던 순간이 있었습니다. 그러나 노태우 대통령의 선택을 받지 못하면서 급격히 몰락하기 시작했고 월계수회도 사라지고 결국은 정계에서 퇴출당한 일이 있었지요. 노 대통령의 아우라로 큰 사람이 그걸 본인의 것으로 착각한 것입니다. 자력으로 큰 YS는 그 뒤 승승장구했지만, 권력의 뒷받침으로 큰 박철언 특보의 권력은 모래성에 불과했습니다. 그 옆에 모여든 불나방 같은 월계수회 사람들도 한순간에 흩어졌습니다. 정치 낭인들 모아 행세해 본들 그건 오래가지 않습니다. 당과 융화하십시오. 물 위에 기름처럼 떠돌면 바로 퇴출당합니다. 그게 정치란 겁니다.

▽ 명태균이 지난 대선 후보 경선 때 여론 조작을 했더라도 최종 여론 조사는 내가 10.27% 이겼습니다. 내가 경선에서 진 것은 당심에서 진 겁니다.

2017. 5. 대선 때는 민심에서 졌고, 2021.11. 대선 후보 경선 때는 민심은 이기고 당심에서 진 겁니다. 나는 그걸 이제 와서 문제 삼을 생각이 전혀 없습니다. 우리 당 경선 규칙에 따라서 내가 졌기 때문입니다. 첨단산업 경쟁에서 경제가 밀리고 중동전쟁, 우크라이나 전쟁 북한 참전, 북핵 위기로 안보도 위급한 상황입니다. 모두 힘 모아 어려운 시기를 헤쳐 나가야 할 때입니다. 한낱 선거 브로커 하나에 매달릴 때가 아닙니다. 선거 브로커는 검찰 수사에 맡기고 더는 나라의 혼란한 상황이 진정되었으면 합니다. 당내 나 홀로 대선 놀이도 그만했으면 합니다.

2024. 10. 30.

▽ 정치인의 불법 자금이 기업에 유입되어 30여 년 후에 1조 원 이상 불어났다고 해서 그 돈이 국가에 환수되지 않고 후손에 귀속되는 게 정의에 맞는 가요? 아무리 불륜을 응징하는 재판이지만 그건 아닌 것 같습니다. 마치 이완용 후손 재산 환수 소송 같습니다.

2024. 10. 31.

▽ 구속되기 싫어서 제멋대로 지껄이는 선거 브로커 하나가 나라를 휘젓고 있고 야당은 이에 맞추어 대통령 공격에만 집착하는데, 이에 대항하는 여당은 보이지 않고 내부 권력투쟁에만 골몰합니다. 박근혜가 그래서 간 겁니다.

우리 당 일부 중진들이 배신하고 야당과 야합하는 걸 보면서 한탄한 그때처럼 한 줌도 안 되는 정치 낭인들 모아 내부 총질만 일삼으니 꼭 탄핵 전야 데자뷔를 보는 것 같습니다. 싫어도 우리가 배출한 대통령입니다.

▽ 정치판을 모르고 정치에 뛰어들다 보니 대선 후보 경선 때 윤 후보 측에는 온갖 잡동사니들이 다 붙어 있었습니다. 명태균도 그중 하나이고 우리 당에 있다가 민주당으로 가서 폭로에 가담하는 사람도 그 부류입니다. 대화를 몰래 녹음해서 폭로하는 건 양아치나 하는 짓입니다. 더 나올지도 모릅니다. 그러나 하나 분명한 것은 그 온갖 잡동사니 데리고도 대통령이 된 것은 그만큼 윤 후보가 역량이 출중한 건지도 모릅니다.

지금은 어려움에 부닥쳐 있지만 훌훌 털고 다시 굳게 일어설 것입니다. 윤 대통령이 무너지면 우리 진영이 붕괴하고 대한민국은 또다시 좌파 대중영합주의가 판치는 나라가 됩니다.

2024. 11. 01.

▽ 2017. 3. 탄핵 직후 보수 언론들조차 당 해체하라고 난리를 치던 그때 당 지지율 4%를 안고 당이라도 살려야 되지 않겠나 하는 절박한 심정에 당의 요청으로 경남지사를 사퇴하고 탄핵 대선에 나갔습니다. 유세 기간 내내 냉담한 언론 반응과 조소 속에서도 꿋꿋이 15%를 목표로 뛰었습니다. 15%만 받으면 대선자금 보전도 되고 당이 새롭게 일어설 기반을 마련할 수 있다고 보았기 때문입니다.

탄핵 직후라서 무슨 말을 해도 메시지 전달이 안 되었을 때고 심지어 관훈토론회 가서는 못된 패널로부터 사퇴할 용의가 없느냐는 모욕적인 질문을 받기도 했지요. 윤 대통령이 무너지면 우리에게는 차기 대선은 없습니다. 더구나 윤 대통령과 한 뿌리인 한동훈이 동반자진(同伴自盡)을 시도하는 철부지 행각을 보면 더더욱 울화가 치밉니다.

어떻게 쟁취한 정권인데 또다시 몰락의 길을 가고 있습니까? 중국 제왕학에서는 제왕은 면후심흑(面厚心黑)해야 한다고 합니다. 한마디로 말해서 당은 내버려두고(放棄) 대통령 비서실부터 전면 쇄신하고 내각도 전면 쇄신하여 새롭게 국민 앞에 나서십시오. 국정 기조가 무너지고 있습니다. 더 늦으면 국정 추동력을 회복하기가 어려워질 겁니다.

2024. 11. 04.

▷ 3金 시대 끝에 정계 들어온 나로서는 참 그때가 그립습니다. 나라에 혼란이 생기면 거목(巨木)들이 나서서 대화와 타협으로 혼란을 수습하곤 했는데 거목들은 간데없고 잡목(雜木)들만 우후죽순 나서서 혼란을 부채질하고 있으니, 나라가 혼란스럽지 않을 수 있나요?

우크라이나 전쟁, 이스라엘 전쟁, 북한 파병으로 국제전으로 비화한 유럽, 미 대선 후 한국에 미칠 폭풍, 좌우 갈등, 난장판 된 여의도 등 이 복합 혼란상을 어떻게 헤쳐 나가야 할까요?

2024. 11. 05.

▽ **선조**가 아무리 시기심 가득 찬 우둔한 군주였어도 칠천량 해전에서 대패한 원균을 다시 등용하지 않았다고 한 이준석 대표의 이런 비유는 시의적절하다고 보입니다. 그래도 우리가 억지로 내쫓은 이준석 대표는 대선, 지선에서 두 번이나 이기지 않았습니까? 그런 측면에서 보면 우리는 선조보다 더 우둔한 사람들입니다. 반성해야 합니다.

2024. 11. 07.

▽ **대통령**의 진솔한 사과와 김 여사 대외 활동 중단, 국정 쇄신 약속을 했으니 이젠 우리는 이를 지켜보고 단합해서 나라를 혼란으로부터 안정시켜야 할 때입니다. 트럼프의 재등장으로 세계가 긴장하는 이때 우리는 트럼프 2기 움직임을 면밀히 주시하고 신속히 대책을 세워야 할 때입니다. 더 이상 국정을 혼란으로 몰고 가는 경박한 촐랑거림은 없어야 할 때입니다. 야당이 비아냥거리더라도 우리는 내부 단결부터 해야 합니다. 더는 내부 결속을 해치는 경박한 짓은 국민과 당원들이 용납지 않을 겁니다.

2024. 11. 08.

▷ **대구·경북** 행정통합이 졸속으로 진행되고 있다는 일부 시민단체들의 비방에는 동의하기 어렵습니다. 그건 대구와 경북이 지역 소멸 방지와 거대 중남부 경제권 구축이라는 공동 목표 아래 4년 동안 추진되어 오던 오랜 염원입니다. 시·도의회 의견을 들어 추진된다는 관련 법 조항은 있으나 주민투표 조항은 없는데도 굳이 주민투표를 요구하는 것은 통합을 지체하고 방해하려는 처사에 불과할 뿐입니다.

그건 시·도민의 대의기관인 시의회와 도의회를 통과하면 되는 겁니다. 다음 지자체 선거에 적용하려면 올해 안에 통합 법안 발의가 국회에서 이루어져야 하고 내년 6월까지는 국회를 통과해야 합니다. 더 이상 물리적으로 머뭇거릴 시간이 없습니다. 서울과 양대 축으로 발전하는 대구·경북 특별시가 될 수 있도록 시·도민들의 전폭적인 지지를 부탁드립니다.

▷ **총선**에 당선되지 못하고 갈데없던 일부 정치 낭인들이 당의 단합을 저해하고 윤 정권을 야당보다 더 비방하는 현실을 보면서 마치 박근혜 탄핵 전야의 아노미 현상을 보는 듯합니다. 이리저리 떠돌다가 어느 패거리에 붙어서 자해행위나 하는 그들을 볼 때 측은함을 느끼지 않을 수 없네요. 국민과 당원들은 박근혜 탄핵 효과로 두 번 속지는 않을 겁니다. 더는 분탕 치지 말고 이재명 대표 밑으로 가세요. 밉더라도 우리가 세운 정권입니다. 윤 정권 탄생에 아무런 기여를 한 바도 없고 원조 김 여사 라인인 너희들은 윤 정권을 미워할 자격도 없습니다.

2024. 11. 10.

▷ **박근혜** 탄핵 때 자기만 살겠다고 난파선 쥐 떼처럼 탈출하는 군상들을 보면서 이 땅의 보수 우파들은 미래가 없다고 생각했습니다. 요즘 하는 당 지도부 일부 모습들이 그때 바른정당 모습의 기시감을 보는 것 같아 씁쓸하기 그지없네요. 뭉쳐서 위기를 헤쳐 나갈 생각보다 나 하나 일신만을 위해서 내부 총질에만 집착하는 당 일부 지도부 모습을 보며 꼭 그때의 난파선의 쥐 떼들이 생각납니다.

그때의 쥐 떼들을 걷어내고 당을 새롭게 만들려고 노력했으나 새로운 쥐 떼들이 들어와 분탕 치는 것을 보고 참 이 당은 미래가 암울하다는 느낌을 요즘 지울 수가 없네요. 이런 상황이 지속되면 당도 정권도 같이 무너집니다. 한번 참혹하게 당해 보고도 뭉치지 못하고 또다시 붕괴의 길을 걷는 그대들은 도대체 무슨 생각으로 정치를 한다고 설치는지 한심하네요.

▷ **의료 개혁** 사태를 악화시킨 비정상적인 의협회장이 탄핵으로 물러났으니, 의료 대란을 수습할 기회가 생겼네요. 정부는 조속히 의협과 타협하여 국민건강을 인질로 계속되는 의료 대란을 종식하기를 바랍니다. 당도 강 건너 불 보듯 하지 말고 적극적으로 중재에 나서야 합니다. 당내 분란만 일으키지 말고 민생에 집중하세요. 그게 여당의 역할이고 올바른 정치입니다.

2024. 11. 15.

▽ **뒤늦은** 감이 있지만 선거 브로커를 이제라도 구속한 것은 참 다행스러운 조치입니다. 깜냥도 안 되는 자가 그동안 정치판을 휘젓고 다녔다는 것은 그만큼 우리 정치의 후진성을 보여 주는 겁니다. 대선 경선 때부터 여론 조작질을 한다는 것은 진작부터 알고 있었지만 더 이상 정치 농단 없이 이쯤에서 마무리된 것은 참으로 다행입니다. 그간의 선거 브로커와 얽힌 의혹들은 하나도 남김없이 해소되도록 투명한 수사를 해 주시기를 바랍니다. 입만 벌리면 거짓말하는 범죄자 말에 현혹되지 말고 제대로 된 수사를 하시기를 바랍니다.

2024. 11. 16.

▽ **다수**의 힘으로 국회를 난장판으로 만들고 극성 지지자 동원하여 판사 겁박에 전력을 다했는데 받아 든 성적은 최악이었네요. 일말의 정치적 고려도 없이 순수 사법적 판단이었습니다. 참 대단한 법관입니다. 이재용 영장 재청구할 때와 판이한 법원의 결정입니다. 그때는 집단 시위에 법원이 굴복했는데 이번에는 사법부 독립을 지켰네요. 고생하셨습니다. <u>정치는 한때 지나가는 바람에 불과하지만 사법부 독립은 영원한 과제입니다.</u>

2024. 11. 18.

▽ **정치**는 당당하게 해야 합니다. 뒷담화나 하고 가족이나 측근들이 당원을 빙자해서 당원 게시판에 비방글이나 쓰는 비열한 짓은 하지 말아야 합니다. 음모와 모함이 판치는 정치판에서 내가 당당해야 상대방을 비판하고 나를 지지해 달라고 할 자격이 생기는 겁니다. 사술(詐術)부터 먼저 배운 정치는 오래 가지 못합니다. 당 지지율은 바닥이고 부패에 휩싸인 민주당보다 현저히 떨어지는 기현상이 계속되고 있습니다. 용병정치(用兵政治)에 눈먼 이 당 이젠 바꾸어야 할 때입니다.

2024. 11. 19.

▽ **조국 일가족** 수사할 때 가족 범죄는 대표인 조국 수사로 끝낼 일이지 부인, 딸 등 전 가족을 수사하여 가정을 풍비박산 내는 것은 가혹하지 않느냐고 지난 대선 후보 경선 때 말했다가 어느 못된 후보가 그걸 조국수홍이라고 비난하면서 곤욕을 치른 일이 있었습니다.
이번 한동훈 일가 당원 게시판 욕설 사건도 나는 도저히 믿기지 않아 모용(冒用)으로 봅니다만 만약 한동훈 가족이 전부 동원되었다면 그 가족 중 대표자가 될 만한 사람만 처벌하는 것이 수사의 정도(正道)로 보입니다.
가족 범죄의 경우 가족 모두를 처벌하는 것은 가혹하다고 보기 때문에 조국 일가 때나 한동훈 일가 때 나는, 동일한 기준으로 말하는 건데 어느 못된 사람이 이걸 또 동훈수홍으로 몰아갈까 저어해서 한마디 해봅니다.

누군지 밝혀져야 하겠지만 내 욕설도 있다고 하니 이렇게 숨어서 비방질하는 비열한 족속들은 드루킹이나 김경수처럼 엄단해야 합니다. 이를 방어막 치는 레밍들의 옹호 발언은 자질을 의심케 하는 한심한 사람들이네요.

2024. 11. 20.

▽ <u>당원 게시판</u> 논란의 본질은 누구라도 그런 말 할 수 있다가 아니고 당대표 가족들이 만약 그런 짓을 했다면 숨어서 대통령 부부와 중진들을 욕설로 비방하는 비열함과 비겁함에 있습니다. <u>왜 당당하게 SNS를 통해 공개적으로 비판하지 않고 익명성 뒤에 숨어서 비열한 짓을 했는지가 비난의 요점입니다. 그렇게 해서 여론 조작하는 것은 명태균, 김경수, 드루킹과 다를 바 없지요.</u> 그걸 두둔하는 레밍들을 보면 참 측은하고 불쌍하고 초라해 보이기도 하네요. 좀 당당하게 정치합시다.

할 말은 당당하게 하고 숨어서 뒤에서 쑥덕거리지 말고 집권 여당이 트럼프 2기 준비라는 거대 담론을 제쳐두고 이게 무슨 짓들입니까? 조속히 사안 진상을 당원과 국민에게 보고하고 합당한 조처를 하시기를 바랍니다.

2024. 11. 21.

▽ <u>어제</u> 이재명 대표가 경기지사 시절 업무상 배임 혐의로 기소된 보도 내용을 봤습니다. 절반이 관용차 개인사용 혐의였고 그 외 식사 대금이 대부분

이었는데 그걸 보고 상황이 이런데 꼭 이런 것도 기소했어야 옳았나 하는 정치 부재 현장을 보는 것 같아 안타까웠습니다. 곧 국정 쇄신의 하나로 총리 인준을 받아야 하는데 이렇게 먼지 털이식 수사를 하는데 민주당이 예산 국회, 총리 인준을 해 줄 수 있을까요?

나는 주말이나 휴일에 관용차는 일절 사용하지 않고 내 개인 카니발을 늘 사용하고 내 아내도 개인차를 사용하고 있는지 오래고 시장 정책추진비도 공무상 이외에는 단돈 1원도 사용하지 않습니다. 그러나 간혹 공무인지 사적인 일인지 불명할 때가 있고 차량 이용도 그럴 때가 많습니다. 그걸 어떻게 입증하려고 기소했는지 그저 망신 주기 기소가 아닌지 아리송하네요.

꼭 영화 대사에 나오는 한 장면 같습니다. '마이 묵었다 아이가?' 이미 기소된 여러 건 내용만으로도 중형이 불가피한데 이 시점에 그런 것까지 기소해서 오해 살 필요가 있었을까요? <u>정치는 간데없고 양자 모두 수사와 재판으로만 얼룩진 2년 반이었네요. 대화와 소통, 협치는 간데없고 끝없는 상쇄(相殺)만이 대한민국 정치 현주소가 되고 있네요.</u> 트럼프 2기에 닥칠 대한민국 위기 대책이 다급한데 이럴 시간이 있나요?

▷ **인생** 별거 있나 담담하게 살다 가면 되지, 무언가에 씌워 악령처럼 악다구니 쓰면 뭐 하나요. 돌아서면 다 헛된 짓인걸. 오늘 힘이 든다고 울지 말고 내일 잘됐다고 기뻐하지 마세요. 인간만사 새옹지마라고 했습니다. 최선의 방책은 상선약수(上善若水)라고도 했습니다.

2024. 11. 22.

▽ 공무원의 선거 개입 금지 조항 해석에 있어서 일반직 공무원이 아닌, 정당 가입이 허용되고 정치활동까지 허용된 정무직 공무원까지 여기에 포함시킨 헌법재판소, 대법원의 기존 판단은 잘못된 것으로 보입니다. 정무직 공무원은 정당 가입뿐만 아니라 정치활동도 허용되는데 정치의 가장 본질적이고 중요한 선거 관여를 금지시킨다는 것은 정무직 공무원의 정치활동 자유의 본질적인 내용을 금지시키는 '위헌'이라고 볼 수 있습니다.
이것은 노무현 대통령 탄핵 헌재 판결 이래로 박근혜 대통령에게도 잘못 적용된 위헌 사례라고 봅니다. 그걸 적용해서 문재인은 적폐 청산 프레임을 짰는데 그게 명태균 사건을 계기로 부메랑이 되어 이제 돌아온 겁니다. 대통령도 한 정당의 당원으로서 선거나 공천에 의견 표명할 수 있고 선거에 있어서 자기 소속 정당을 지지할 수 있어야 합니다. 그것조차 못하게 하면 눈 가리고 아웅하는 그런 변칙적인 수단만 난무합니다. 비정상이 정상으로 취급되는 한국의 정치 현실도 이제 바로잡아야 합니다.

▽ 2017. 5. 탄핵 대선 때 유세하는데 언론인 출신 모 인사가 지지율 올릴 묘책이 있다며 급히 만나자고 해서 저녁을 같이 한 일이 있었습니다. 그 인사 왈 자기를 국무총리로 지명하면 지지율이 폭등할 것이라고 제안한 일이 있었습니다. 하도 황당해서 그 자리에서 바로 일어서서 나왔는데 대선 후 두 번째 당 대표가 되었을 때 당무 감사를 해 보니 그 사람은 지역구 관리가 밑바닥이어서 바로 잘라버렸습니다.
21대 무소속으로 당선되어 국회 재입성했을 때 초선의원들과 돌아가며 오찬

을 한 일이 있었습니다. 그중 딱 두 사람에 대해서는 오찬 후 저런 사람들은 곧 정계 퇴출당할 것으로 예측했는데, 한 사람은 비리 혐의로 퇴출당하였고 한 사람은 컷오프 위기에 몰리자 바로 불출마했지요. 그런 정치 낭인들이 최근 방송에 나와서 터무니없이 내 욕질만 하는 것 보면 참 불쌍하고 측은합니다. 정계 퇴출당하고도 저렇게까지 하면서 몸부림치는 모습을 보면 참 가련한 인생이라는 생각을 지울 수가 없네요. 이런 사례는 언론인 출신으로 방송패널에 나와 대선 후보 경선 때는 윤 후보만 찬송하다가 등용을 해 주지 않으니, 요즘은 한동훈에게 붙어 근거 없이 내 비방만 하는 사이비 평론가이지만, 고발 같은 거는 나는 잘 하지 않습니다. 이 글로 대신합니다.

2024. 11. 27.

▽ 선거 때가 되면 온갖 사람들이 도와준다고 캠프를 찾아옵니다. 그중에는 진실한 사람도 있고 명태균처럼 여론 조작 사기꾼도 있습니다. 찾아온 여론 조작 사기꾼과 잘 모르고 만났다는 이유만으로 그 선거가 잘못된 불법 선거는 아닐진대 최근 여론 조작 사기꾼의 무분별한 허위 폭로와 허풍에 마치 그 선거가 부정 선거인 것처럼 비추어지는 것은 심히 유감입니다.
오세훈 시장이 나갔던 서울시장 보궐선거도 그럴 때 해당합니다. 100% 국민 여론 조사로 후보가 결정되었고 그 여론 조사는 명태균과 아무런 상관이 없는데 단지 오세훈 지지자 중 한 분이 사전에 명태균이 조사해 온 여론 조사 내용을 받아보고 그 대가를 지급했다는 이유로 그걸 오세훈 시장 선거와 결부시키는 것은 견강부회일 뿐입니다.

하도 허풍을 치니까 오세훈 시장의 지지자가 시비에 휘말려 오 시장이 상처 입을지 저어해 그렇게 해서라도 무마하려고 한 것일 수도 있는데 그걸 두고 마치 오 시장에게 책임이 있는 양 끌고 가는 것도 유감입니다. <u>형사 책임은 행정 책임과 달리 관리 책임이 아니고 행위 책임입니다.</u> 최근 명백한 행위 책임도 무죄가 되는 판에 하물며 관리 책임도 아닌 것을, 여론을 오도해 가면서 뒤집어씌우는 짓들은 인제 그만했으면 합니다.

2024. 11. 28.

▷ <u>당원 게시판</u>에 한동훈 가족인지 썼다는 글을 두고 참 저급한 논쟁들 합니다. 그 사태의 본질은 가족들을 동원해서 드루킹처럼 여론 조작을 했느냐로 집약되는데 급기야 서초동 화환 대잔치도 자작극이라는 게 폭로되고 그 수법은 국회 앞에도 똑같이 있었습니다. 그게 사실이라면 참 저급한 신종 여론 조작질입니다.

김경수가 왜 감옥 가고 드루킹이 왜 감옥 갔겠나요? 당직자라는 사람들은 당을 보위하는 게 아니라 당 대표와 그 가족들 옹호하는 데 급급하니 그게 공당이냐고요? 어쩌다가 당을 저런 사람들이 운영하고 있나요? 좀 당당하게 정치합시다. 이제 김건희 특검법 가지고 협박까지 하니 정치 초보자가 구악인 여론 조작질부터 배운다는 게 쇄신이냐고요? 하는 짓들이 조폐공사 파업 유도 사건을 떠올리게 합니다.

2024. 11. 29.

▽ 2017.10. 우리가 문재인 정권에 의해 무고하게 적폐로 몰려 천여 명이 끌려가고 수백 명이 구속되며 이재수 기무사령관 등 5명이 강압 수사받다가 자살하는 지옥의 밑바닥에서 고통받을 때, 문재인 정권의 사냥개 노릇하면서 우릴 그렇게 못살게 굴던 그 친구는 그때를 자신의 화양연화라고 했습니다. 그때는 내가 우리 당 대표를 할 때입니다. 그런 사람을 내가 수용할 수 있겠나요? 배알도 없이 그를 추종하는 레밍들도 똑같은 사람들입니다. 아무리 적과 동침도 하는 정치라지만 아무리 우리 당이 잡탕당이라지만 그런 사람까지 수용하는 것은 보수정당으로서 할 짓이 아닙니다. 이미 몇 번 천명한 바 있지만 그런 사람은 내 양심상 수용하기 어렵습니다. 내 어찌 그런 사람을 용서하겠나요?

2024.12.02.

▽ 야당은 어처구니없는 감액 예산과 무분별한 탄핵 추진으로 국정 마비를 기도하고 있는데 이에 대한 아무런 대책 없이 어쩌다가 우리 당이 뻐꾸기 둥지가 되었나요?

▽ 명태균과 엮어 보려고 온갖 짓 다하지만 아무것도 우리하고 연결된 것은 없을 겁니다. 샅샅이 조사해 보시기 바랍니다. 명태균에게 선물 보낸 건 내 이름으로 최용휘가 자기 마음대로 두 번 보냈다고 합니다. 우리 선물 명단에

는 그런 사기꾼은 없습니다. 최용휘는 창원에서 직장을 다녔는데 정치 바람이 들어 명태균과 어울려 다니다가 명태균 주선으로 김영선 의원 보좌관으로 들어갔다고 합니다. 그런 애는 명태균 측근이지 어찌 내 측근입니까?

서초 시의원 출마 권유도 명태균이 한 것으로 이 사건 터진 후 보고받았고 대구시 서울사무소 근무도 김영선 의원 피고발 사건 후 퇴직하여 노는 것을 동향인 창원 출신 우리 캠프 비서관 출신의 추천으로 국회 대책 차원에서 받아들였다가 이 사건 터진 후 진상 조사해 바로 퇴직시켰습니다.

<u>적어도 홍준표는 그런 사기꾼의 농단에는 놀아나지 않습니다.</u> 여론 조작 사기꾼 공범 여자 한 명이 의인인 양 행세하면서 여자 김대업처럼 거짓말로 세상을 어지럽히는 이런 세태 정말 잘못된 행태입니다. 대선 후보 경선 때 여론 조작한 공범이 명태균, 강혜경이 아니던가요? 그거만으로 감옥 갔어야 할 여자가 의인처럼 행세하는 게 제대로 된 수사인가요? 명태균 따위하고는 엮지 마세요. 불쾌하고 불쾌합니다.

▽ 명태균 일당이 내 여론 조사 의뢰받았다는 소위 내 측근이라는 사람도 폭로하세요. 대선 후보 경선 때는 최용휘가 개인적으로 여론 조사하고 결과가 나빠서 우리 측에 전달하지도 않았다고 했으니 더는 시비 걸 것 없습니다. 5년 전 무소속 출마 때 여론 조사 의뢰했다는 것은 우리가 조작해 달라고 한 일도 없고 그 사람이 우리 캠프하고 상관없이 몇 번 여론 조사한 거라는데 굳이 그 사람 못 밝히는 것은 그 사람에게 지난 대선 직후 1억 차용 사기한 것 때문에 못 밝히는 거 아니냐고요?

그 사람은 내 고향 후배일 뿐 내가 도움이나 받을 재력가도 아닙니다. 조작 여론 조사를 넘어 공모해서 차용 사기까지 한 일당이 무슨 의인인 양 행세하는 게 가증스럽습니다. 철저히 조사해서 이런 사기꾼 일당을 엄벌해야 합니다.

▽ 허무맹랑한 사기꾼의 거짓말을 듣고 확인 전화하시는 기자분들이 가끔 있는데 그 전화받으면 사기꾼 말 잔뜩 늘어놓고 반박문 형태로 기사를 만들기 때문에 그런 전화는 일절 받지 않습니다. 취재해 보시고 확실하면 자신 있게 보도하십시오. 그렇지 않고 일방적인 허위 보도를 하면 반드시 그 기자 개인에게 민형사 책임을 묻습니다. 하도 거짓이 난무하는 정치판이라서 어쩔 도리가 없다는 걸 양해하시기를 바랍니다.

▽ 걱정하실 필요 없습니다. 성완종 사건 때처럼 무고하게 당하지 않을 겁니다. 아무리 탈탈 털어도 나올 게 없을 겁니다. 나는 내 자신 관리를 허술하게 하지 않습니다. 다른 정치인과 달리 측근에 의존해 정치하지도 않습니다. 내 스스로 판단하고 결정합니다. 측근이라고 부를 만한 사람도 몇 사람 되지 않고 그 사람들은 모두 깨끗한 사람들입니다. 사기꾼들이 모여 거짓으로 세상을 농단해 본들 모두 헛공작이 될 겁니다. 걱정 안 하셔도 됩니다.

2024. 12. 03.

▽ 명태균 브로커 행각 논란에 다른 사람들과는 달리 왜 나하고는 직접 접촉이나 전화 통화 녹음조차 나오지 않을까요? 내 측근이란 사람 이름만 민주당이 공개하고 왜 홍준표 본인과 유착관계나 통화된 녹음 공개는 없을까요? 그건 내가 명 씨의 소행을 익히 잘 알고 있어서 아예 그런 정치 브로커는 상대

하지 않았다는 명백한 반증입니다.

 내 측근이란 사람이 명 씨와 어떤 일을 했는지 내가 알 바도 아니고 내가 통제할 수도 없는 일입니다. 가사 무슨 일을 했더라도 불법은 아닐 겁니다. 그만 조작하십시오. 이미 문재인 시절에 1년 반이지만 탈탈 털어 봐도 아무것도 나온 게 없어서 당시 문재인 핵심 인사로부터 사과까지 받았습니다. 나를 잘못 공격하면 부메랑이 되어 열 배 이상 반격을 받을 겁니다. 지금은 그런 짓 하지 않지만 내가 그래도 한때는 대한민국 최고의 저격수였다는 걸 명심하세요.

▽ <u>지난</u> 대구시장 선거 때 우리는 캠프 차원에서 여론 조사를 한 일이 없습니다. 압도적 우세인 대구시장 선거에서 여론 조사를 할 이유가 없기 때문입니다. 박재기는 고향 후배로 늘 나를 도와준 측근이지만 선거 전면에 나서서 직책을 가진 일은 한 번도 없고 항상 뒤에서 도와준 고마운 지지자였습니다. 최용휘는 내 아들 고교 동창으로 창원에서 회사원으로 잘 다니던 애인데 명태균에 꼬여 정치판에 들어와 김영선 의원 등과 어울린 딱한 친구입니다. 최용휘는 내 측근도 아니고 우리 캠프 근처에도 온 일이 없으며 우리하고는 아무런 관계없는 명태균 측근일 뿐이고, 이 사건 뉴스타파에 보도된 바와 같이 명태균 일당은 우리 캠프가 아닌 박재기, 최용휘로부터 개별적으로 여론 조사 의뢰를 받고 한번 여론 조사로 두 사람으로부터 돈을 받아 챙긴 사기행각을 한 겁니다.

우리 캠프 사람들이었다면 둘이 각자 돈을 내고 같은 여론 조사를 서로 모르게 의뢰할 수 있었을까요? 도대체 자기 돈 주고 우리 캠프와 상관없이 어느 개인이 여론 조사를 의뢰한 게 무슨 죄가 됩니까? 선거를 하다 보면 음지에서 말없이 도와주는 지지자들이 많습니다. 그들은 개인적으로 나를 지지했기 때문에 선거 상황을 알고자 한 것이고 우리는 그 여론 조사를 구경도 하지 못했습니다. 그걸 폭로라고 하는 여자는 자칭 의인 행세를 하지만 명태균과 똑같은 여론 조작 사기꾼일 뿐입니다.

여론 조작이 밝혀진 이상 그 여자 여론 조작꾼도 명태균과 똑같이 공범으로 구속해야 할 것입니다. 지난 일이라서 그냥 넘어가려고 했는데 부득이하게 명태균과 그 여자의 여론 조작은 고소할 수밖에 없네요. 경선 때 여론 조작한 그 결과치를 당원들에게 뿌려 책임당원 투표에 큰 영향을 주었던 것은 사실이니까요.

2024. 12. 04.

▽ 충정은 이해하나 경솔한 한밤중의 해프닝이었습니다. 꼭 그런 방법밖에 없었는지 유감입니다. 박근혜 탄핵 전야처럼 흘러간다고 한 달 전부터 우려했는데 잘 수습하시기를 바랍니다.

▽ 박근혜 탄핵 때 유승민 역할을 한동훈이 하고 있네요. 용병(傭兵) 둘이 당과 나라를 거덜 내고 있습니다. 화합해서 거야(巨野)에 대비해도 힘이 모자랄 지경인데 두 용병(傭兵)끼리 진흙탕 싸움에 우리만 죽어납니다. 우리 모두의 자업자득(自業自得)입니다.

▽ 2017. 5. 탄핵 대선 때 대란대치(大亂大治)를 내건 적이 있습니다. 중국 청나라 시절 옹정제의 통치 방식을 모택동이 악용한 적도 있는 통치 방식입니

다. 그런데 그 당시에는 내가 무슨 말을 해도 먹히던 시절이 아니었지요. 그러나 요즘 정국이 그때보다 더 혼란스럽게 돌아가는 것 같아서 걱정입니다. 다시 한번 <u>대란대치(大亂大治)로 나라를 안정시키고 이 혼란을 재도약의 계기로 삼았으면 합니다.</u>

▷ 두 번 다시 박근혜 정권처럼 헌정이 중단되는 탄핵 사태가 재발되어선 안 됩니다. 국민의힘은 당력을 분산시키지 말고 일치단결하여 탄핵은 막고 야당과 협상하여 거국내각 구성과 대통령 임기를 단축하는 중임제 개헌안을 추진하여야 합니다. 더 이상 박근혜 때처럼 적진에 투항하는 배신자가 나와서도 안 됩니다. 그 길만이 또다시 헌정 중단의 불행을 막는 길입니다. 윤석열 정권의 힘만으로 사태를 수습하기 어려운 지경까지 온 것으로 보입니다.

2024. 12. 05.

1. 비상계엄 선포하던 날, 한 여름밤의 뜬금없는 꿈이라고 생각했습니다. 그래서 간부들 비상 소집하지 않았습니다.
2. 한동훈이 반대한다고 했을 때 '아! 쟤하고는 의논하지 않았구나!'
3. 국회가 해제 요구했을 때 삼일천하가 아니라 세 시간 천하라고 생각했습니다. 그리고 잤습니다.
4. 이튿날 아침 수습책을 생각했습니다. 2021. 11. 28. 대선을 앞두고 청년의 꿈, 청문홍답에서 '이재명이 되면 나라가 망하고 윤석열이 되면 나라가 혼란해질 겁니다.'라고 예측한 일이 있었습니다.

그런데 우리 당 삼성가노(三姓家奴)들은 입 좀 닫았으면 합니다. 너희가 떠들면 떠들수록 오히려 당에 해악만 끼칩니다.

▽ 두 용병이 반목하여 당과 나라를 이 지경으로 만들어 놓고 그중 용병 하나가 저 용병 탈당시키면 내가 사태를 수습한다고 합니다. 저 용병 탈당하면 여당은 없어지고 우리 당은 민주당 2중대밖에 되지 않는데, 본회의장 들어갈 자격도 없는 자가 본회의장에 난입하여 본회의장에서 이재명과 악수할 때 무슨 말했기에 그런 망발을 하고 있나요? 당과 나라를 이 지경으로 만든 철부지 용병에게 사태 수습을 맡길 수 있겠나요? 당 꼬락서니 하고는 쯧쯧!

2024. 12. 06.

▽ 용병 두 사람이 국사가 아닌 개인적인 감정을 이유로 저지르는 반목이 나라를 뒤흔듭니다. 8년 전 유승민 역할을 지금 한동훈이 똑같이 하는데 어쩌다가 이 당이 이런 지경에 이르렀나요? 또다시 탄핵당하면 이 당은 더 이상 존속할 가치도 없고 소멸할 겁니다. 이미 전달되어 검토하겠지만 대통령은 조속히 대국민 사과를 하고 거국 내각을 구성하여 책임총리에게 내정 일체를 맡기고 임기 단축 개헌을 선언하시기를 바랍니다. 머뭇거리면 박근혜 시즌 2가 될 겁니다.

▽ 8년 전 박근혜 탄핵 때 경남지사로 있으면서 우리 당 국회의원들에게 탄핵은 불가하다 질서 있는 하야의 길로 가라고 그렇게 설득해도 유승민을 비

롯한 야당 담합 세력들은 탄핵에 동조하여 탈당하고 바른정당으로 갔습니다. 한국의 보수 진영은 탄핵 대선 때 궤멸 지경에서 겨우 연명하기는 하였으나 그 후 대선, 지방선거, 총선에서 연달아 참패하고 적폐 세력으로 몰려 소수당으로 전락하였습니다. 그때 적폐 청산의 선봉에 섰던 지금의 용병을 지난 대선을 앞두고 영입하여 경선을 치를 때 나는 그것을 지적하며 당원과 국민을 설득하였으나 국민 여론에서는 10% 이상 이겼지만, 당원들의 잘못된 판단으로 후보 자리를 내주었습니다.

우여곡절 끝에 근소한 차이로 정권을 탈환했으나 당은 또다시 용병 한 사람을 영입하여 이번에는 용병끼리 헤게모니 다툼으로 또다시 8년 전 탄핵 상황에 직면하고 있습니다. 이미 두 달 전부터 박근혜 탄핵 전야로 가고 있다고 경고했는데도 그걸 알아듣지 못하고 당과 나라는 또다시 나락으로 가고 있습니다. 통탄할 일입니다.

한국 보수세력이 그렇게 무능하고 나약한 집단이었던가요? 철부지 용병이 날뛰는 그 당은 미래가 없습니다. 그럴 바엔 차라리 당을 해체하십시오. 그런 인식 수준인 너희들은 한국 보수정당을 운영할 자격 없습니다.

2024. 12. 07.

▽ **용병** 한 사람은 위험한 병정놀이를 했고 또 하나의 용병은 그걸 미끼로 삼아 사감(私感)으로 탄핵 놀이를 하고 있습니다. 둘 다 당과 나라를 혼란에 빠트리고 한국 보수집단을 또다시 궤멸로 몰아가고 있습니다. 정신들 차리고 냉철하게 대처해야 합니다. 또다시 탄핵 사태가 와서 헌정이 중단된다면 당

은 해체되고 나라는 좌파 대중영합주의가 판치는 베네수엘라로 갈 겁니다. 철부지들의 난동 같아 안타깝기가 그지없습니다.

▷ **대통령** 담화는 수습 책임을 당에 넘겼는데 당이 그럴 능력이 있겠나요? 애초부터 발단은 두 용병의 감정싸움이었는데 이제 수습조차도 감정싸움으로 변질되었네요. 그래도 대통령이 주도권을 쥐고 수습했어야 하는데 점점 더 수렁에 빠지는 거 같네요. 또다시 박근혜 탄핵 때처럼 폐허의 대지 위에서 다시 시작해야 하나요?

▷ **탄핵**이 부결된 건 참으로 다행입니다. 또다시 헌정 중단을 겪으면 이 나라는 침몰합니다. 대통령은 새로운 마음으로 내각 전면 쇄신과 대통령실 전면 쇄신에 박차를 기해 주고, 책임총리에게 내정을 맡기고 외교, 국방에만 전념해 주십시오. 우크라이나 전쟁, 이스라엘 전쟁, 북핵 위협, 트럼프 2기 대책 등 막중한 현안이 산적해 있습니다.
약속한 임기 단축 개헌추진도 아울러 하십시오. 선거 주기가 맞지 않아 혼선이 있는 현행 헌법을 개정하여 내후년 지방선거 때 대선도 같이 치르도록 4년 중임제 대통령제로 개헌 추진하십시오. 당도 합심하여 이러한 국가쇄신에 주력해 주시기를 바랍니다. 더 이상 사욕을 앞세워 분파 행동을 하면 당원과 국민이 일어섭니다. 탄핵을 초래한 근본 원인은 당 대표와 대통령의 불화에서 비롯된 겁니다. 당정이 화합해야 국정 동력이 생긴다는 걸 유념해 주기를 바랍니다.

2024. 12. 08.

▽ **윤 대통령**도 배신감에 치를 떨고 있을 겁니다. 자기 손으로 키우고 자기 손으로 법무부 장관감도 아닌 이를 파격적으로 임명하고 자기 손으로 생판 초짜를 비대위원장으로까지 임명했는데 그런 애가 자기를 배신하고 달려드니 어찌 통탄하지 않겠는가요? 당에 위임한다고 했지, 언제 그 애에게 위임한다고 했나요? 그런데 그 애가 자기보고 아무런 헌법적 근거 없이 직무 배제한다고 발표하고 마치 자기가 대통령인 양 행세하려고 하니 속이 터져 죽을 지경일 겁니다.
정치란 그런 겁니다. 자업자득입니다. 그래도 힘내십시오.
죽을 때 죽더라도 그대는 아직도 어엿한 대한민국 국민이 선출한 대통령입니다.

2024. 12. 09.

▽ **내가** 계엄 파동 후 내어놓은 첫말은 계엄을 옹호한 게 아니라 한밤중의 해프닝이라고 했습니다. 계엄사유도 안 되고 실행도 어설퍼 해프닝이라고 했고 충정은 이해한다고 했습니다. 이 말은 거듭된 야당의 공직자들 '묻지 마 탄핵'으로 국정이 마비되고 사상 초유로 야당 단독예산처리는 그 유례를 볼 수 없는 폭거였기 때문에 그랬습니다.
그런데 그런 문제는 대통령이 야당과 대화와 타협으로 풀어야 하는 정치 문제인데 그걸 비상계엄으로 풀려고 했다는 게 패착이었다는 뜻이지 그걸 두고

일부 매체에서는 계엄을 옹호했다는 자의적인 해석을 하는 건 문해력도 떨어진 악의적 비방입니다. 오해 없기를 바랍니다.

▽ 투표의 자유는 투표 포기의 자유도 당연히 포함됩니다. 오스트레일리아처럼 투표를 하지 않으면 과태료를 부과하는 등 투표를 강제하는 나라는 지구상에 오스트레일리아 외에는 없는 것으로 알고 있습니다. 당연히 탄핵 투표도 거부할 수 있습니다.

박근혜 탄핵 투표 때 질서정연하게 투표장으로 들어가는 친박들을 보고 참 어리석은 짓을 한다고 보았고, 노무현 탄핵 투표 때 친노들은 국회 본회의장을 아수라장으로 만들면서 투표 거부를 했습니다. 국민이 뽑은 대통령을 왜 국회가 탄핵하냐고 난리를 치던 친노들 아니었던가요? 그런 전력이 있는 민주당이 탄핵 투표를 강요하는 것 자체가 위헌입니다. 탄핵은 불가하고 질서가 있는 하야를 하도록 추진하십시오. 그건 여야가 합의하면 됩니다.

2024. 12. 10.

▽ 잘할 수 있었는데, 기회가 참 많았었는데 브루투스에 당하는 시저처럼 그렇게 가는 겁니까? 실패의 가장 큰 원인은 용인술$^{(用人術)}$입니다. 한동훈, 김용현 같은 사람을 곁에 둔 잘못입니다. 박정희 대통령이 차지철을 곁에 둔 잘못으로 시해당했듯이 큰 권력은 순식간에 허물어지는 모래성입니다. 그러나 끝까지 당당하게 처신하십시오. 마지막 당부입니다.

▽ **난파선**의 생쥐들은 언제나 제일 먼저 빠져나갑니다. 박근혜 탄핵 때도 그랬습니다. 그런데 그 생쥐 중 생존하는 쥐들은 거의 없을 겁니다. 살아 남아도 생불여사(生不如死)가 될 겁니다. 혼자 살려고 탈출하지만 대부분 제일 먼저 익사합니다. 이번에도 그럴 것입니다. 최소한의 동지애도 없는 삼성가노(三姓家奴)들은 빨리 나가세요. 갈대는 가고 억새들끼리 뭉칩시다. 우리에게는 긴 긴 겨울이 오겠지만 반드시 봄은 또 옵니다.

▽ **이 사태가** 온 근본 원인은 대통령과 한동훈의 반목에서 비롯되는데 대통령 퇴진을 논하면서 왜 당 대표 퇴진에는 침묵하는 비겁함을 보이는가요? 아직도 눈치 볼 일이 남았나요? 한동훈은 브루투스 같은 자입니다. 로마 원로원 개혁을 반대하고 자기를 키워준 양아버지 같은 시저를 암살한 브루투스 같은 패륜이 한동훈이 아니던가요? 한동훈과 레밍들은 모두 나가십시오. 탄핵을 당해도 한국 보수세력이 당하는 게 아니라 두 용병이 당하는 겁니다. 90석만 뭉치면 DJ처럼 정권을 다시 잡을 수 있습니다.

2024. 12. 11.

▽ **박근혜** 탄핵당할 때 이정현 대표는 그 책임을 지고 당 대표 사퇴하고 탈당했습니다. 당시 당 대표 책임이라고 할 수도 없었는데도 그는 사퇴와 탈당을 택했습니다. 하물며 지금 한동훈은 대통령과 반목만 일삼다가 당과 나라를 혼란에 빠트린 거 아니냐고요? 국정(國政)과 사감(私感)을 구분하지 못한 두 사람의 반목이 당과 나라의 혼란을 가져온 거 아닌가요?

살모사 정치의 말로는 박근혜 탄핵 주도 세력들의 말로를 보면 알 수 있지 않느냐고요? 총선 말아 먹을 때 알아봤어야 하는데 이제 되지도 않을 나 홀로 대통령 놀이 그만두고 한동훈과 레밍들은 사라지세요. 역겹습니다.

▷ <u>박근혜</u> 때와는 달리 이번에 탄핵에 가담하는 레밍들은 본인들이 나가지 <u>않으면 당이 출당 조처해야 할 것입니다.</u> 탄핵이 옳으냐 그르냐를 떠나 야당과 야합해 탄핵에 동참하는 것은 박근혜 때 한 번만으로 족해야 합니다. 이 당은 레밍들이 좀 있어서 탄핵은 불가피하게 당할지 모르나 탄핵당한 후 제일 먼저 할 일은 당 정비를 하는 겁니다. <u>90석만 가져도 대선을 치를 수 있고 정권 재창출도 할 수 있습니다. 껍데기는 털어내고 알곡끼리만 뭉칩시다.</u> 범죄자 이재명에 가담하는 레밍들은 반드시 제명, 출당시켜야 합니다. 이런 자들 데리고 나는 같이 정치할 수 없습니다.

▷ 한 줌도 안 되는 굴러온 용병들이 어찌 YS 이래 30년 전통의 보수정당을 농단하는가요? 이미 박근혜 탄핵으로 당 대표가 사퇴하고 비대위로 간 전례도 있고 짧은 경력으로 내부 갈등만 일으키다가 이 혼란 사태를 초래한 장본인들이 어찌 당의 지도부를 장악하고 있느냐고요?
부끄러움을 아세요. 언론 낭인 출신, 한물간 뉴라이트 극우 출신, 삼성가노(三姓家奴)들끼리 더는 이 당을 농락하지 말고 탄핵소추되면 살모사와 함께 이 당을 떠나세요. 최소한의 양심도 없는 너희들이 책임정치를 어찌 알겠냐마는 스스로 안 나가면 축출합니다.

▷ 지난 비상계엄 선포를 보고 나는 뜬금없는 한밤의 해프닝이었다고 말을 한 일이 있습니다. 그리고 수습 잘하라고 했는데 민주당은 이를 내란죄로 포장하여 국민과 언론을 선동하고 있습니다. 정치적인 문제를 법리적으로 따지는 게 맞느냐는 생각이 들어 그사이 말을 자제하고 있었는데 몇 가지 의문점을 짚어 보겠습니다.

1. 내란죄는 원래 정권 찬탈이 목적인데 이미 대통령 자리에 있는 사람이 찬탈할 정권이 있는지요?
2. 비상계엄 선포권은 국정에 관한 대통령의 권한이고 고도의 통치행위로서 사법심사의 대상이 안 되는데 그걸 두고 내란으로 볼 수 있는지요?
3. 비상계엄 사유 판단이 부적절하다고 해서 그게 바로 내란죄로 연결될 수 있는지요?
4. 야당의 20여 회에 걸친 탄핵소추로 국정이 마비되고 심지어 자기를 수사한 검사도 탄핵하는 건 입법 폭력으로 국헌 문란이 아닌지요?
5. 검경, 공수처가 경쟁적으로 수사에 나서는 건 저무는 권력에 대한 하이에나 같은 비열한 짓은 아닌지요?
6. 국민 여론을 탄핵으로 몰아가기 위해서 문재인의 적폐 청산 프레임처럼 야당이 내란죄 프레임을 씌우는 건 아닌지요?
7. 흘러가는 모양이 박근혜 탄핵 때와 흡사하게 갑니다만 그건 윤 대통령과 한동훈의 업보라고 볼 수밖에 없네요.
8. 결론
최종 판단권은 수사기관에 있는 게 아니고 헌법상 헌재와 대법원에 달려 있습니다. 이번 비상계엄 선포는 내가 보기에는 직권남용죄는 벗어나기 어려울 것으로 보이나 내란죄 프레임은 탄핵을 성사해 사법 위험으로 시간이 없는 이재명 대표가 조기 대선을 추진하기 위한 음모적인 책략이 아닌가 생각됩니다. 선동에 넘어가지 말고 냉정하고 냉철하게 판단해야 합니다. 이미 우리는 선동에 넘어가 감정에 치우쳐 박근혜 탄핵이라는 집단광기(集團狂氣)를 한번 겪은 일이 있습니다.

2024. 12. 12.

▽ **수가재주 역가복주**(水可載舟 亦可覆舟) 박근혜 탄핵 후 경남지사로 있을 때 집무실에서 썼던 글귀입니다. 옳고 그름을 떠나 민심은 무서운 겁니다.

▽ **목적**의 정당성이 있어도 수단의 상당성이 없으면 그 정책은 성공하지 못합니다.

▽ **풍전세류**(風前細柳)라는 말이 있습니다. 바람 앞에 수양버들이란 말입니다. 지조 없이 이리저리 흔들리는 사람을 이를 때 하는 말입니다. 제발 초지일관합시다. 바람 앞에 수양버들처럼 흔들리지 맙시다.

▽ **한동훈**과 레밍들의 배신으로 내일 탄핵소추안이 가결되면 지도부 총사퇴시키고 배신자들은 비례대표 빼고 모두 제명 처리하십시오. 언제 또 배신할지 모르는 철부지 반군 레밍들과 함께 정치 계속할 수 있겠느냐고요? 90명만 단합하면 탄핵정국 헤쳐 나갈 수 있습니다.

2024. 12. 13.

▽ **묻지** 않는 말도 술술 부는 장군들, 그것도 있는 말 없는 말 보태서 저 혼자 살아 보려던 자들이 국방을 담당했다니 정말 믿기 어렵습니다.
장관 된걸 후회한다는 장관, 서로 발뺌하기 바쁜 국무위원 관련자들, 이런 자들이 여태 이 정권의 실세라고 행세했다니 그리고 이런 자들을 데리고 정권을 운영했다니 망조가 들지 않을 수 있었겠나요. 조폭들도 그렇게 하지 않습니다. 할 말이 없습니다.

2024. 12. 14.

▽ **탄핵소추안** 가결은 유감입니다. 또다시 헌정 중단 사태를 맞이하게 되어 국민께 죄송한 마음 그지없습니다. 그러나 전쟁은 지금부터입니다. 범죄자에게 나라를 넘겨 줄 수는 없지요. 야당의 폭압적인 의회 운영에서 비롯된 비상계엄 사태를 제대로 대처하지 못한 당의 지도부는 총사퇴하십시오. 양심이 있다면 총사퇴하십시오. 오히려 찬성으로 넘어간 12표를 단속하지 못하고 이재명 2중대를 자처한 한동훈과 레밍들의 반란에 나는 참담함을 금하기 어렵습니다.
그 탄핵 공신 12표는 정치권에서는 대강 추측할 수 있습니다. 비례대표야 투명 인간으로 만들면 되지만 지역구 의원들은 제명하십시오. 90명이면 탄핵정국을 돌파할 수 있습니다. 권성동 원내대표는 당 정비부터 하십시오. 그리고 탄핵정국에 한마음으로 대처하십시오. 이번 탄핵은 우리 당 두 용병이 탄

핵당한 것이지 한국의 보수 세력이 탄핵당한 건 아닙니다. 좌절하지 말고 힘냅시다.

▷ **중앙당** 지도부가 탄핵소추의 책임을 지고 해체된 마당에 국민의힘 시·도지사 협의회도 해체할 수밖에 없게 되었습니다. 시·도지사 전체의 탄핵 반대 결의를 이틀도 지나지 않아 모임을 주도했던 회장인 인천시장과 서울시장이 다른 시·도지사와 한마디 상의도 없이 탄핵 찬성으로 번복했기 때문에 국민의힘 시·도지사 협의회는 더는 당원과 국민으로부터 신뢰를 받을 수 없게 되었습니다. 유감이지만 각자가 그 지역 안정을 위해 노력하고 정치적인 견해는 개인이 각자 내는 것으로 정리합시다. 더는 국민의힘 시·도지사 모임의 이름으로 행동하기가 어렵게 되었습니다.

2024. 12. 15.

▷ **탄핵소추** 된 지 하루가 지났습니다. 헌재 심판과 수사 문제는 윤 대통령에게 맡깁시다. 박근혜처럼 속수무책으로 당하지는 않을 겁니다. 우리는 당 정비와 탄핵정국 수습에 역량을 집중해야 합니다. 박근혜 탄핵을 경험해 본 우리입니다. 그때처럼 포기하거나 우왕좌왕해선 안 됩니다. 아무리 그렇다 해도 우리 국민이 범죄자를 대통령 만들 리 있겠습니까? 힘냅시다.

▷ **국회**를 인질 삼아 난동 부리던 난동범이 이제 와서 국정안정에 협조하겠다는 말을 보고 참 국민을 바보처럼 안다는 생각을 지울 수 없네요. 그대는 그

냥 언제 돌변할지 모르는 난동범일 뿐입니다. 범죄자, 난동범을 대통령으로 모실 만큼 대한민국 국민은 어리석지 않습니다. 또다시 좌파 천국을 만들어 주진 않을 겁니다. 시간은 그대들 편이 아니고 우리 편일 겁니다. 두고 보십시오. 세상일 그렇게 음모만으로 가지 않을 겁니다.

2024. 12. 16.

▽ 지난 박근혜 탄핵 대선 때 갤럽 여론 조사에서 대선 마지막까지 나는 늘 한 자리 숫자였습니다. 그런데 깨어보니 무려 14% 이상 틀린 가짜 여론 조사였습니다. 문재인·안철수는 근사치로 맞혔으나 유독 내 지지율은 대선 기간 내내 한 자리 숫자였고 내가 탄핵 대선 후 자유한국당 대표 시절에도 우리 당 지지율은 유독 갤럽조사에서만 늘 바닥이었습니다.
그래서 알아보니, 한국 갤럽은 미국 갤럽 본사와는 무관한 회사로서 갤럽 이름을 사용하는 또 다른 회사와 프랜차이즈 계약을 맺은 것이었습니다.
그래서 그 사건 이후 나는 다른 여론 조사 기관의 각종 발표는 참고해도 ARS 조사와 한국 갤럽의 여론 조사는 그냥 경향성만 봅니다.

▽ 정당의 당론에는 두 가지가 있습니다. 권고적 당론과 강제적 당론이 그것입니다. 권고적 당론은 가급적 따라 주면 좋지마는 소신을 내세워 반대하면 도리 없는 것을 이르고, 강제적 당론은 소신과 상관없이 따라야 하고 어기면 징계를 받거나 제명됩니다. 이번 탄핵 반대는 질서 있는 퇴진을 요구하기로 하고 의총 의결을 한 강제적 당론이었고 의원 2/3의 결의를 거쳐 당론 변

경도 하지 않았습니다.

그런데도 반대한 것은 소신과 상관없이 징치(懲治)되어야 하는 것입니다. 중진이 아니더라도 그쯤은 알아야 할 것인데 소신을 내세워 반란자를 두둔하는 건 옳지 않습니다. <u>전쟁 중에 진지를 이탈하는 자는 참수가 원칙이란 걸 숙지하기를 바랍니다.</u>

▷ 우리는 계엄에 찬성한다고 아무도 말한 적이 없습니다. 부적절한 계엄이었지만 그걸로 탄핵하지 말고 질서 있는 퇴진을 요구하자고 했을 뿐이고 그게 당론이었습니다. 그런데 그 당론을 짓밟고 탄핵에 찬성하여 민주당에 부역한 자들의 그 어떤 변명도 용인해서는 안 됩니다. 민주당 세작에 불과하고 징치(懲治)의 대상임은 자명합니다. 더는 머뭇거리지 맙시다.

2024. 12. 17.

▷ 오세훈 시장과 논쟁하는 건 quarrel이 아니고 debate입니다. 그걸 구분 못하고 어느 방송에서는 이걸 싸움으로 보도하는 종편이 있어서 유감입니다. <u>오 시장이 탄핵 반대를 했다가 찬성으로 돌아선 것은 유감입니다만 나름대로 사정이 있었을 겁니다.</u> 우리 당 사람들도 비상계엄에 찬성한 사람이 극소수 있을 겁니다.

대통령의 오판이기는 해도 민주당이 국회를 인질로 한 패악이 극에 달했으니까요. 아무튼 나는 이 시점에서 우리가 해야 할 일은 조속히 당 정비를 하고 우리를 지지하는 분들이나 중도층분들에게 새로운 희망을 제시하는 겁니다.

아무리 그래도 대한민국 국민이 범죄자, 난동범을 대통령으로 만들겠습니까? 이제 탄핵은 헌재로 갔고 검경이 사건을 수사 중이니 우리는 일상으로 돌아갑시다. <u>저들의 집단광기(Collective Madness)가 진정되면 나라는 다시 정상화될 겁니다. 그게 대한민국의 힘입니다.</u>

2025.01.01.

▷ 새해 첫날 앞산에 올라 내 나라가 조속히 안정되기를 기원했습니다.

2025.01.02.

▷ 헌법재판관 임명은 헌법상 국가원수인 대통령만이 할 수 있는데 엄연히 아직까지 대통령이 있는 데도 불구하고 권한대행의 대행인 기재부 장관이 임명권을 행사하는 건 참 웃지 못할 코미디네요.

박근혜 탄핵 때는 헌재 파면 결정 후 비로소 황교안 권한대행이 헌재 재판관을 임명했고 한덕수 대행 탄핵 후에는 헌재 재판관 임명은 헌법상 물 건너간 거라고 봤는데 기재부 장관의 대통령 놀이가 도를 넘었네요.

일개 장관에게 임명장을 받는 헌법재판관은 얼마나 쪽팔릴까요?

기재부 장관의 대통령 놀이는 참 기막힌 노릇입니다. 나라를 무정부 상태로 몰아가는 이재명 의원이나 그 틈을 타서 대통령 놀이나 하는 기재부 장관은 둘 다 오십보백보입니다. 민불료생(民不聊生)입니다.

2025.01.03.

▽ **대통령**의 비상계엄은 정치적 동기에서 비롯되었습니다.
대통령의 비상계엄권 남용에는 모두들 들고 일어서는데 이재명의 탄핵소추권 남용에는 왜들 침묵하고 있는가? 대통령 탄핵소추 외에 28건의 탄핵소추 남용에 이유가 있었나? 비상계엄권 남용이 국헌문란이라면 탄핵소추권 남용도 국헌문란이 아닌가? 비상계엄권 남용으로 나라가 혼란해졌다면 탄핵소추권 남용으로 나라는 무정부상태로 가고 있지 않은가? 적대적 공생관계로 나라를 이끈지 2년 6개월이 되었는데 한쪽은 처벌 되어야 한다고 난리고 한쪽은 권력을 잡겠다고 마지막 몸부림을 치고 있습니다.
배트맨에 나오는 조커 같고 악몽(惡夢)속의 악령(惡靈) 같습니다.
이게 정상적인 나라인가요?

▽ **평양 상공**에 무인기 보낸 게 외환 유치죄가 된다?
무식한 언론이 소설을 써도 과하게 쓰네요. 북은 끊임없이 오물 풍선을 내려 보내고 있는데 우리는 비무장 무인기 하나 올려 보내지 못한다는 게 말이 되나요? 아마 평양 방공망이 그리 허술 했다는게 김정은에게는 큰 충격이었을 겁니다. 북이 도발할 때 원점 타격하겠다고 공언한게 국방부 아니던가요? 좀 당당하게 대처 합시다. 종북 좌파들의 북핵노예 근성에 부화뇌동 하지 맙시다.

▽ **애초**부터 발부된 체포영장은 판사의 직권남용이 가미된 무효인 영장이었습니다.

영장에 판사가 형사소송법 제 110조, 111조를 배제한다는 조항이 기재 되어 있다면 판사가 입법을 한 것이고 그 영장은 무효인 영장입니다.

박근혜 탄핵 때도 청와대 압수 수색은 하지 못했습니다. 협의하여 청와대가 건네 주는 서류를 받았을 뿐입니다. 군중심리를 이용한 무리한 수사를 하지 마시고 박근혜 탄핵 때처럼 탄핵절차를 다 마친 후 수사절차에 들어가시기 바랍니다. 그게 헌법재판소법 제 51조의 취지입니다. 판사까지 집단광기에 휩싸이는 것은 참으로 유감입니다.

▷ 탄핵소추 심판사건에서 내란죄 부분은 민주당이 철회하고 다시 소추서를 변경한다고 합니다. 그것은 첫째 내가 기히 주장해 왔던 헌재법 51조에는 형사재판이 계속 중일 때는 헌재심리를 중단한다는 내용 때문이라는데 (2024. 12. 24 페이스북 내용)

그렇게 하려면 변경된 내용으로 다시 국회의결을 받아야 될 겁니다.

박근혜 탄핵 때는 그런 절차를 거치지 않고 우격다짐으로 소추변경서 의결절차없이 엉터리 헌재 판결을 했는데 이번에도 그렇게 하는지 한번 두고 봅시다.

둘째 문제점은 내란죄도 되지 않는데 국민들을 선동해 검찰과 경찰에서 이미 내란죄로 엉터리 수사해서 기소한 사람들은 이제 어떻게 처리해야 하는지 검경이 아주 곤혹스럽게 되었네요. 이재명 앞잡이 노릇한 검찰과 경찰 일부 세력들이 과연 국가수사기관인지 의심스럽네요. 앞으로 그에 상응한 대가를 치를 것입니다.

셋째 무효인 영장을 발부한 판사나 엉터리 영장으로 체포쇼를 감행한 공수처장은 앞으로 어떤 처벌을 받을지도 귀추가 주목됩니다.

박근혜 탄핵 심판 때 얼마나 엉터리 재판을 했길래 그 후 내가 다음 개헌 때 헌법재판소를 폐지하고 그 권한을 대법원으로 이양하자고까지 했겠습니까? 이번에는 제대로 심판하는지 지켜봅시다. 박근혜 탄핵 때와는 다르다고 내가 누누이 말했습니다. 그때는 좌파들의 집단광기에 우파들이 주눅이 들어 항거를 못했지만 진영논리로 극명하게 갈라진 지금은 그렇게 얼렁뚱땅 탄핵을 하기는 어려울 겁니다. 적법절차대로 하십시오
그게 자유 민주주의 대한민국입니다.

2025.01.04.

▽ 헌재 안의 이재명 의원 부역자가 있는지 느닷없이 내란죄 철회하고도 조속히 파면 결정할 자신이 생겼나 보네요.
이재명 의원은 항소심 재판 때문에 시간이 얼마 없지요. 여태 내란죄 프레임으로 죽일 놈이라고 선동하더니 무슨 정보를 들었기에 갑자기 내란죄를 철회한다고 했을까요? 그러면 이미 내란죄 프레임에 부화뇌동하여 구속 기소한 김용현과 경찰 수뇌부, 장군들은 어떻게 되는가요? 한 사람의 나라 농단으로 대한민국 국회와 사법체계가 엉망진창이 되어 갑니다.

▽ 헌재의 날치기 대통령 탄핵심리를 우려합니다.
헌재는 이미 민주당이 불법 탄핵 소추한 사람들부터 조속히 심리하여 판단을 내리고 대통령에 대한 탄핵은 그다음에 심리하여야 합니다.
사건 접수 순번을 어기고 새치기 탄핵을 시도 한다면 그건 재판이 아니라 이

재명의 시간을 맞춰주기 위한 정치 모략에 불과합니다. 헌법 기관으로서 부끄럽지 않게 재판하십시오. 박근혜 탄핵 때 엉터리 정치재판을 한 헌법 재판관들은 지금도 나는 법조인으로 보지 않습니다.
박근혜 탄핵 때 처럼 또 집단광기에 떠밀려 엉터리 판결하면 헌재 무용론이 확산 되면서 다음 개헌 때 헌재 폐지 절차를 밟을 수도 있다는 걸 알아야 합니다.

2025.01.05.

▷ **날더러** TK를 기반으로한 정치인이기 때문에 수도권 기반이 약하다고 폄훼하는 사이비 정치 평론가들을 보면 무지하기 그지없다는 생각을 지울 수 없네요. 수도권이란 곳은 토박이는 얼마 안되고 각 지방에서 올라간 사람들의 집합체일 뿐, 따로 수도권 정서라는 게 없습니다.
1996년 1월 정계에 입문한 이래 내가 16년간 국회의원으로서 정치활동을 한 곳이 서울이었는데 어떻게 나를 특정 지역 정치인이라고 폄훼하는지 어이가 없네요.
그러면 YS는 부산을 무대로, DJ는 목포를 무대로, JP는 충청을 무대로 한 정치인이고, 노무현도 부산을 무대로, 문재인도 부산을 무대로 한 정치인이었는데 그들 모두 특정 지역 정치인에 불과했다는 건가요?
매체가 다양해지다 보니 얕은 정치 지식으로 각 매체마다 평론한다고 나서는 그들을 보면 참 무지 하다는 생각이 들지 않을 수 없습니다.
미국 정치인들도 마찬가집니다.

지방에 지역구를 두고 있어도 미국을 통치한 대통령이 된 사람들은 그들이 대부분입니다. 나는 서울에서 국회의원을 4선을 했으니 수도권 기반도 있고, 경남지사를 했으니 PK기반도 있고, 대구시장을 하고 있으니 TK기반도 있고, 처가가 호남이니 호남기반도 있습니다.

지역 기반이 없는 정치인은 뜬구름 같은 겁니다.

▷ 페이스북이 나오고 난 뒤부터 정치하기가 참 편해졌습니다.

과거에는 성명서를 발표하려면 국회 정론관에 가서 기자회견 형식으로 시간 정해 놓고 했는데, 페이스북이 나오고 난뒤부터는 시간상 제약도 없고 장소 제약도 없이 언제라도 생각이 정리되면 발표할 수 있으니 참 편해졌지요. 다만 쓴 글 내용에 대해서는 모두 기록이 되니까 그 글에 대한 책임은 오롯이 쓴 사람이 져야 한다는 부담감은 있습니다. 페이스북은 나의 정치 일기입니다.

곧 페이스북을 정리한 책이 두 권 나올 예정입니다. 1권은 「정치가 왜 이래」이며, 2권은 「꿈은 이루어진다」입니다.

그 책에는 내 나라에 대한 나의 꿈, 나의 생각이 묻어 있고 내 정치 역정이 기록되어 있습니다. 많이 봐 주시면 고맙겠습니다.

2025.01.06.

▷ 나는 줄곧 탄핵에 반대하면서 내란죄는 되지 않고 이재명이 덮어 씌운 정치 프레임에 불과하다고 해왔습니다. 그런데 느닷없이 이재명은, 내란죄 프레임을 철회하고 다시 탄핵소추서를 정리하겠다고 하고 있고, 위법한 체포

영장 발부로 판사와 공수처장이 짜고 윤통 불법체포를 시도하고 있습니다. 나라가 온통 무법천지가 되었습니다. 이재명 한 사람이 헌재를 포함해 사법기관, 수사기관 전체를 농단하고 국회도 농단하고 있습니다. 오히려 합법을 가장한 내란은 이재명이 획책하고 주도하고 있습니다. 언론도 아직 온통 윤통 비난 일색이고, 좌파들의 집단광기(Collective Madness)는 극에 달하고 있네요. 그러나 두고 보십시오.
박근혜 때처럼 일방적으로 당하지는 않을 겁니다.

▽ 이재명이 주도하는 합법을 가장한 내란 획책은 이제 헌재가 조속히 정상화의 단초를 열어야 합니다. 탄핵소추의 핵심이었던 내란죄가 철회되었다면, 어떤 내용으로 소추서를 변경 하더라도 사건의 동일성이 없기 때문에 한덕수 탄핵도 무효이고 윤통 탄핵도 무효로 귀결됩니다. 짜장면에서 짜장을 빼면 짜장면이 되는가? 윤통 직무정지도 무효이고 한덕수 총리 직무 정지도 무효이기 때문에 헌재는 정국 혼란을 마냥 방치할 것이 아니라, 일단 가처분을 받아 들여 나라를 정상화시켜 놓고 향후 일정을 잡아야 할 것입니다. 그게 헌법수호의 최후 보루인 헌재가 해야 할 시급한 과제입니다.
이제 헌재가 더 이상 이재명 대통령 만들기 앞잡이 기관이라는 오명(汚名)은 쓰지 말았으면 합니다. 나라부터 정상화해야 합니다.

2025.01.07.

▽ 탄핵소추 의결서는 검사의 공소장과 같은 것입니다.

검사가 공소장을 변경할 때는 피고인의 방어권 행사를 고려하여 사건의 동일성을 유지하는 범위내에서 공소장 변경을 허가하고 그 범위를 넘으면 공소기각을 합니다. 이번 윤통 탄핵사건의 핵심은 내란죄이고 그게 없었다면 탄핵소추안이 국회를 통과되지도 않았습니다. 내란죄가 탄핵소추안에서 철회된 이상 헌재는 사건의 동일성을 일탈한 탄핵소추로서 당연히 기각하여야 하고, 나아가 내란죄를 이유로 탄핵소추된 한덕수 권한대행의 탄핵도 더 볼 것 없이 기각되어야 할 것입니다.

박근혜 탄핵 때 일부 철회된 것은 논란이 있었지만 사건의 동일성 범주내라서 가능한 것이였으나 이번 윤통 탄핵소추는 이와는 전혀 다른 케이스이고 본질적인 핵심의 철회입니다.

<u>헌재가 아무리 정치적 사법기관이라고 하지만 기본적으로는 헌법을 수호하는 최고 의사결정 기구라는 자부심을 망각해선 안 됩니다.</u>

2025.01.08.

▷ **판사**가 영장발부하면서 입법을 해도 무방한 나라, 수사권도 없는 공수처가 무효인 영장을 집행해도 무방한 나라, 국회가 행정부를 불법 탄핵해도 무방한 나라, 자기 재판은 마음대로 불출석하지만 남의 불법 수사는 강압적으로 체포지시해도 무방한 나라, 한사람의 악행으로 대란(大亂)이 계속되는 나라. '아수라'를 보고 있는 것 같습니다.

▷ **내란죄**는 철회해놓고 내란행위는 심판 대상에 포함시킨다? 내란행위하

고 내란죄는 무엇이 다른가? 내란행위가 확정되면 그게 내란죄 아닌가? 글 세 자와 네 자 차이인가? 도대체 무슨 말을 하고 있는지 모르겠습니다.

조급하게 대선 치러서 문재인 정권 때처럼 모략을 꾸미니 스텝이 꼬일 수 밖에 없습니다. 그때와 지금은 상황이 다릅니다. 좌파 여론조사 기관 총동원하여 ARS로 명태균식 여론조사 해본들 이번에는 국민들이 속지 않을 것입니다. 탄핵 반대하면 극우라고 기레기들이 몰아가고 있지만 극우란 히틀러나 무솔리니 같은 전체주의자들을 말하는 거란 걸 그 무식한 자들이 알리가 있을까? 두고 봐야 합니다.

국민들이 가장 비도덕적인 범죄자, 난동범을 대통령 만들어 주겠습니까?

2025.01.09.

▽ **대구** 참여연대를 우리는 무고연대(誣告連帶)라고 부릅니다.
언제나 터무니없는 허위사실을 들어 시장을 고소하거나 고발하니까요. 이번에 또 고발했네요. 다섯 번째 무고입니다. 또 무고로 역고발될 겁니다. 시민단체의 탈을 쓰고 음해성 허위 고소, 고발을 일삼는 무고 연대는 일벌백계로 처벌되어야 합니다.

2025.01.10.

▽ **2017. 10.** 우리 당 당대표 자격으로 워싱턴을 방문했을 때 워싱턴 외교

협회의 초청을 받아 북핵 특강을 한 일이 있었습니다.

그때 미국이 나토식 핵 공유를 해주지 않거나, 전술핵을 재배치하여 남북 핵균형을 이루어 주지 않는다면 우리는 우리의 생존을 위해서 자체 핵개발 할 수밖에 없다고 역설했는데 미국 군축전문가가 경제 제재를 거론하면서 비웃길래 우리는 북한과 달리 세계 10대 경제강국이고 첨단산업 분야에 우리의 협조가 없다면 미국경제가 온전하겠냐? 미국이 그렇게 나오면 세계인구의 절반인 중국, 인도 시장도 있다라고 되받아치니 그 뒤로는 아무런 추가 질문이 없었습니다. 경제는 먹고 사는 문제이지만 안보는 죽고 사는 문제입니다. 우리가 핵을 갖고자 하는 것은 방어용 핵이지 공격용 핵은 아닐진대 북핵에 대해선 한마디도 안 하면서 우리의 핵무장 문제는 비핵화 운운하며 반대하는 종북 좌파들의 행태는 그들이 어느 나라 사람들인지 의심이 들게 합니다.

2025.01.12.

▽ **만약** 일각에서 제기된 윤통에 대한 체포영장이 중앙지법에서 기각되었거나 법에도 없는 반려처분을 받아 서부지법 우리법 연구회 소속 특정 법관에게 재청구되어, 역시 법에도 없는 판사 입법으로 영장을 발부받았다면 공수처장, 판사뿐만 아니라 민주당과 내통 의혹을 받는 국수본부장도 중죄를 저지른 것이 됩니다.

또 이를 질의한 국회의원들에 대해 수사중인 것을 이유로 답변을 회피한 법원행정처 간부의 죄책도 공범이라는 의혹을 벗어나지 못할 겁니다. 사법부까지 이런 적법 절차를 어겼다면 그간 자행되어 온 내란죄 수사도 정당성을 상실하고 모두 무효가 되어야 할 겁니다. 참 어이없는 일이 속출하고 있네요. 세상이 범죄자에 의해 좌지우지 되는 나라는 지구상에 아프리카의 어느 미개한 나라에서나 있을 법한 무법천지 나라 정도입니다. 내 나라가 이런 나라와 같이 취급되는 건 참으로 유감입니다.

▽ 생각이 다르고 통치방식이 다르다면, 같은 당내 세력 교체일지라도 그건 정권 교체에 해당됩니다. MB정권에서 박근혜 정권으로 교체될 때 국민 상당수는 그걸 정권 교체로 봤습니다.
국민들이 정권 교체를 원한다고 해서 그걸 윤석열에서 이재명으로 교체를 원한다는 건 아니지요. 그건 여론조사에서도 확연하게 드러나고 있습니다. 정권 교체를 원한다는 국민은 60%나 되는데 이재명 의원의 지지율은 30% 근처에 불과하니까요. 정권교체 지수가 아무리 높아도, 이재명으로 정권 교체가 30% 이상 낮게 나오고 이재명 혐오도가 60%에 가깝다면, 우리 국민들이 범죄자,난동범 대통령은 원치 않는다는 증좌입니다. 헛물켜지 말고 무리하지 마세요. 조기 대선을 하든 정식 대선을 하든 절대 이재명 의원은 집권 못할 겁니다. 그건 본 게임이 시작되면 알게 될 겁니다.

2025.01.13.

▽ 꿈은 사람을 청년으로 만듭니다. 꿈을 꾸지 않는 사람은 청년이라도 노인이고, 꿈꾸는 사람은, 노인이라도 청년입니다. 꿈은 청년의 특권이고, 꿈은 사람을 긍정적으로 만드는 힘이 있습니다.

꿈을 현실로 만들려면 현재는 냉철한 통찰력(insight)으로 보고 미래는 예지력(foresight)으로 봐야 합니다.

꿈꾸는 사람만이 꿈을 이룰 수 있습니다. 나는 늘 꿈꾸는 인생을 삽니다.

2025.01.14.

▽ 트럼프 대통령 취임준비 위원회의 공식 초청에 따라 워싱턴 방문일정을 조율 중에 있습니다. 2017.10. 야당 대표 때 전술핵 재배치 문제로 워싱턴 정가를 방문한 이래 8년 만에 방문이고, 국내외 엄중한 시점이라서 더욱더 신중하게 일정을 의논하고 있습니다.

트럼프 2기 정부의 대 한국정책에 대한 분위기를 알아보고 공백 상태인 정부를 대신해서 지금 우리가 무엇을 할 수 있을 것인지 검토해 보겠습니다.

2025.01.15.

▽ 적대적 공생관계

방휼지쟁(蚌鷸之爭)

누가 어부(漁夫)가 될 것인가?

▽ 사상 첫 현직 대통령 체포! 마치 남미 어느 나라 같습니다! 탄핵절차 결과를 보고 해도 되는데, 무효인 영장들고 수사권도 없는 공수처가 꼭 그랬어야

했을까요? 박근혜 때와는 달리 국민 상당수가 체포 반대 한다는데 향후 어떻게 수습이 될지 걱정입니다.

2025.01.16.

▽ 어제 밤은 잠을 이루지 못했습니다. 해방이후 다섯 번째로 구치소로 간 대통령 생각에 잠을 잘 이루지 못했습니다.
전·노야 쿠테타로 갔으니 갈만 했다고 생각 되지만 이명박·박근혜는 좌파들의 집단적 광기(collective madness)로 인한 피해자들이었기 때문에 억울한 감옥살이였지요. 지나고 나서는 문재인의 정치 보복이었다고 느끼는 국민들이 참 많았지요.
그러면 윤통은 어떤 평가를 받을까요? 속단하기는 이르지만 아마 윤통도 좌파들의 집단적 광기의 희생자라고 보지 않을까요? 공교롭게도 다섯 명 모두 보수우파 진영 출신 대통령들이었습니다. 그러나 갈때 가더라도 일국의 대통령 답게 당당하고 담대하게 대처하십시오. 업보(業報)라고 생각하시고 대승적으로 대처하십시오.

▽ 오늘 4대 여론조사 기관 합동으로 한 NBS 여론조사에서 정당지지도가 35대 33으로 처음으로 역전되었네요. 윤통 탄핵 국면인 데도 이렇게 정당 지지도가 바뀌는 것은 우리가 잘했다기보다 민주당의 입법 내란 폭주가 더 큰 영향을 끼쳤다고 봐야 할 겁니다.
박근혜 탄핵 때와는 바닥이 다르다고 말한지가 한달이 넘었습니다. 이재명

의원은 더 이상 입법 내란으로 폭주하지 마시고 차분하게 나라 정상화에 협조해 주었으면 합니다. 좌파들의 집단적 광기에 대해 우리 국민들이 이제 인식을 제대로 하고 있다는 증좌입니다. 한국 여론조사 중 NBS 조사는 그래도 제일 신뢰성이 있는 조사라고 나는 보고 있습니다.

2025.01.19.

▽ 무거운 마음으로 워싱턴 출장을 갑니다. 강학상 보아 왔던 내란죄가 현실이 되고 전·노 이후 내란죄로 구속된 최초의 현직 대통령으로 기록되는 수치를 당하다니, 참 어이없는 일이 계속 일어나고 있네요. 이 또한 지나가리다 라는 솔로몬의 잠언을 굳게 믿습니다.

2025.01.21.

▽ 한국은 대통령이 되면, 그 가족들은 정치관여나 이권개입이 금지되고 임기말까지 감시의 대상이 되나, 미국은 공식, 비공식적으로 대통령의 가족은 정권의 실세로 부상하고 각종 사업을 영위할 수 있는 특권을 갖게 됩니다. 그걸 비난하지 않고 당연시 하는 그런 정치 문화가 일상화되어 있는 나라가 바로 미국입니다.

1기 때는 트럼프 딸인 이방카가 실세 였는데, 2기때는 아들인 트럼프 주니어가 실세라고 하네요. 미의회에 등록된 로비스트가 합법적으로 활동하고, 공식적인 인사보다 막후 실세가 더 강한 나라가 미국입니다.
그래도 국정농단이라는 비난이 없는 나라가 미국입니다. 우리와는 정치 문화가 전혀 판이합니다. 그래도 미국 사회가 돌아가는 것을 보면 참 신기하기도 합니다.

▷ **취임식** 아레나 행사에는 2만명이 초대 되었는데 가 보니, 엄두가 나지 않아 참석을 포기하고 호텔로 돌아와서 대형스크린을 통해 취임식을 봤습니다. 취임식 만찬 행사인 안보관계자들 중심인 커맨더 인 치프볼 행사에도 왔는데, 이 추운 날에도 끝없이 이어진 줄을 보고 참석할 엄두가 나지 않네요. 만찬 행사는 일반 시민들이 참석하는 리버티볼 행사, 둘째가 스폰서들이 대부분 참석하는 스타라이트 행사, 마지막에는 소수 안보 관계자들이 주로 참석하는 커맨더볼 행사인데, 세 행사를 모두 월트컨벤션 센타에서 층별로 동시에 진행하는 관계로 입장은 같이 하게 됩니다. 그래서 혼잡한 겁니다. 참 미국인들은 열성적입니다.
하기사 세계 각지의 수십 억 명 중 초대된 소수의 인원들이라서 그런지 모두 자부심을 갖고 있는 것으로 보여져 이 추운 날씨에도 아랑곳하지 않고 모두들 즐겁기만 하네요. 좀더 기다려 보고 참석여부를 결정해야 겠네요. 오늘의 워싱턴 날씨는 갑자기 한파가 몰아쳐 참 춥습니다. 바람도 차고 영하 16도 랍니다.

▷ **그래도** 내가 차기 대선후보 자격으로 미국 대통령 취임 준비위원회의 초청으로 8년만에 워싱턴을 방문 했는데, 저 수많은 미국 군중들과 함께 벌벌 떨면서 수시간 줄지어 차례 기다려서 검색 받고 군중집회에 참석할 필요까지 있

나? 쪽팔리지 않나? 차라리 그 시간에 트럼프 측근 비공개 인사들과 만나 한국 상황을 설명 하는게 맞지 않나?

8년 전에는 야당 대표로서 2개월 동안 준비해서 일정 조정해서 왔는데, 이번에는 일주일 전에 급히 초청받아 일정 조정 없이 오는 바람에 이곳 상원 의원들은 와서 보니 각종 인사청문회로 시간을 낼 수 없다고 합니다. 비공식 인사들조차 두세 분 빼고는 대통령 취임행사로 시간 내기가 어렵다고들 하네요. 그러나 미국 현지 분위기는 확실히 파악하고 갑니다. 미국 대통령 취임식은 우리 예상과는 달리 정치인들 모임이 아니라, 그저 국민적 축제였습니다. 오늘은 공화당 소속 하원 군사위원회 의원과 외교위원회 의원 두 분을 만나러 미 의회로 갑니다.

2025.01.22.

▽ 오늘 워싱턴 정가에서는 트럼프가 언급한 북한의 상태를 뉴클리어 파워(nuclear power)라고 한 점에 주목하고 있습니다.

통상 핵보유국은 뉴클리어 웨폰 스테이트(nuclear weapon states)라고 하는데 굳이 이 용어를 사용하지 않고 인도, 파키스탄, 이스라엘처럼 사실상 핵보유국으로 인정한 것은 우리로서는 그리 나쁜 징조는 아닌 것으로 보입니다. 2017. 10. 야당 대표로서 워싱턴을 방문했을 때는 전술핵 재배치 문제는 미국의 비핵화 정책에 배치된다고 입에 올리지도 못했는데, 이번에 워싱턴에서 만난 공식 인사들이나 비공식 측근들은 모두 북핵 문제는 한국 지도자들의 의지 문제라고 답했고, 남북 핵균형 정책(nuclear balance policy between

South and North Korea)을 대부분 수긍하는 분위기였습니다. 있는 북핵을 없다고 우기는 것도 잘못된 정책이고, 이미 물 건너간 비핵화 문제를 외교적으로 풀겠다고 접근하는 것도 비현실적인 방법입니다.

이제 남은 건 남북 핵균형 정책을 현실화시켜 우리가 북핵의 위협으로부터 벗어나는 길밖에 없습니다. 힘의 균형을 통한 평화밖에 없습니다. 오히려 트럼프 2기는 북핵 문제를 우리가 현실적으로 풀 수 있는 좋은 계기가 될 것으로 나는 확신 합니다. 경제는 먹고 사는 문제이지만, 안보는 죽고 사는 문제입니다. 이번 워싱턴 방문에서 많은 것을 현장에서 보고 느끼고 돌아갑니다.

2025.01.24.

▽ 판사는 무효인 영장을 발부하고, 공수처 검사는 이 영장들고 대통령을 강제 구금하고, 수사권도 없는 공수처가 아무런 수사도 하지 안하고 검찰에 송치하고, 송치받은 검찰은 관계법도 검토해 보지 않고 구속 기간 연장 신청했다가 기각되고, 그리고 아무런 조사도 없이 그냥 기소 한다고 합니다. 내란죄가 그렇게 가볍게 장난치듯 처리할 범죄이던가? 애초에 내가 내란죄는 안 된다고 했는데, 이재명이 명 받들어 잽싸게 움직이더니 꼴좋습니다. 그런 중죄를 다루는 공수처나 검찰이 하는 짓들 보니 원래 공수처 폐지론자였던 내가 이제 검찰 수사권도 폐지하는 게 어떤지 하는 생각마저 듭니다.

2025.01.25.

▷ **검찰**은 면책적 기소할 생각 말고, 지금이라도 늦지 않았으니 윤통을 즉각 석방해라! 내란죄 같은 중죄를 수사 않고 기소하는 전례를 남긴다면 그건 치욕의 검찰사가 될 것입니다. '풀잎은 바람이 불면 눕지만 검찰은 바람이 불기도 전에 미리 눕는다'고 내가 말한 적이 있습니다.

지금이라도 공수처와 일부 무지한 특정 법관들의 사법 만행을 바로잡기 바랍니다. 검찰이 살아나야 나라가 삽니다. 우리 검찰사에는 그 시퍼렇던 권위주의 정부 시절에도 중앙정보부의 압력을 물리치고 기소 거부한 강골 검사도 있었습니다. 그런데 요즘 너희들은 어찌 갈대 검사들만 난무하냐?

▷ **이번** 대통령에 대한 소위 내란죄 수사와 영장 발부의 난맥상은 다시 집권하면 반드시 재조사 하여 관련자들은 지위 고하를 불문하고 엄벌할 필요가 있습니다.

한 나라의 대통령을 두고 이렇게 수사와 재판을 담당하는 사람들이 자의적으로 법을 해석하고 집행하는 만행이 두 번 다시 이 땅에 있어서는 안 됩니다. 여론재판으로 가혹한 처분을 받은 사람은 박근혜 전 대통령 하나로 끝나야 합니다. 나아가 수사권 통폐합도 반드시 해서 더 이상 수사권을 두고 수사기관끼리 하이에나식 경쟁을 하게 해서도 안 됩니다. 사법 질서가 문란하면 나라가 무너집니다. 반드시 이 사건은 재조사해서 나라의 기강을 바로 세워야 합니다.

2025.01.26.

▷ **문재인** 정부 때 수사권을 강제조정하면서 소위 검수완박을 하는 바람에 내란죄 수사권은 경찰만 갖고 있는데, 이번에 내란죄 수사를 하면서 수사권도 없는 검찰이 달려들어 선수 치는 바람에 검찰의 모든 수사 서류는 휴지가 되어 버렸고, 공수처의 수사 서류도 휴지가 되어 버렸습니다.

검찰이나 공수처가 갖는 수사 권한은 직권남용죄뿐인데 이를 근거로 내란죄를 수사한 것은 마치 5공 시절에 경범죄로 구금해 놓고 국가보안법 위반을 수사한 것과 다를 바 없습니다. 법을 집행하는 사람들이 법에도 없는 권한을 행사해서 대통령을 불법 체포, 구금하고 이제 와서는 그 휴지 조각을 근거로 기소도 한다고 합니다. 일제 강점기 때 치안판사도 아닌데 불법 영장을 남발하고 일제 강점기 순사도 아닌데 불법 체포, 구속을 남발한 사람들은 나중에 어떤 가혹한 책임을 지려고 저러는지 걱정이 큽니다.

유일하게 구속기간 연장 결정을 기각한 판사들만 적법절차로 하네요. 정치가 혼돈이니 이제 수사기관, 사법부까지 혼돈 상태입니다.

▷ **윤 대통령**을 아무런 수사 권한 없는 공수처의 무효인 수사 서류를 근거로 구속 기소한 검찰의 결정에 대해 강한 유감을 표합니다.

쟁점이 많은 사건인 만큼 불구속 수사를 해도 무리가 없었는데 쫓기듯이 서둘러 아무런 추가 수사도 없이 면책적 기소를 한 것은 차후에 그 책임 문제가 재조사될 겁니다.

이미 수사권 없는 내란죄를 김용현 등 수사를 통해 수사한 잘못을 바꿀 수 없는 입장에서 계속 밀어붙이는 모양새를 갖추는 것은 불법을 불법으로 덮으려고 한다는 오해를 살 수도 있습니다. 거듭 검찰의 잘못된 결정에 유감을 표합니다.

2025.01.27.

▷ 이번에 만약 조기 대선이 이루어지면 그건 맹목적인 정권교체보다 권력교체가 더 가슴에 와닿을 겁니다.

지난 대선 박빙 승부 후 2년 반 동안 윤통과 이재명은 방휼지쟁(蚌鷸之爭)의 세월을 보내면서 나랏일은 뒷전이었기 때문에 국민 생활은 갈수록 피폐해졌고, 트럼프 2기라는 국제적으로 엄중한 상황과 우크라이나 전쟁, 이스라엘 전쟁, 북핵 고도화라는 엄중한 안보 상황에도 속수무책인 것으로 보입니다.

이렇게 나라가 안팎으로 위기인데, 아직도 우리는 내부 분쟁으로 허송세월을 보내는 게 참 안타깝습니다. 그러나 우리 국민들은 언제나 그렇듯이 이 혼란기도 슬기롭게 헤쳐나가리라고 나는 확신합니다. 적대적 공생관계인 지금의 여야 관계를 청산해야만 새로운 시대를 맞게 됩니다.

이러한 방휼지쟁(蚌鷸之爭)을 종식시키는 어부지리(漁夫之利)는 바로 우리 국민 여러분들입니다. 힘냅시다.

2025.01.28.

▷ 나는 일관되게 탄핵을 반대해 왔고, 윤통을 지켜야 하는 명제는 변함이 없습니다. 그러나 좌파의 집단적 광기에 휩쓸려 그게 무산이 되는 경우도 대비해야 합니다. 박근혜 탄핵의 재판(再版)이 되어 그때처럼 이재명에게 정권을 갖다 바치는 일이 있어선 안 되지요.

감성이나 감정만으로 세상을 바꿀 수는 없습니다. 다행히 박근혜 탄핵 때처럼 보수우파들이 흩어지지 않고 민주당의 입법 폭주 내란에 국민들의 저항이 거세지고 있습니다. 만에 하나 탄핵 대선이 생기더라도 우리가 재집권해야 윤통도 살고 나라도 삽니다.

모든 경우의 수를 대비해야 하는 우리의 입장을 부디 곡해하지 마시기 바랍니다. 대통령께서 감옥에서 명절을 보내는 건 가슴 아프지만 국민 여러분들은 설날 복 많이 받으십시오.

2025.01.30.

▷ 어제 MBC 손석희의 질문들에서 유시민 전 장관과 100분 동안 현 정국에 대해 생방송 토론을 했습니다. 진심을 담아 토론했습니다.

국민들께서 오해하시는 부분도 있었고, 우리가 잘못한 부분도 있기에 잘못한 것은 솔직히 인정하고 오해하시는 부분은 풀려고 노력했습니다.

집단적 광기(Collective Madness)로 나라의 앞날이 결정되는 건 지난번 박근혜 탄핵 한 번으로 족합니다. 지금 국민들은 방휼지쟁(蚌鷸之爭)으로 지샌 지난 3년이 아까울 뿐일 겁니다. 더 큰 대한민국으로 가려면 이번 사태를 우리는 반면교사로 삼아야 합니다.

2025.02.02.

▽ 한국 갤럽과 나는 참 질긴 악연이 있습니다.
그건 알만한 사람들은 다 압니다. 내 기억으로는 2017. 5. 탄핵 대선 때 공개된 한국갤럽 여론조사에서 나는 10%를 넘기지 못했고, 그 여론조사를 믿고 대선자금을 빌려준 국민은행에서 15%를 넘기지 못하면 대선자금 보전도 못 받으니, 돈 떼인다고 매일 같이 여의도 연구소 여론조사를 확인당하는 치욕스러운 일이 있었습니다. 자유한국당 당대표를 할 때도 각종 여론조사에서 유독 한국 갤럽만 우리에게 박한 여론 조사 결과를 발표 한 일이 있었습니다. 도저히 참을 수 없어서 당차원에서 미국 갤럽 본사에 항의하니, 미국 갤럽 본사에서는 한국갤럽은 우리와 상관없는 업체라고 회신이 왔기에 알아보니, 미국 정통 갤럽회사가 아닌 거기서 떨어져 나온 또 다른 갤럽과 프랜차이즈를 맺은 회사가 한국갤럽이라고 했습니다.
그 후 우리는 모든 여론조사에서 한국갤럽은 믿지 않기로 했고, 각종 당 여론조사시 10대 여론조사 기관 중 한국갤럽은 제외시키도록 지시한 일도 있었고 지난 대선후보 경선 때도 한국갤럽 측에 대선 여론조사에서 내이름은 빼라고 요구한 적도 있었습니다. 대선 철이 또다시 올 수도 있는데 그런 편파 여론조사에 대해서는 국민들이 현혹되지 않았으면 합니다. 여론조사는 여론조사기관이 어떻게 설계하느냐에 따라서 그 지표가 달라질 수가 있습니다.

지난 대선후보 경선 때 명태균 여론조사 보지 않았습니까? 공정한 여론조사가 되어야 민의가 왜곡되지 않습니다.

▽ 손석희의 질문들 스페셜 편집본을 오늘 밤 다시 보니 MBC다운 편집을 했네요. 나는 마치 바보처럼 듣기만 했던 사람으로 편집했네요.
왜 내란죄가 되지 않는지 자세하게 설명하고 구체적인 예까지 들었는데 그 부분은 쏙 빼고 편집 방송을 내보내니, 마치 내가 비상계엄 선포가 내란죄가 되는 것으로 인정하는 것처럼 국민들이 오해를 하게 생겼습니다.
유시민 전 장관 말은 대부분 그대로 방송된 거 같은데 내가 한 말은 많이 편집된 거 같네요. 곧 TV홍카콜라에도 무편집 동영상이 뜰 겁니다. 편집본에서 못 보시던 내용도 볼 수 있을 겁니다. 무편집본을 보시고 현 정국을 판단해 주시기 바랍니다.

2025.02.03.

▽ 어제 방송된 질문들 스페셜 편에서 잘려 나간 20여 분은 대부분 내가 내란죄가 왜 안 되고 검찰, 공수처 수사, 기소가 왜 엉터리고, 법원의 체포영장이 왜 엉터리인지 말한 부분이며, 의도적으로 모두 삭제 편집했고, 구속기간 연장결정을 왜 법원이 기각했는지 수사권 없는 검찰, 공수처 수사 서류가 왜 무효인지 설명한 부분도 모두 삭제하고 편집했습니다.
유시민 작가가 한 말은 편집한 부분이 없는데 내가 말한 중요한 부분은 대부분 편집되어 내가 한 말은 연결이 잘 안되고 있네요. 우리측 사람들이 MBC는

절대 나가선 안 된다고 했는데 나는 설마 이렇게까지 하겠느냐고 생각하고 출연 했는데, 역시 MBC는 못 믿겠습니다.

생방송 토론도 그렇게 편파적으로 악마 편집해서 재방을 하다니 기가 막히네요. 유투브 제작할 때는 악마적인 왜곡 편집하지 마세요. MBC측에 강한 유감을 표합니다.

▽ 어느 정권마다 국정 여론조사라는 게 있습니다. 청와대, 행안부, 국정원, 문체부 등 각종 국가기관에서 실시하는 수백억 원에 달하는 여론조사를 그동안 일부 특정 여론조사기관에서 독점해 오고 있습니다.

예를 들면 MB정권때는 출범 전부터 긴밀한 관계를 유지해 오던 A사가 그 수백억 원을 독점했고, MB와 박근혜 경선 때 피해를 본 박근혜는 정권을 잡자마자 그 여론조사기관을 철저하게 배제했습니다. 그런데 그에 대한 보복으로 박근혜 탄핵의 기폭제가 되었던, 박근혜 지지율 4%라는 충격적인 여론조사가 그 기관에서 나왔고, 여론조사 기관은 탄핵 대선 때 철저하게 문재인 여론조사기관으로 변신하여 문재인 정권 국정 여론조사를 5년간 독점하기도 했지요. 정권과 야합하여 하는 국정 여론 조작 그런 부패 카르텔이 여론조사 기관에도 엄연히 존재합니다.

풍부하게 수집한 데이타베이스를 활용하면 지지율도 얼마든지 원하는대로 만들어 낼 수가 있고 응답률도 파격적으로 높일 수 있지요. 국민들도 기자들도 그런 거는 잘 모르지요. 이참에 국정 여론조사 실태도 공개해서 그런 사이비 여론 조작 업체는 업계에서 퇴출시켜야 합니다. 명태균 같은 여론조사 업체가 아직도 우리 주변에 있습니다.

▷ **헌법재판소**는 헌법상 정치적 사법기관으로 국회 추천 3명, 대법원장 추천 3명, 대통령 추천 3명의 재판관으로 구성됩니다.

그중 국회 추천 3명은 여야 각 1명씩 추천하고 나머지 1명은 항상 여야 합의로 중도적 인사를 추천해 왔는데, <u>이번에는 민주당이 여야 합의의 관례를 깨고 단독으로 나머지 1명을 마은혁 재판관으로 추천했기 때문에 권한대행이 그 임명을 거부한 것입니다.</u> 그건 헌법적 관례인데, 그 관례를 민주당이 깬 것은, 그 자체가 헌법위반이라고 볼 수도 있습니다. 그걸 또 당사자인 헌재에서 임명 강요하는 것도 옳지 않은 처사입니다. 국회에서 여야 합의로 마은혁이 아닌 다른 제3자로 합의 추천하는 게 헌법 논리상 타당합니다. 서로 억지 부리지 말고 여야가 헌재 구성에 합의하시지요.

2025.02.05.

▷ **계엄은** 군경을 움직여서 실행합니다. 비상계엄에 국정원 1차장의 역할은 없습니다. 그런데 수사나 체포 권한도 없는 국정원 1차장에게, 모두 잡아들이라는 지시를 대통령이 했다는 홍장원 전 국정원 1차장의 진술이 과연 사실일까요? 그건 도저히 믿을 수 없는 일입니다. 대통령이 과연 몰랐을까요? 국방부 장관 인사와 함께 그런 사람을 국정원 제1차장으로 임명한 것은 참 어처구니없는 인사였습니다. 홍가 문중에 그런 사람이 있다는 것이 부끄럽습니다.

▽ **가는** 사람 잡지 않고 오는 사람 막지 않습니다. 3김 시대처럼 내가 계파 사람들의 정치적 운명을 다 책임질 수 없기에 계파를 만들지도 않고 계파에 속하지도 않습니다. 그러나 언제나 뜻을 같이하는 동지들은 있습니다. 지금의 여의도 정치의 계파는 동지적 결속이 아니라 이익에 따라 이합집산하는 거푸집일 뿐입니다. 그래도 과거와 달리 요즘은 나라를 바로 세우고자 뜻을 같이하는 유능한 동지들이 구름같이 모여드는 것만으로 나는 행복합니다.
그게 홍준표식 정치입니다.

2025.02.06.

▽ **민주당이** 나를 잡으려고 명태균 특검법을 발의한다고 하네요. 한번 해보세요. 사기꾼이 감옥에 가서도 민주당과 짜고 발악하고 있지만, 아무리 조사해도 나오는 것이 없을 겁니다.
적어도 홍준표는 그런 사기꾼에 엮이지 않습니다. 명태균의 황금폰에서 수만 건을 포렌식으로 조사했다면서요?
전화 한 통, 카톡 한 자 안 나올 겁니다.
다른 사람은 몰라도 홍준표는 그런 사기꾼에 엮이지 않습니다. 오히려 우리 측에서 두 건 고발한 게 있으니, 그 건이나 철저히 조사해서 그런 사기꾼은 오래오래 감옥에 보내야 합니다. 나를 그런 사람과 연결 짓는 자체가 아주 불쾌합니다.

2025.02.07.

▽ **대한민국이** 정치적 격변기를 늘 거쳐도 흔들리지 않고 선진국으로 진입한 데는 공직 사회의 덕이 참으로 큽니다. 공직 사회가 정치적 혼란 속에서도 제 역할을 다해 주기 때문에 대한민국이 쉼 없이 전진할 수 있는 겁니다. 장관들이야 한때 지나가는 바람에 불과하고, 정무직이기 때문에 이리저리 흔들리지만, 대한민국 공무원들은 늘 나라를 위해 자신들의 길을 가기에 국민이 안심할 수 있는 것입니다. 정치적 격변기일수록 바른 공직자의 자세가 그 무엇보다 필요합니다.

대한민국 공직자 여러분! 오늘도 파이팅입니다.

2025.02.08.

▽ **탄핵 반대** 집회에서 실상을 제대로 알리는 연설하고 싶습니다. 그러나 무고 연대에서 대선 선거법 위반으로 또 고발할 것이고, 윤 대통령 석방 국민 변호인단에도 공직자 가입은 안 된다고 하니 결국 페이스북에 내 의견을 게재하는 것으로 만족할 수밖에 없습니다. 윤 대통령의 신병부터 석방이 되었으면 합니다. 구속영장부터 무효이고, 공수처는 수사권이 없으니 그 수사 서류는 모두 무효인 서류입니다. 일부 경찰 서류도 윤 대통령이 증거 동의를 하지 않기 때문에 휴지에 불과합니다. 다툼의 여지가 이렇게 많은 사건인데 이 추운 겨울날에 현직 대통령을 터무니없는 혐의로 계속 구금하는 것은 법 절차에도 맞지 않고 도리도 아닙니다. 윤 대통령의 석방을 촉구합니다.

2025.02.10.

▽ 나는 탄핵이 기각되어 윤 대통령의 복귀를 간절히 바라지만 나라가 둘로 갈라져 탄핵이 인용되어도 걱정이고, 기각되어도 걱정입니다.
이 국민적 상처를 어떻게 치유할지 우리 냉정하게 되돌아봐야 할 때입니다.
헌재가 엄격한 헌법 논리로 제대로 심판해 주길 바라지만 헌재 역시 좌우로 갈라진 지금 어떤 결정을 내리더라도 좌우 진영에서 승복하지 않을 가능성이 크고, 대한민국은 더 큰 혼란에 빠질 수도 있습니다. 증오와 편 가르기만 난무하는 지금, 이를 통합할 새로운 시대정신이 절실합니다.

2025.02.11.

▽ 탄핵이 기각되면 윤 대통령께서는 통합의 시대정신으로 좌우 갈등 봉합에 적극적으로 나서 주시기를 바랍니다. 광장 민주주의가 득세하면 나라는 남미처럼 나락의 길로 가게 됩니다.
제도권이 민의를 수렴하지 못할 때 광장 민주주의가 득세하게 됩니다. MB가 정권 초기 촛불 사태를 극복한 것도 바로 좌우 통합 정치를 추구했기 때문입니다. 그때 저는 여당 원내대표로서 극심한 여야 갈등 속에서도 합의 개원하여 좌우 통합을 주도하기도 했습니다. 이번에 제가 적지인 MBC에 나가 2대 1로 불리한 계엄 사태를 생방송 토론한 것도 왜곡되어 알려진 계엄 사태에 대해 국민에게 우리의 분명한 입장을 알리고 좌파 진영과 대화, 타협, 소통을 하기 위함이었습니다.

다시 대통령으로 돌아오시면 이번 사태를 반면교사 삼아 좌우 통합으로 Great Korea 시대를 열어 주시기를 간절히 기원합니다.

2025.02.12.

▽ **의리**(義理)란 예의(禮義)와 도리(道理)의 글자 중 한 자씩 가져온 합성어라고 들었습니다. 여의도 정치판에 의리가 사라진 지 오래되었고 이익만이 판치는 이익집단만 난무합니다. 3김 시대에는 이익보다 의리로 뭉쳐진 동지(同志)의 시대였는데, 지금의 여의도 정치는 동지보다 이익이 우선하는 적도 동지도 없는 정상배 시대이므로 나라가 혼란한 것입니다. 계파를 형성하더라도 동지적 결속되는 계파라면 나쁘지 않습니다만 지금처럼 이익집단이 난무하는 시대에 제대로 된 계파가 있을 수 있을까요?

▽ **내가** 명태균과 같은 사기꾼 여론 조작범이 제멋대로 지껄이는 것에 신경 쓸 필요도 없습니다.
어제 명태균과 그 변호사를 추가 고발까지도 했는데 민주당이 그 특검법에 나더러 찬성하라고 요구한다고 합니다. 참 어이없는 집단들입니다. 날 끼워 넣어 명태균 특검법을 통과시키든 말든 마음대로 하십시오. 나는 상관없으니 마음대로 해 보십시오. 대신 무고한 대가는 혹독하게 이재명이 부담하게 될 것입니다.

▽ **탄핵 심판**이 점점 수긍하기 어려운 파행 국면으로 가고 있네요. 이러다

가 나라가 두 쪽이 나게 생겼습니다. 보수 출신 대통령들이 그동안 다섯 명이나 투옥되는 치욕을 우리는 감당해야 했습니다. 그중 전두환, 노태우는 군사쿠데타였으니 할 말 없지만, 이명박, 박근혜 두 분은 문재인 정권이 좌파들의 집단적 광기를 이용하여 만든 사건을 뒤집어쓴 억울한 희생자라고 할 수 있습니다. 똑같은 절차를 윤 대통령도 밟고 있지만, 세 분은 똑같이 당내 배신자들 때문에 당하는 치욕이라고 봅니다. 한마음으로 당이 움직였으면 그런 치욕을 당하지 않았을 것입니다. 더 이상 당 내부에 이런 배신자들이 나와서는 안 됩니다. 하나 된 당만이 나라를 지키고 당을 지킵니다.

2025.02.13.

▽ 이번 국정 혼란에는 두 가지 큰 이슈가 있었습니다. 비상계엄과 탄핵입니다. 나는 일관되게 비상계엄은 부적절했다고 했지만, 탄핵은 반대했습니다. 부적절한 비상계엄이었지만 그건 대통령의 헌법상 비상대권에 속하므로 불법이라고 볼 수가 없고, 그 문제로 탄핵하는 건 부당하다고 보았기 때문입니다. 특히 성립이 안 되는 내란죄 프레임을 씌워 불법 영장으로 구금하고, 구속 기간이 만료되었음에도 불법 구속 상태로 기소한 검찰의 만행도 규탄받을 수밖에 없습니다.

헌재의 불공정한 심판 과정도 앞으로 개헌 논의 때 존폐 문제가 제기될 사안입니다. 박근혜 탄핵도 위법 결론을 내어 파면시키고 이번에도 똑같은 사태가 일어난다면, 개헌 시 헌재를 폐지하고 대법관 정원을 4명으로 증원하여 대법원에 헌법심판부를 두자는 주장도 나올 수 있습니다.

그러나 무엇보다도 우리 당 내부의 반란입니다. 우리 당에서는 비상계엄에 찬성한 사람은 없습니다만 탄핵에 찬성한 반란자들은 일부 있습니다. 그런데 이들은 앞으로 우리 당에서 정치하기가 어려울 겁니다. <u>풍전세류</u>⁽風前細柳⁾ 같은 <u>소신으로 이리저리 움직이며 여론의 눈치나 보는 사람은 박근혜 탄핵을 주도한 이들이 퇴출당했던 것처럼 정계에서 퇴출당할 수밖에 없을 겁니다</u>. 참 세상은 요지경입니다.

2025.02.14.

▷ **때가** 되니 파리 떼가 모여드네요. 내가 2014. 6. 경남지사 선거 때 돈을 20억 빌렸다며 선거비용 초과를 폭로한다는 명태균 변호사의 얘기가 방송에 나왔습니다. 2012. 12. 경남지사 보선 때는 펀딩으로 선거자금을 모아 선거했습니다. 경남지사 선거 때는 돈을 빌려 선거하고 선거 후 돌려받은 보전금으로 변제했습니다. 그건 당시 선관위의 엄격한 감독을 거쳐 적법하게 한 일들이고 선거비용 초과는 단돈 1원도 없었습니다. 그중 이자는 내 개인 돈으로 갚은 것도 맞습니다.

그는 변호사라면서 그게 적법한지도 모르는 자입니다. 곧 또 고발이 들어갈 것입니다. 이번에는 선거법 위반도 포함됩니다. 이 사람은 변호사도 시켜서는 안 됩니다. 명태균 황금폰에 전현직 국회의원 육성이 140명이나 저장되어 있다고 떠드는데, 거기에 과연 내 목소리가 저장되어 있는지도 폭로해 보십시오. 이런 사기꾼들이 터무니없는 거짓말로 떠드는 내용이 왜 뉴스의 초점이 되는지, 사실 확인도 안 하고 무차별 보도하는 지라시 언론들이 왜 이리 설치는지 모르겠습니다.

참 저급한 사람들입니다. 모두 감옥에 가야 합니다.

2025.02.15.

▽ 일제 강점기 때 대한민국 국민의 국적을 일본이라고 하는 것은 을사늑약과 한일 합병 조약을 합법적으로 인정하는 일제의 식민 사관입니다. 그렇게 보면 일제 강점기 때의 독립운동은 내란이 되고, 강제로 한 혼인도 유효하다고 보는 것과 다름이 없습니다. 을사늑약과 한일 합병 조약은 강제로 맺어진 조약입니다. 그건 국제법이나 국내법이 인정하는 무효인 조약입니다. 그래서 일제 강점기 때 우리의 국적을 일본이라고 하는 것은 망발입니다. 최근 또 김구 선생의 국적을 중국이라고 기상천외한 답변을 하는 것도 어이가 없는 일입니다. 나라를 구성하는 3대 요소는 영토, 주권, 국민입니다.

일제 강점기 때, 국민은 있었으나 영토는 빼앗기고 주권도 빼앗겼습니다. 1919년 3월 1일, 삼일운동 이후 설립된 상해의 대한민국 임시정부 시절부터 국적이 대한민국이라는 주장도 있으나 국가의 3대 요소 중 국민만 있는 시대였기에 논란의 여지가 있습니다. 당시 우리 국민은 국내에서나 해외에서 모두 무국적 상태였다고 봅니다. 해방 이후 나라를 되찾은 뒤 비로소 국적이 회복된 것입니다. 독립운동의 영웅 김구 선생의 국적이 중국이었다는 망발도 참으로 유감입니다. 옳고 그름은 차치하고 무조건 자기편은 감싸는 진영 논리가 아닌, 잘못된 것은 지적하고 고쳐 나가야만 올바른 대한민국이 됩니다.

2025.02.16.

▷ **80년대** 이후 광주에서 수만 명의 군중이 모인 보수단체 집회가 금남로에서 개최된 것은 이번이 처음입니다. 금남로는 광주 민주화의 상징 거리인데 그곳에서 탄핵 반대 보수단체 집회가 개최될 수 있었다는 건 그만큼 빛고을 광주가 변하고 있다는 뜻입니다. 동서의 벽이 허물어지고, 보수와 진보의 벽이 허물어져야 대한민국이 하나가 됩니다. 서로의 편견과 아집을 허물고 하나 된 광장으로 나가야만 하나 된 대한민국 선진 대국 시대가 됩니다.
기대합니다.
Great Korea 그날을!

2025.02.18.

▷ **중앙지검**이건 특검이건 나는 상관없으니 샅샅이 조사해 보십시오. 다른 사람과 묶어 관련 없는 나도 마치 연루된 양 보도하는 것도 기가 막힙니다. 나는 명태균 같은 여론 조작 정치 브로커 따위와는 어울린 일도 없고 관계도 없습니다. 명태균의 허세와 거짓에 놀아나는 일부 지라시 언론 보도 때문에 걱정하시는 분들은 염려하지 마십시오. 전혀 그런 사항이 없습니다. 얼마나 나올 게 없으면 얼치기 변호사를 시켜 10년이나 지난 경남지사 선거비용에 대한 거짓 인터뷰도 시키겠습니까? 수만 통의 황금폰에도 내 목소리, 카톡 메시지 한 자도 없으니 민주당도 폭로할 게 없을 겁니다. 2021. 6. 우리 당 전당대회 때, 명태균과 이준석 대표가 도와 달라고 대구 수성을 사무실에 같

이 찾아왔습니다. 명태균은 밖에 있고 이준석 대표하고 단독으로 10분 정도 면담을 한 것이 명태균 관련 내용 전부입니다. 나는 그때도 명태균이 여론 조작이나 하는 정치 브로커라는 것을 알고 있었습니다. 허세와 거짓말, 사기와 여론 조작으로 점철된 가짜 인생이 나라를 뒤흔드는 것은 참으로 유감스러운 일입니다. 나와 연결 지어야 민주당이 관심을 가진다는 것을 사기꾼이 알고 있으니 계속 없는 말도 지어내는 겁니다. 나를 음해하는 명태균 일당은 절대 용서치 않을 겁니다.

▽ **오늘** 신동아 3월호에 현 정국의 진단과 대한민국의 미래에 대해 집약적으로 제 생각을 인터뷰했습니다. 찰나적인 인터넷 시대, 가짜 동영상이 판치는 시대에 올바른 기록 문화가 소실되어 가고 있어 참으로 유감입니다만, 아직도 신동아, 월간조선, 월간중앙 같은 기록 문화가 남아 있어서 다행스럽습니다. 책과 함께 해당 신동아 홈페이지에서 보실 수 있습니다. 한번 읽어 봐 주시기 바랍니다.

▽ **내 아들**이 명태균에게 두 번의 문자를 보낸 것은 명태균 밑에서 정치하던 최 모 씨가 내 아들의 고교 동창이라서 그를 통해 명 씨가 하는 일방적인 주장을 사실로 믿고 감사 문자를 보낸 것이라고 합니다. 그 내용은 오늘 방송을 듣고 확인한 사항입니다. 내 아들이 아버지를 위해 속아서 감사 문자를 보낸 것이 무슨 문제가 되고, 또 그게 왜 뉴스거리가 되는지 참 의아하네요. 내 아들과 최 모 씨는 지금 의절한 상태이고, 여론 조사 의뢰는 나와 상관없이 명태균과 경남지사 시절부터 친분 있던 내 주변 사람이 선거 상황을 알아보려고 다른 여론 조사 기관의 반값도 안 되는 명태균이 주선하는 기관에 의

뢰했다고 합니다. 그건 사건 초기부터 이미 알려진 사실이고 해명도 해서 전혀 새로울 게 없습니다. 대납이 아니고 우리가 시킨 일도 없고 그건 내 지지자가 자기 돈으로 한 것입니다. 그런데 명 씨 일당은 그 친분을 이용해 그 사람으로부터 1억 원을 차용 사기한 일도 있어서 곧 반환 청구 소송도 한다고 합니다. 아무리 나와 사기꾼을 엮으려고 해도 그런 사기꾼에 놀아날 내가 아닙니다. 황금폰에 내 목소리가 있는지 내 문자가 있는지 한번 찾아보세요. 내 기억에 딱 한 번 있을 겁니다. 정권 교체 후 김건희 여사를 팔며 하도 실세라고 거들먹거리기에 전화 받고 더러워서 잘하라고 한마디 건넨 것입니다. 계속 거짓 폭로해 보십시오. 아무리 엮어 보려고 해도 나와 명태균 사기꾼은 관련이 없을 겁니다.

나는 지난 대선 후보 경선 때 사기꾼 명태균이 윤 후보 측에 서서 <u>조작한 여론조사의 피해자일 뿐입니다</u>. 이미 그 일당을 여러 차례 고발한 바도 있습니다. 내 절대 이들은 용서치 않을 겁니다.

2025.02.19.

▽ **나를** 다른 사람과 묶어서 명태균 리스트가 리스크라고 쓰는 언론들은 각성해야 할 겁니다. 나는 지난 대선 경선 때 명태균 사기꾼에 의해 여론 조작을 당한 피해자입니다. 언론이 막연한 소문이나 사기꾼들의 거짓 주장에 놀아나 허위 기사를 만든다면 그건 지라시 언론이나 할 짓입니다.

범죄가 되거나 도덕적 비난을 받을 만한 행위를 했을 때, 그때 보도하고 기사화하시기를 바랍니다. 내 아들이 명태균에게 속아 감사 문자를 보낸 게 도대체 무슨 죄가 되고 무엇이 비난받을 일입니까? 그것도 기사라고 작성하고, 방송하기 때문에 국민들이 언론을 비난하는 겁니다.

2025.02.20.

▽ 2002년 노무현 정권 이후 대한민국은 보수, 진보 우파, 좌파로 갈라져 갈등과 분열, 반목과 질시로 20여 년을 보냈고, 그 결과 진영 대결이 심화하여 그 극한점에서 충돌한 것이 비상계엄 사태입니다. 이 비상계엄 사태를 수습하려면 무엇보다 먼저 대화와 타협, 소통이 필요합니다. 지금 양 진영은 서로 대화와 타협 없이 마주 보고 달리는 폭주 기관차가 되어 있습니다. 통합만이 시대정신이고 통합만이 나라의 혼란을 극복하고 나라를 안정시키는 최선의 방책이 될 것인데 그걸 주선해 줄 나라의 원로는 보이지 않고 헌법재판소가 그 역할을 해주기를 기대하고 있습니다.
참 암담하네요.

2025.02.21.

▽ 변호사를 양산하다 보니 범죄인을 대신해 방송에 나가서 거짓말이나 퍼트리는 가짜 변호사들이 난무하고, 선거철이 다가올 것 같아서인지 온갖 쓰레기들이 준동하네요. 그래서 영국 언론에서 옛날 한국 민주주의를 쓰레기 더미에서 피어난 장미라고 했던가요? 언론도 속보 경쟁으로 사실 확인도 없

이 무차별적으로 보도하는 세상이 되었고, 가짜 인생, 범죄인이 의인화되는 희한한 세상이 되고 있습니다. 장마철이 되면 온갖 쓰레기들이 한강으로 떠내려옵니다. 그러나 해가 개면 그 쓰레기들은 말끔히 청소됩니다. 나는 아무리 이 쓰레기들이 난무해도 언제나처럼 당당하게 앞만 보고 내 길을 갑니다.

▽ **탄핵** 기각으로 윤 대통령의 복귀를 간절히 바라지만, 만에 하나 탄핵 인용으로 조기 대선이 열릴 때 이에 대비하지 않으면 안 된다는 것이 제 입장입니다. 박근혜 탄핵 때 아무런 준비 없이 얼떨결에 대선에 임했다가 정권을 그저 헌납한 아픈 경험을 우리는 갖고 있기 때문입니다. 탄핵이 우리의 염원과 달리 인용되면 탄핵 대선은 불과 두 달밖에 시간이 없습니다. 대선을 준비 없이 두 달 만에 치르는 것은 불가능해 보입니다. 그래서 평소 최악에 대비해서 차기 대선을 준비해야 하는 겁니다. 절대로 윤 대통령의 탄핵 인용을 바라는 게 아니라는 것을 당원과 국민들께서는 혜량(惠諒)해 주셔야 합니다.

▽ **앞으로** 명태균 사기꾼 일당이 떠드는 허무맹랑한 소리에는 일일이 대꾸하지 않겠습니다. 다만 형사고소는 계속합니다. 못난 변호사들이 떠드는 말들도 형사고소는 계속할 겁니다. 나는 명태균 사기꾼에게 지난 대선후보 경선 때 여론 조작을 당한 피해자일 뿐입니다. 정치하다 보면 이런 어이없는 황당무계한 일도 당합니다.

2025.02.23.

▷ **어제는** 대구 FC가 28년 만에 개막 2연승을 했고 오늘 대구 마라톤에서는 대회 신기록이 2개나 탄생했습니다. 내년부터는 대구 마라톤을 3월 첫 주 일요일에 하도록 대한 육상 연맹과 협의하고 우승 상금도 20만 달러로 상향 조정하여 계속 세계 최고 상금 대회로 추진하겠습니다. 세계 마라톤 대회로는 새해 첫 대회이고, 우리나라 마라톤 대회로도 새해 첫 대회가 되도록 하여 대구 마라톤을 세계 7대 마라톤 대회로 격상시키겠습니다.
대구는 새해 들어 좋은 일만 계속되는데, 나라도 조속히 혼란을 극복하고 평안해졌으면 합니다.

▷ **우크라이나** 전쟁에서 포로가 된 북한군 병사는 한국으로 송환해야 합니다. 탈북자가 아니던가요? 우크라이나 전쟁 종전 협상에서 정작 당사자인 우크라이나가 배제되는 건, 마치 1953년 휴전 협상에서 한국군이 배제되는 것과 같은, 약육강식의 국제 현실을 보여주는 상황입니다. 앞으로 북핵 문제도 한국이 배제된 채 미국과 북한만의 협상으로 진행된다면 우리는 북핵의 노예가 되는 지옥을 맛보게 될 겁니다. 우크라이나 전쟁 종전 협상부터 두 눈 부릅뜨고 지켜봅시다.

2025.02.24.

▷ **아무리** 얼떨결에 공천받아 거저 국회의원이 되었어도 보은한답시고 보

좌관을 시켜, 내 비리 뒷조사를 하라고 한 건 너무 하지 않습니까? 같은 당에 소속되어 있으면서 대야 투쟁은 할 생각은 않고, 민주당 주장에 동조하면서 이적 행위를 일삼더니 급기야 이제 총구를 나한테 돌렸나요? 아무리 조사해 보십시오.
대구시정은 명경지수(明鏡止水)처럼 깨끗합니다.

▽ 나는 정통 보수주의자입니다. 보수주의가 부끄러워 앞에 각종 사족을 달기도 하지만 보수는 탐욕으로 망하고, 진보는 위선으로 망합니다. 정통 보수주의자는 탐욕도 없고 위선도 없습니다.
내 나라 내 국민을 최우선으로 사랑하고 모두가 골고루 잘사는 새로운 대한민국을 만들고자 하는 사람들입니다.

▽ 언론이 거짓 공작을 확인하지도 않고 퍼 나르면 그건 언론이 아니고 지라시에 불과합니다.
김대업의 병풍 공작 때도 그랬지요. 앞으로 매일매일 명태균 사기꾼 일당과 민주당의 거짓 공작은 해명할 필요 없이 건마다 사법적으로만 대응하려 합니다. 가짜 인생에 놀아나는 대한민국입니다.

2025.02.25.

▽ 오늘 윤 대통령의 최종진술을 들어보니 비상계엄의 앞뒤 상황을 자세히 알 수 있었습니다. 다시 복귀하면 외교 국방에만 전념하고 내치는 총리에게

맡기겠다는 진술도 작년 8월에 제게 한 말씀과 같았습니다. 임기 단축하고 87 체제를 청산하기 위해 개헌과 정치개혁을 하겠다는 말씀도 진정성이 엿보였습니다. 계엄에 대해 국민에게 사과하고, 이번 계엄은 불법은 아니지만 부적절했다는 제 생각과 뜻이 일치한다는 것도 알게 되었습니다. 앞으로 어느 정파와도 대화와 타협을 하겠다는 말씀도 뒤늦게라도 진심이 보였습니다. 헌재에서 탄핵이 기각될 수 있는 최종진술로 보입니다. 탄핵이 기각되어 조속한 개헌과 정치개혁으로 87 체제를 청산하고 새로운 대한민국을 만들 수 있게 되기를 기대합니다.

2025.02.26.

▷ 지난 30여 년간 정치하면서 박정희의 통찰력을, YS의 개혁성을, DJ의 유연성을 배우려고 무척 노력했습니다. 노무현의 서민성은 이미 내게 체득되어 있으니 제외하더라도 오늘날 정치가 실종된 것은 대화와 타협, 소통보다는 오로지 대결 정치에만 몰두하는 진영 논리에 갇혀 나라를 운영하여 국가적 위기를 초래했다고 나는 봅니다. 어제 윤 대통령의 헌재 최종진술 중, 늦었지만 대결 정치를 청산하겠다고 한 점은 높이 살 만합니다. 트럼프 2기 출범, 우크라이나 종전 협상에서 미국이 보여준 국제정치의 냉엄한 현실, 중국의 굴기 등을 보면서 내 나라 내 국민이 앞으로 어떻게 Great Korea로 벌떡 일어나게 할 수 있을지 생각이 많아지는 늦겨울 아침입니다.